应用型高等教育"十二五"经管类规划教材

应用统计学
——基于SPSS运用

张　良　主编
徐默苡　副主编

Applied Statistics

▶ 理论够用　　▶ 突出实务

▶ 方法新颖　　▶ 贴近实际

▶ 强调应用　　▶ 富有特色

上海财经大学出版社

图书在版编目(CIP)数据

应用统计学:基于 SPSS 运用/张良主编,徐默苾副主编. —上海:上海财经大学出版社,2013.9

(应用型高等教育"十二五"经管类规划教材)

ISBN 978-7-5642-1742-6/F•1742

Ⅰ.①应… Ⅱ.①张… ②徐… Ⅲ.①统计分析-软件包-高等学校-教材 Ⅳ.①C819

中国版本图书馆 CIP 数据核字(2013)第 186250 号

□ 策　　划　何苏湘
□ 责任编辑　何苏湘
□ 书籍设计　张克瑶
□ 责任校对　林佳依　赵　伟

YINGYONG TONGJIXUE
应 用 统 计 学
——基于 SPSS 运用
张　良　主　编
徐默苾　副主编

上海财经大学出版社出版发行
(上海市武东路 321 号乙　邮编 200434)
网　　址:http://www.sufep.com
电子邮箱:webmaster @ sufep.com
全国新华书店经销
上海叶大印务发展有限公司印刷装订
2013 年 9 月第 1 版　2013 年 9 月第 1 次印刷

787mm×1092mm　1/16　14.25 印张　355 千字
印数:0 001—4 000　定价:35.00 元

前　言

应用统计学是一门以探索客观事物的内在规律为目标的方法论学科，在社会经济管理领域有着广泛的应用。应用统计学主要是从应用的角度阐述对数据进行搜集、整理和分析的方法和技术，能够指导人们科学地设计统计调查方案和调查问卷，科学地组织抽样调查，依据统计整理与分析技术处理大量数据，从中挖掘信息并作出科学的决策。因此，应用统计成为研究社会经济问题不可缺少的重要工具。

本书是一本"能力为本、知识够用"的新型统计学教材，紧紧围绕"统计职业技能的形成"这一主线，将统计岗位所需要的统计知识和实务相融合，力图体现职业型人才培养的要求，通过课内任务教学和课外实战演练的融合，体现侧重职业技能培养的课程改革思路，体现教师从主导者向引导者角色转变的要求，体现学生参与性学习、自主性学习的思想。

按照统计工作岗位的知识和技能的要求，全书共分为**课程导入、统计数据的搜集整理、统计数据的图表描述、统计数据的度量、统计抽样与参数估计、相关与回归分析、统计数据的动态分析、统计指数分析**八个项目，每个项目都由不同的任务构成。具体有以下特点：

(1)本书体系合理，力求选择在实践中用得较多的统计分析方法，去掉一些过于理论而在实践中运用不多的部分。

(2)本书以通俗易懂的语言讲述统计学中较为深奥的数学知识，通过图表的方式将相对深奥抽象的理论问题简单化，在每个重要的环节设置适量的例题或案例。

(3)教材突出理论联系实际的特点，以实际应用为案例，让学生感受到"学而有用、学而能用、学而会用"，给学生"统计就在我们身边"的亲切感，提高学生的学习兴趣。通过"任务导入"引出要讲授的内容和需要解决的问题。

(4)本书强调实训环节，对重要的统计方法均配有实例进行具体阐述。在每个项目后的实训材料中，结合 SPSS 软件进行实例演示，使复杂的计算过程变得特别的轻松并有意思。

(5)本书易教易学，各项目均按任务导入、原理介绍、技能训练、思考与练习、项目案例、项目实训等形式安排，使读者易学易练，通过练习来加深对统计方法的理解和掌握。本书所需配套教学资源，请向作者索取，Email：chnbzl@163.com。

本书具有很强的针对性、应用性和实践性，符合高校培养高技能应用型人才的目标要求，可以作为高等院校财经管理类专业的教材，也可供实际工作者和社会科学研究者学习参考。

本书由张良担任主编，并负责对全书修改和编纂，徐默苤担任副主编。在编写过程中，编者参考并吸取了许多统计教材和统计学研究成果的精华，在此特向著作者深表感谢。

由于作者水平有限，加之成书仓促，书中难免有错误或不妥之处，恳请读者及同行专家不吝赐教。

编　者
2013 年 6 月

目 录

前言 ……………………………………………………………………………………… 1

课程导入 ……………………………………………………………………………… 1
 学习任务一 统计的含义与应用 ……………………………………………… 3
 学习任务二 统计学的研究过程与研究方法 ………………………………… 6
 学习任务三 统计学的基本概念 ……………………………………………… 8
  技能训练 SPSS 软件安装及相关操作 ……………………………………… 10
  知识回顾 ………………………………………………………………………… 24
  思考与练习 ……………………………………………………………………… 24

项目一 统计数据的搜集与整理 ………………………………………………… 27
 学习任务一 获取统计数据的方式 …………………………………………… 27
 学习任务二 获取统计数据的方法 …………………………………………… 30
 学习任务三 调查方案的设计 ………………………………………………… 31
 学习任务四 统计调查工具 …………………………………………………… 33
 学习任务五 数据的整理 ……………………………………………………… 39
  技能训练 用 SPSS 建立调查问卷的数据文件 …………………………… 40
  知识回顾 ………………………………………………………………………… 44
  思考与练习 ……………………………………………………………………… 45

项目二 统计数据的图表描述 …………………………………………………… 59
 学习任务一 用图表展示定性数据 …………………………………………… 61
 学习任务二 用图表展示定量数据 …………………………………………… 67
 学习任务三 用图表展示相关联数据 ………………………………………… 74
  知识回顾 ………………………………………………………………………… 75
  思考与练习 ……………………………………………………………………… 76

项目三 统计数据的度量 ………………………………………………………… 80
 学习任务一 数据的相对度量 ………………………………………………… 82
 学习任务二 数据集中趋势的度量 …………………………………………… 87
 学习任务三 离中趋势的度量 ………………………………………………… 92
 学习任务四 数据偏度与峰度的度量 ………………………………………… 95
  技能训练 用 SPSS 对数据分布特征的描述 ……………………………… 98
  知识回顾 ………………………………………………………………………… 101
  思考与练习 ……………………………………………………………………… 102

项目四 统计抽样与参数估计 ·· 105
学习任务一 统计抽样概述 ·· 105
学习任务二 抽样误差 ·· 109
学习任务三 参数估计的方法 ·· 116
学习任务四 抽样设计与组织方式 ···································· 119
技能训练 用SPSS统计软件进行区间估计 ······················· 123
知识回顾 ··· 127
思考与练习 ·· 127

项目五 相关与回归分析 ·· 132
学习任务一 相关分析 ·· 133
学习任务二 回归分析 ·· 139
技能训练一 用SPSS统计软件计算相关系数 ··················· 147
技能训练二 用SPSS建立简单线性回归方程并进行回归分析和预测 ············· 150
知识回顾 ··· 154
思考与练习 ·· 154

项目六 统计数据的动态分析 ·· 158
学习任务一 动态数列概述 ·· 159
学习任务二 动态数列的水平分析 ···································· 161
学习任务三 动态数列的速度分析 ···································· 168
学习任务四 动态数列的趋势分析 ···································· 171
学习任务五 动态数列的季节变动趋势 ······························ 180
技能训练一 用SPSS软件进行长期趋势测定 ··················· 184
技能训练二 用SPSS软件进行季节变动测定 ··················· 190
知识回顾 ··· 193
思考与练习 ·· 194

项目七 统计指数分析 ·· 198
学习任务一 统计指数概述 ·· 199
学习任务二 综合指数的编制 ·· 201
学习任务三 平均指数的编制 ·· 205
学习任务四 指数体系和因素分析法 ································· 207
学习任务五 几种常用的价格指数 ···································· 212
技能训练 用SPSS软件进行指数的计算与分析 ················ 216
知识回顾 ··· 218
思考与练习 ·· 218

参考文献 ··· 221

课程导入

知识目标：

1. 了解统计与统计应用
2. 理解和掌握统计学的基本概念
3. 了解 SPSS 软件

技能目标：

1. 能够根据统计研究的目的正确确定统计总体、总体单位、标志、指标
2. 学会安装 SPSS 软件及有关操作

重点难点：

统计学中的基本概念

任务导入：

在学习统计学之前，我们先来看一些统计学应用的实例。

实例一

2011 年国民经济和社会发展统计公报（节选）

截至 2011 年底，全国社会消费品零售总额 183 919 亿元，比上年增长 17.1%，扣除价格因素，实际增长 11.6%。按经营地统计，城镇消费品零售额 159 552 亿元，增长 17.2%；乡村消费品零售额 24 367 亿元，增长 16.7%。按消费形态统计，商品零售额 163 284 亿元，增长 17.2%；餐饮收入额 20 635 亿元，增长 16.9%。

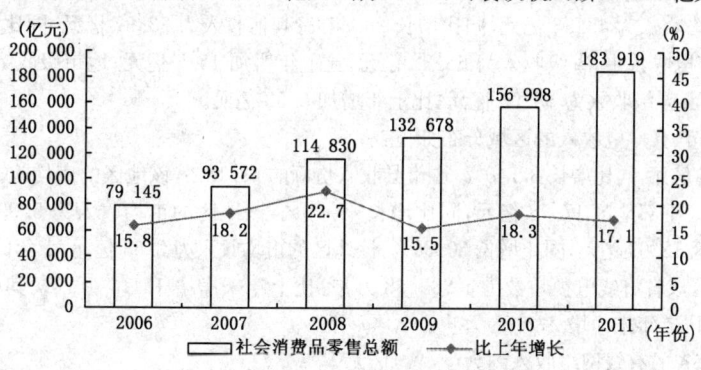

图 0—0　2006～2011 年社会消费品零售总额及其增长速度

在限额以上企业商品零售额中,汽车类零售额比上年增长 14.6%,粮油类增长 29.1%,肉禽蛋类增长 27.6%,服装类增长 25.1%,日用品类增长 24.1%,文化办公用品类增长 27.6%,通信器材类增长 27.5%,化妆品类增长 18.7%,金银珠宝类增长 42.1%,中西药品类增长 21.5%,家用电器和音像器材类增长 21.6%,家具类增长 32.8%,建筑及装潢材料类增长 30.1%。

实例二

2012 年 1～8 月份全国房地产统计资料(视频截图)

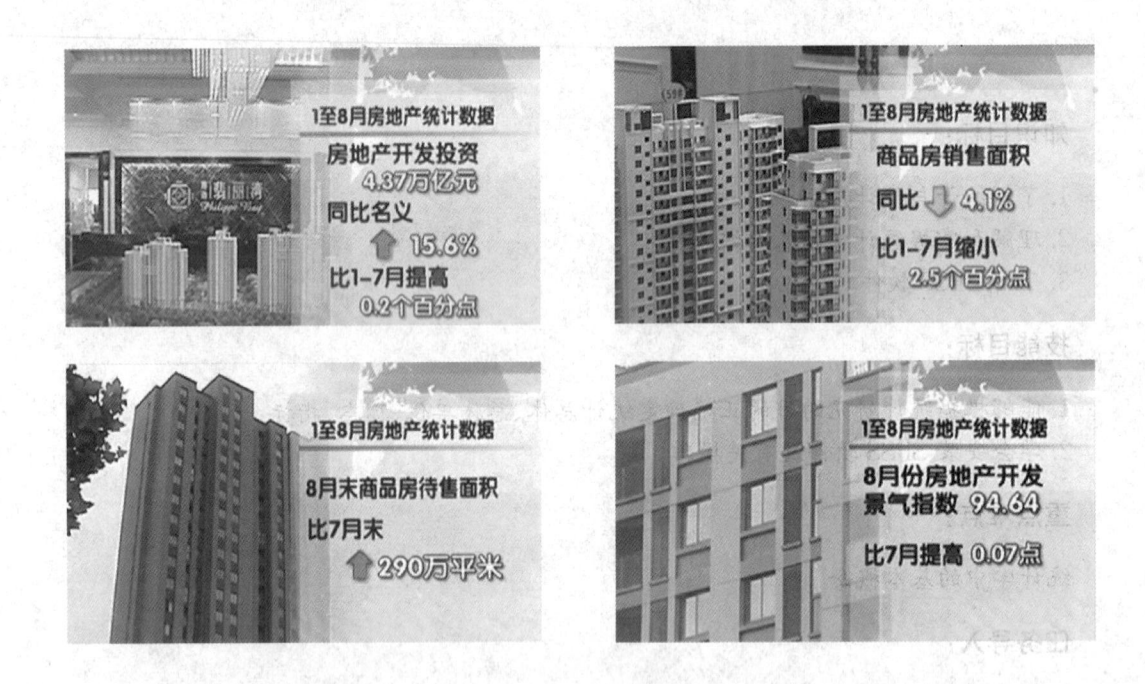

资料来源:http://sz.house.sina.com.cn/video/2012-09-10/095382088.shtml。

实例三

2012 年国家公务员考试试题(资料分析部分)

(一)根据以下资料,回答 116～120 题

2010 年,某省广电实际总收入为 145.83 亿元,同比增长 32.07%。其中,广告收入为 67.08 亿元,同比增长 25.88%;有线网络收入为 45.38 亿元,同比增长 26.35%;其他收入为 33.37 亿元,同比增长 57.3%。

2010 年,该省广电收入中,省级收入为 65.32 亿元,比上年增加 15.5 亿元;地市级收入为 41.61 亿元,比上年增加 13.39 亿元;县级收入为 38.90 亿元,比上年增加 6.52 亿元。

2010 年该省各市、县广电收入的区域分布如下:

东部地区 50.06 亿元,同比增长 32.48%,占市县收入份额的 62.18%,该地区的市均收入为 10.01 亿元,上年同期为 7.56 亿元。中部地区 17.78 亿元,同比增长 40.70%,该地区的市均收入为 5.93 亿元,上年同期为 4.21 亿元。西部地区 12.67 亿元,同比增长 80.86%,该地区的市均收入为 2.53 亿元,上年同期为 1.4 亿元。

截至 2010 年底,该省有线电视户数为 1 885.88 万户,比上年末净增 161.7 万户。其中有线数字电视用户为 1 007.8 万户,比上年末净增 277.58 万户。

116. 2009 年,该省的有线网络收入约为(　　)亿元。

A. 21　　　　　　B. 36　　　　　　C. 57　　　　　　D. 110

117. 2009年,该省广告收入占广电总收入的比重约为( )。
    A. 23%　　　　B. 26%　　　　C. 31%　　　　D. 48%
118. 2010年,该省地级市广电收入的同比增速约为( )。
    A. 15%　　　　B. 20%　　　　C. 32%　　　　D. 47%
119. 该省有线电视用户平均每月的有线网络费用约为( )元。
    A. 20　　　　　B. 36　　　　　C. 180　　　　D. 240
120. 关于该广电收入的情况,下列说法正确的是( )。
    A. 2010年,省级广电收入同比增长金额低于县级
    B. 2010年,东部地区广电收入超过中部地区的3倍
    C. 2009年,中部地区市均广电收入约是西部地区的3倍
    D. 2010年,有线电视用户中有线数字电视用户的比重不足一半

　　看了上面的资料,我们不禁要问:这些数据是统计数据吗?数据是如何得到的?这些数据能够给我们什么启示?另外,"明天是否会下雨"、"体育彩票中了吗"、"子女为什么像父母"、"其相似度有多大"、"美国的民意测验是如何进行的"、"影响中国2012年'双节日'长假高速公路拥堵的因素到底有哪些"、"中国的市场调查的可信度有多大",等等问题,哪些是概率问题?哪些是统计问题?要回答好这些问题,就需要我们掌握一些统计学的知识。

　　同时,我们还能体会到统计已是人们在社会经济生活中必不可少的工具,是人们认识世界、探索现象数据差异的本质及其规律的有效方法,是人们进行明智决策的一门艺术。随着人类社会进入信息时代,统计作为一种方法和工具变得越来越重要。

学习任务一　统计的含义与应用

一、统计的含义

　　统计与人类社会活动密切相关。在人类的最初认识中,"统计"就是"计数"。小至家庭、个人,大至企业、国家都有计数的任务。一个月的收入、一年的利润都是我们经常关心的问题,这些数据就是统计的结果。世界各国都有各自的官方统计部门负责对人口、资源、环境和社会经济活动等各方面进行"计数",并将这些数据资料以公共产品的方式定期公布,往往命名为"统计年鉴"。

　　在日常生活中,人们对于"统计"常常有不同的用法。例如,每年的高考结束后要"统计"考生的总分,这是将其作为一种工作来看待。了解股票的交易状况要看有关成交额和股票指数"统计",这又是将其作为数据来运用。我们正在学习的"统计",则是指一门学科,即统计学。

　　总之,统计是人们对客观世界总体数量变动关系和变动规律的活动的总称。它包含以下三种含义。

1. 统计工作

　　统计工作即统计实践,是对社会经济现象客观存在的现实数量方面进行搜集、整理和分析预测等活动的总称。一个完整的统计工作一般包括统计设计、统计调查、统计整理、统计分析等环节。

　　例如,银行的计划统计科每月编制项目报表,这个过程就是统计工作。又如,我国进行人口普查时要经过方案设计、入户登记、数据汇总、分析总结和资料公布等一系列过程,这些都是统计工作。在我国,各级政府机构基本上都有统计部门,如统计局,它们的职能主要就是从事统计数据的搜集、整理和分析工作。

2. 统计资料

统计资料(统计信息)，是统计工作过程中所取得的各项数字资料和与之相关的其他实际资料的总称。例如：

(1)2011年末全国就业人员76 420万人，其中城镇就业人员35 914万人。年末城镇登记失业人数为922万人，城镇登记失业率为4.1%。

(2)2011年，全国房地产开发投资61 740亿元，比上年增长27.9%，增速比上年回落5.3个百分点，比1~11月回落2个百分点。其中，住宅投资44 308亿元，增长30.2%，增速比1~11月回落2.6个百分点，占房地产开发投资的比重为71.8%。

这些由文字和数字共同组成的数字化信息就是统计资料，是统计提供数据信息的基本表现形式，是统计工作的直接结果。

统计资料包括原始资料和整理后的资料(即次级资料)。例如，企业各车间的统计台账、人口普查时初次登记的资料都是原始资料，而统计公报、统计分析报告的部分现实和历史资料就是次级资料。统计资料的表现形式有统计表、统计图、统计分析报告、统计公报和统计年鉴等。

随着信息技术的发展与网络的普及，统计资料的公布不再仅仅是纸质资料了，大量的电子版的数据可以方便地从各国网站上获得，大部分都是免费的。我国统计资料的发布途径越来越规范，官方的统计数据通过"中国统计年鉴"、"中华人民共和国统计局网站"以及各省、市、地区的统计年鉴和官方统计局网站发布，一般都会同时提供纸质和电子版两种形式。

3. 统计学

统计学是系统论述统计理论和方法的科学，是长期统计工作实践的经验总结和理论概括。其中，应用纯逻辑推理方法研究抽象的随机现象的数量规律性的科学称为理论统计学，而应用统计方法研究各领域客观现象的数量规律性的科学称为应用统计学。社会经济统计学则是关于国民经济和社会发展数量方面的调查、整理和分析的原理、原则和方式方法的科学，按性质它属于应用统计学。

统计的三种含义之间具有密切的联系。

首先，统计工作和统计资料是统计活动与统计成果的关系。一方面，统计资料的需求支配着统计工作的局面；另一方面，统计工作的好坏又直接影响着统计资料的数量和质量。

其次，统计工作与统计学是统计实践与统计理论的关系。一方面，统计学来源于统计实践，只有当统计工作发展到一定程度，才可能形成独立的统计学；另一方面，统计工作的发展又需要统计理论的指导，统计科学研究就大大促进了统计工作水平的提高，统计工作的现代化和统计科学的进步是分不开的。

总之，三者中最基本的是统计工作，没有统计工作就不会有统计资料，没有丰富的统计实践经验就不会产生统计科学。

二、统计的应用

统计是适用于所有学科领域的通用数据分析方法和语言。现代人类的生活与统计活动密不可分，统计信息正成为人们了解世界变化的重要来源。购房者根据房产数据的变化来决定出手的时机；投资者根据换手率或指数来决定是否继续投资；政府机构根据国民经济统计数据(如CPI)来决定是否干预市场；企业管理层根据财务数据和销售数据等调整企业经营决策；自然科学家通过各种观测数据来揭示自然现象……统计的应用领域可以用图0-1简单列示。

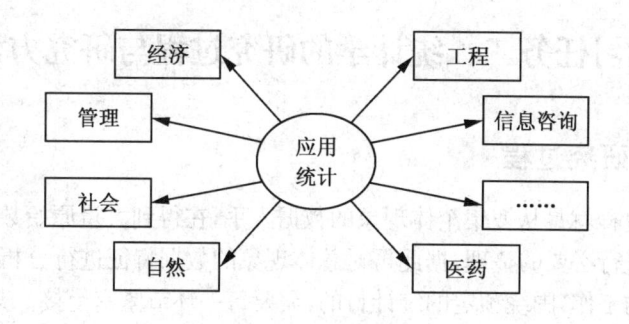

图 0—1　统计的应用领域

(一)统计在市场营销中的应用

对企业而言,新产品能成功推向市场的几率是比较低的,这涉及所设计产品是否被广大消费者所接受、新产品定价是否在市场可接受的范围内、新产品的宣传推广是否做到位等一系列问题。所以很多企业在推广新产品前都会进行市场调查,然后对调查结果进行分析,以决定新产品策略。例如,国际上广泛流行的结合统计学的顾客满意度指数可以较好进行顾客满意度分析;市场营销中用因子分析与聚类分析方法去进行市场细分,用主成分的统计特性去寻找企业产品与竞争厂商相似产品价格的近似线性关系,并以此作为定价依据。

(二)统计在金融中的应用

金融中很多数字的核算以及模型的建立需要统计学基础。在投资领域,分析师们要利用各种各样的统计信息进行投资指导。例如,证券分析师在推荐"买入"或"卖出"某只股票前,会对这只股票做多方面的评估。他们收集该上市公司过去的销售额数据,并估计未来的盈利。在推荐前,还需要考虑其他一些因素,比如,市场对该公司的产品具体需求、竞争力以及管理合同的效力等。

(三)统计在生产中的应用

生产型企业都会实行产品质量控制,以确保产品质量达到标准,这就需要借助统计技术。例如自动钻井不是钻出直径 1.3 厘米的洞(这是由于钻的磨损、机器的震动和其他因素)。细小的误差是允许的,但如果洞太小或太大,生产就是有缺陷的,该产品就不能被使用。质量保证部门承担着使用统计抽样技术来不断监控生产的任务。

(四)统计在会计中的应用

会计师事务所在对其客户进行审计时要使用统计抽样程序。例如,假设一个事务所想确定列示在客户资产负债表上的应收账款金额是否真实地反映了应收账款的实际金额。通常应收账款的数量是如此之大,以至查看和验证每一账户将花费大量的时间和费用。在这种情况下,一般的做法是:审计人员从账本中选择一个子集作为样本,在查看样本账号的准确性后,得出有关列示在客户资产负债表上的应收账款金额是否可以接受的结论。

(五)统计在宏观经济中的应用

人们经常要求政府发布对目前的经济状况的统计结果并预测未来的经济走向。通常政府会进行大量的调查以了解消费者信心,并展望未来 12 个月与生产和销售有关的管理情况,每月编制诸如消费者价格指数等指数用于评估通货膨胀。百货商店销售额、住房开工货币周转额、工业生产量等信息仅仅是构成推测基础的上百项因素中的几项而已。这些评估被银行用来确定最佳放款利率,并用于确定货币储备的控制界限。

学习任务二　统计学的研究过程与研究方法

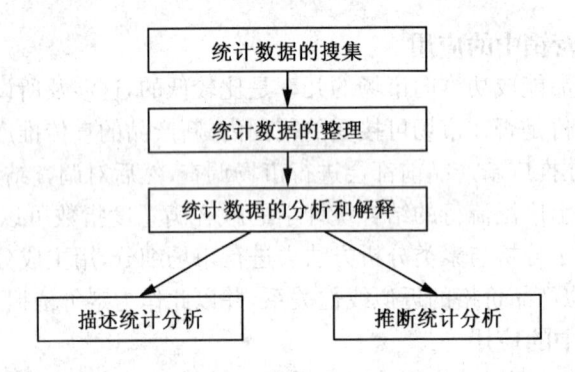

一、统计学的研究过程

统计学的研究过程就是从搜集个体现象的数据入手,在得到大量原始数据资料后,按照研究问题的需要对数据进行必要的整理,据此再对总体现象的数据特征进行分析和解释。可见,统计是一项高度集体性的工作,围绕预定的统计目的,需要每一环节紧密衔接。某一单位或个人只从事某一环节的工作,但却对全过程有至关重要的影响。统计学的研究过程如图0—2所示。

```
     统计数据的搜集
          ↓
     统计数据的整理
          ↓
   统计数据的分析和解释
        ↙     ↘
  描述统计分析   推断统计分析
```

图0—2　统计学的研究过程

一般而言,统计研究主要围绕以下内容展开。

(一)统计数据的搜集

统计数据的搜集是指对现象总体中全部或足够多的个体进行调查,搜集大量的以数字为主的信息资料,借以反映总体的数量特征。统计数据的搜集是统计工作的开始阶段,是进行统计整理和统计分析的基础。只有有了相应的统计资料,才能通过一定的统计方法和技术对数据进行整理、显示和分析,从而为决策提供依据。因此,统计数据搜集的质量如何,直接影响统计工作成果的质量。统计数据的搜集一般通过统计调查方式实现,如普查、抽样调查等。

(二)统计数据的整理

通过调查搜集的统计数据只能反映总体中各个个体的具体情况,还不能显示出总体的综合信息。统计数据的整理就是对这些分散的、不够系统的统计数据进行系统化的加工处理过程,使数据更加符合统计分析的需要。统计数据整理既是数据搜集环节的继续和深入,又是数据分析环节的前提和基础,在统计研究过程中起着承前启后的作用。统计数据整理的主要步骤包括:数据的审核,即查找数据中的错误,保证应用的数据准确可靠;数据的编码,即设计一套规则,并按照规则把文字形式的数据转化成数码符号形式的数据的全过程;数据的录入,即将编码后的资料输入到计算机内存储起来,以便计算机进行分类汇总。

(三)统计数据的分析和解释

统计数据的分析和解释是统计研究的核心内容和决定性环节,它是通过各种统计方法描述现有数量的状况、推断未知总体的数量特征,以达到探索数据内在规律的目的。常用的统计方法包括指标分析、趋势分析、回归分析等,这将在以后项目中详细说明。

二、统计学的研究方法

统计学作为一门方法论学科,具有自己完善的方法体系。统计研究的具体方法有很多,这将在后续课程中进行介绍,而从大的方面看,其基本研究方法有以下几种。

(一)大量观察法

大量观察法是统计活动过程中搜集数据资料阶段(即统计调查阶段)的基本方法,即要对所研究现象总体中的足够多数的个体进行观察和研究,以期认识具有规律性的总体数量特征。大量观察法的数理依据是大数定律,大数定律是指虽然每个个体受偶然因素的影响作用不同而在数量上存有差异,但对总体而言可以相互抵消而呈现出稳定的规律性,因此只有对足够多数的个体进行观察,观察值的综合结果才会趋向稳定,建立在大量观察法基础上的数据资料才会给出一般的结论。统计学的各种调查方法都属于大量观察法。

(二)统计分组法

由于所研究对象本身的复杂性、差异性及多层次性,需要我们对所研究对象进行分组或分类研究,以期在同质的基础上探求不同组或类之间的差异性。统计分组在整个统计活动中占有重要地位,在统计调查阶段可通过统计分组来搜集不同类的资料,并可使抽样调查的样本代表性得以提高(即分层抽样方式);在统计整理阶段可以通过统计分组法使各种数据资料得以分门别类地加工处理和储存,并为编制分布数量提供基础;在统计分析阶段可以通过统计分组法来划分现象类型、研究总体内在结构、比较不同类或组之间的差异(显著性检验)和分析不同变量之间的相关关系。统计学中的统计分组法有传统分组法、判别分析法和聚类分析法等。

(三)综合指标法

统计研究现象在数量方面的特征是通过统计综合指标来反映的。所谓综合指标,是指从总体上反映所研究现象数量特征和数量关系的范畴及其数值,常见的有总量指标、相对指标、平均指标和标志变异指标等。综合指标法在统计学、尤其是社会统计学中占有十分重要的地位,是描述统计学的核心内容。如何最真实客观地记录、描述和反映所研究现象的数量特征和数量关系,是统计指标理论研究的一大课题。

(四)统计模型法

在以统计指标来反映所研究现象的数量特征的同时,我们还经常需要对相关现象之间的数量变动关系定量研究,以了解某一(些)现象数量变动与另一(些)现象数量变动之间的关系及变动的影响程度。在研究这种数量变动关系时,需要根据具体的研究对象和一定的假定条件,用合适的数学方法来进行模拟,这种方法叫作统计模型法。

(五)统计推断法

在统计认识活动中,我们所观察的往往只是所研究现象总体中的一部分单位,掌握的只是具有随机性的样本观察数据,而认识总体数量特征是统计研究的目的,这就需要根据概率论和样本分布理论,运用参数估计或假设检验的方法,由样本观测数据来推测总体数量特征。这种由样本来推断总体的方法就称为统计推断法。统计推断法已在研究的许多领域中得到应用,除了最常见的总体指标推断法外,统计模型参数的估计和检验、统计预测中时间序列的估计和检验等,也都属于统计推断的范畴,都存在着误差和置信度的问题。在实践中这是一种有效又经济的方法,其应用范围广泛,发展迅速。统计推断法已成为现代统计学的基本方法。

学习任务三　统计学的基本概念

一、总体与样本

(一)总体

所谓总体就是根据一定的目的确定的所要研究的事物的全体,即某一特定研究中所有单元的集合,通常由客观存在的、具有相同性质的许多单元构成,而构成总体的每个单元被称为个体。个体是我们借以搜集数据的对象,可以由人、行政、企事业单位或物及事件充当。例如我们要研究全国城镇居民的收支情况,就要以全国城镇居民作为一个总体,其中每一户城镇居民家庭就是一个个体。成千上万不同的城镇居民家庭可以结合在一起构成总体,这是因为它们具有共同的性质,即他们都是我国的城镇居民,都有一定的收入和支出,都要消费一定的商品和服务。有了这个总体,我们就可以研究全国城镇居民的各种数量特征,例如人均收入、人均消费等。

根据构成总体的单位数是否有限,总体分为有限总体和无限总体。有限总体是指构成总体的个体数量是有限的、可数的。例如,某一时点某企业的在册人数或成品库存量是有限总体。再如,全国人口普查,尽管其包含的单位数量很大,但仍然是有限总体。无限总体是指构成总体的个体数量是无限的、不可数的。例如,要检验某种新工艺是否真正能够改善由流水线生产的产品性能的问题,由于新工艺品有可能一直延续下去,利用该工艺制造的产品包括已经生产和将要生产的产品,其数量难以具体确定,因此属于无限总体。

(二)样本

样本是指从总体中抽取的部分个体组成的集合。统计研究的目的是认识总体的数量特征,但有时构成总体的个体数量非常大,实际工作中不可能或不必要对每个个体的数据特征逐一调查,通常是以某种方式从总体中抽取一部分个体代表总体加以研究。例如,某外贸公司从供货方提供的一批即将出口的茶叶中随机抽取了120袋,检验并推断该茶叶的质量,这120袋茶叶就构成一个样本。由此可见,样本是总体的代表,从总体中抽取样本的目的就是通过对样本数量特征的分析去推断总体的数量特征。

二、变量、数据与分类

(一)变量与数据

每天晚上收看天气预报,会发现今天的气温与明天的气温不同,今天是晴天,明天可能就是多云转阴;观察股票市场,会发现上证股指天天在变化;每个在职工作的人员从事的职业不同,月收入不相同;再观察成年人,每个人所受的教育程度也不相同。这里的"天气温度""天气形势""上证股指""职业""月收入"以及"受教育程度"等就是变量,它们的特点是从一次观察到下一次观察会出现不同的结果,把观察到的结果记录下来就是数据。

(二)数据的分类

1. 定性变量(数据)与定量变量(数据)

"天气温度""天气形势""上证股指""职业""月收入"以及"受教育程度"这些变量反映现象的特点不同。"天气形势""职业"和"受教育程度"是从现象的属性来表明现象的特征,如"天气晴"和"多云转阴"就是反映两种天气状况,"生产工人"和"公务员"就是两种不同的职业,文化程度"小学"与"大学"就反映了两种完全不同的受教育程度。这样的变量称为定性变量,定性变量的观察结果称为定性数据。这类数据的最大特点是只能反映现象的属性特征,而不能说明具体量的大小和差异。如"天气晴"和"多云转阴"谁大谁小？"生产工人"和"公务员"谁好谁坏？这里没有量的特征,只有分类特征。这种只能反映现象分类特征的变量又称为分类变量,分类变量的观察结果就是分类数据。如果类别具有一定的顺序,如"受教育程度",中学的教育程度就比小学高,大学又比中学高,这样的变量称为顺序变量,相应的观察结果就是顺序数据。

与定性变量不同的是,"天气温度"、"上证股指"、"月收入"这些变量可以用数值表示其观察结果,而且这些数值具有明确的数值含义,不仅能分类而且还能测量出具体大小和差异。这些变量就是定量变量,也称为数值变量,定量变量的观察结果称为定量数据。如职工的月收入可以表现为 1 500 元、1 820 元、2 638 元、3 100 元,等等。

分类变量没有数值特征,所以不能对其数据进行数学运算。即使有时人们用若干个数值来代表不同的类别,这些数值本身也不具有数量差异的意义。例如,人们用编号 1 代表性别男,用编号 2 代表性别女,这些编号的主要作用在于使文字性概念成为计算机可识别的代码,但其本身并不具有计算意义上的数量差异。由此可见,分类数据只能用来区分事物,而不能用来表明事物之间的大小、优劣关系。

顺序变量比分类变量向前进了一步,它不仅能用来区分客观现象的不同类别,而且还可以表明现象之间的大小、高低、优劣关系。如某一门课程的考核成绩的表现可以是优、良、中、及格、不及格,人们对某种商品售后服务的态度可以表现为非常满意、满意、一般、不满意、很不满意等。显然,顺序数据的功能比分类数据要强一些,对事物的划分也更精细一些。需要注意的是,顺序数据经常会以数值的形式出现,如产品质量可以分为 1、2、3 级品,这里的 1、2、3 虽然是以数值的形式出现的,但仍然是用来反映产品之间在质量上的性质差异。因此,从本质上说,顺序数据仍然是定性数据的一种。

定量变量的特征在于它们都是以数值形式出现的。有些定量数据只可以计算数据之间的绝对差,而有些定量数据不仅可以计算数据之间的绝对差,还可以计算数据之间的相对差。显然,定量数据的计量功能要远远大于前面介绍的两种定性数据,其计量精度也远远高于定性数据。

就统计分析而言,区分数据的类型是非常重要的。因为根据不同类型的数据,我们将采用不同的统计整理技术和分析方法。例如,对于定性数据中的分类数据我们主要是进行分类整理、汇总,计算出各数据的频数和频率,分析方法主要是观察各类数据占总体的比重,以研究社会经济现象总体内部的结构,或用于比较不同组别的水平差异等;对于定性数据中的顺序数据我们不仅可以进行分类整理、汇总,计算出各类数据的频数或频率、观察各类数据占总体的比重,还可以进一步观察顺序排列的累计观察值、中位数、分位数等;而对于定量数据我们通常按数值顺序进行分组整理、汇总,计算出各组数据的频数或频率,分析方法主要是对观察到的数据做各种统计运算处理,进行各种统计描述或统计推断等。

2. 观测数据与实验数据

根据获得数据的方法不同,可以将数据分为观测数据和实验数据。观测数据可能是全面数据也可能是样本数据;实验数据一般为样本数据。

(1)观测数据

观测数据是对客观现象进行实地观测所取得的数据,在数据取得的过程中一般没有人为的控制和条件约束。在社会经济问题研究中,观测是取得数据最主要的方法。很多社会经济问题不适合应用实验的方法,只能通过对客观实际做调查得到数据,用各种调查方法得到的数据属于观测数据。

(2) 实验数据

实验数据一般是在科学实验环境下取得的数据。实验环境是受到严格控制的，数据的产生一定是某一约束条件下的结果。在自然科学研究中所用的数据多为实验数据，在市场研究中，也经常采用实验法来取得实验数据。例如，某服装销售公司为了验证改变服装产品的包装是否会得到消费者的认同而采用的实验法所得到的实验数据，如表0—1所示。

表0—1　　　　　　　　　　控制组与试验组销售额资料

	网点1	网点2	网点3	网点4	网点5	网点6
控制组销售额(万元)	23	21	24			
试验组销售额(万元)				35	32	34

三、参数与统计量

(一)参数

参数是用来描述总体数量特征的概括性值，通常用大写字母表示，如总体均值($\overline{X}$)、总体标准差(σ)、总体比例(P)等。

(二)统计量

统计量是用来描述样本数量特征的概括性值。通常用小写字母表示，如样本均值($\overline{x}$)、样本标准差(s)、样本比例(p)等。

参数与统计量是统计推断中的重要概念。在进行统计推断时，总体数据通常是不完整的，所以参数是一个未知的也是唯一的常数，但样本是经过抽样所确定下来的，所以统计量总是可以计算出来的，而且是一个随机变量，其数值随着构成样本的个体不同而不同。统计推断的目的就是要根据已知的样本统计量去估计未知的总体参数。例如，根据样本家庭人均消费水平去推断总体家庭人均消费水平，根据样本每百户家庭汽车拥有量去推断总体每百户家庭汽车拥有量等。

技能训练　SPSS软件安装及相关操作

一、SPSS软件简介

SPSS原意是"Statistical Package for Social Science"，即社会科学统计分析软件包。20世纪60年代末，美国斯坦福大学的三位研究生研制开发了最早的统计分析软件SPSS，并于1979年在芝加哥组建成立了SPSS公司。

SPSS是当今世界上公认和流行的综合统计分析软件包。国际学术界规定，在国际学术交流中，凡是用SPSS软件完成的计算和统计分析，可以不必说明算法。它界面友好、功能强大、易学、易用，包含了几乎全部尖端的统计分析方法，具备完善的数据定义、操作管理和开放的数据接口以及灵活而美观的统计图表制作。SPSS赢得了各个领域中广大数据分析人员的喜爱，并得到了广泛的应用。

二、SPSS 软件运行方式

SPSS 主要有三种运行方式：

1. 批处理方式

批处理方式是把已编写好的程序存储为一个文件，然后在 SPSS 的 Production Facility 程序中打开并运行。

2. 完全窗口菜单运行方式

完全窗口菜单运行方式主要通过选择窗口菜单和对话框完成各种操作。用户无须学会编程。这种方式比批处理方式简单易懂。

3. 程序运行方式

程序运行方式是在语句（Syntax）窗口中直接运行编写好的程序或者在脚本（script）窗口中运行脚本程序的一种运行方式。它与批处理方式相同，都要求读者掌握 SPSS 的语句或脚本语言。

本书旨在为初学者提供入门试验教程，采用"完全窗口菜单运行方式"。

三、SPSS 的安装和启动

在启动 SPSS 软件之前，需要先在计算机上进行安装。其安装方法主要有两种：一是直接使用 SPSS 安装光盘进行安装；二是通过网络下载 SPSS 安装程序进行安装。本小节详细介绍使用第二种方法安装 SPSS 的步骤（以 IBM SPSS 19.0 为例）。

1. 打开计算机，找到已经下载到计算机上的 SPSS 安装程序。
2. 双击该程序，打开"安装向导"界面，如图 0—3 所示。

图 0—3　安装向导界面

3. 单击"下一步"，则弹出对话框；个人用户选择第一个"单个用户许可证"，如图 0—4 所示。

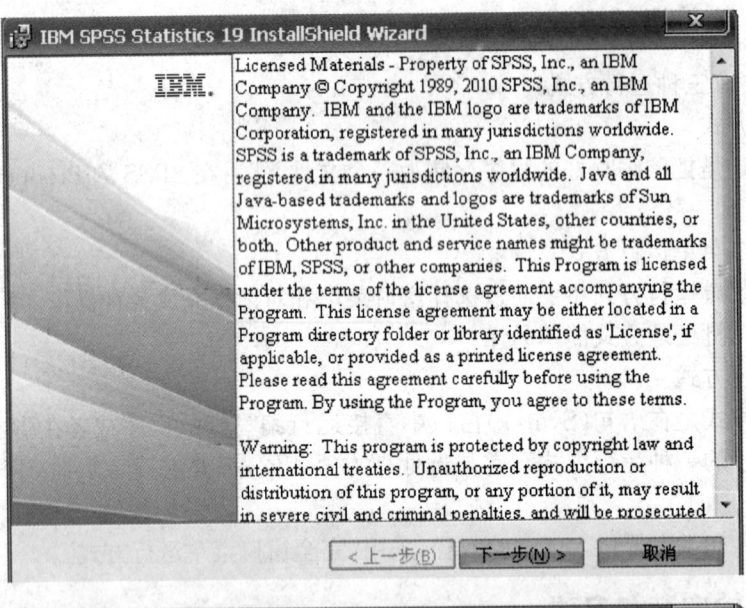

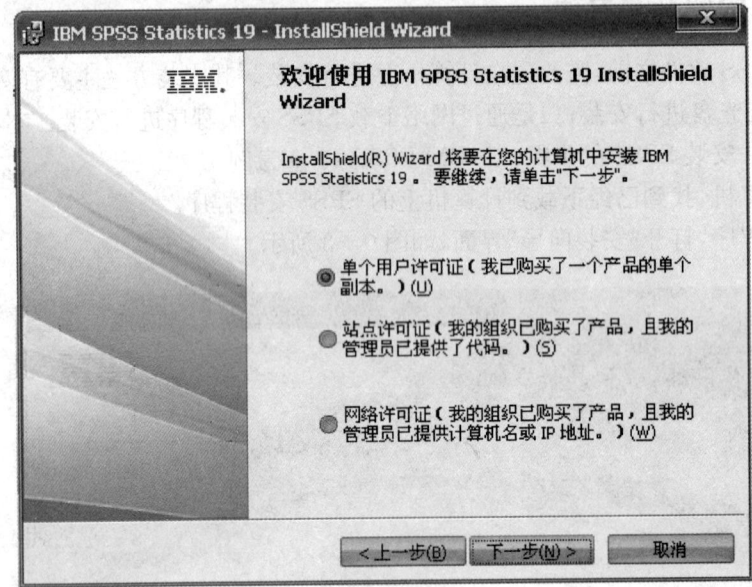

图 0—4　选择用户许可证

4. 单击"下一步",切换到用户协议对话框。在该对话框中接受用户协议,然后单击"下一步",如图 0—5 所示。

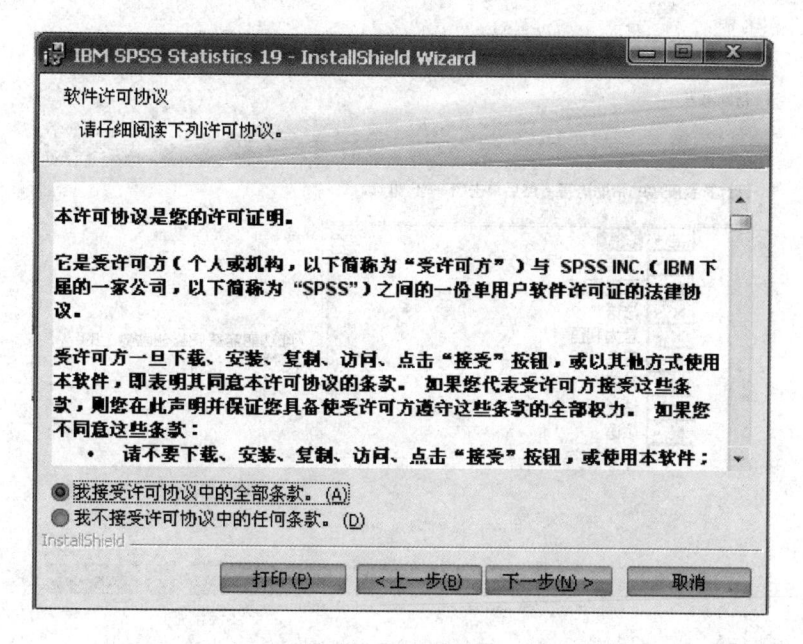

图0—5　接受用户协议

5. 单击"下一步",显示客户信息。在该对话框中填写好用户姓名与单位,然后单击"下一步",如图0—6所示。

图0—6　客户信息

6. 单击"下一步",语言选择。选择"英语",然后单击"下一步",如图0—7所示。

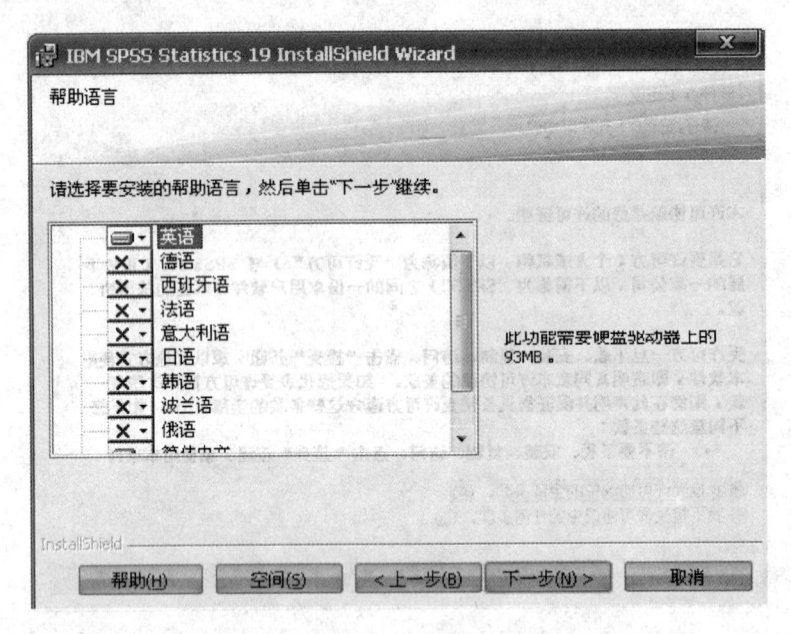

图 0—7　语言选择

7. 在弹出的对话框中选择文件安装位置,如图 0—8 所示。在该对话框中单击"更改",可调整软件的安装位置。

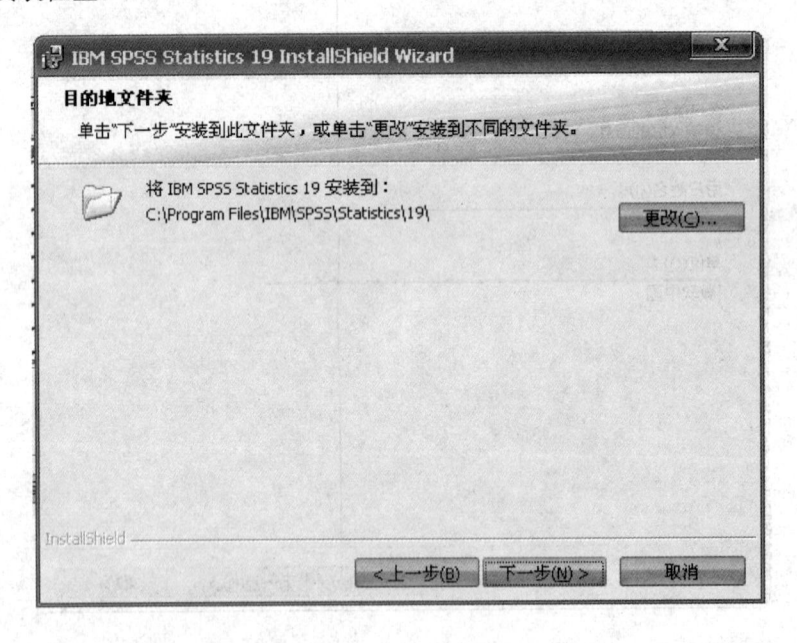

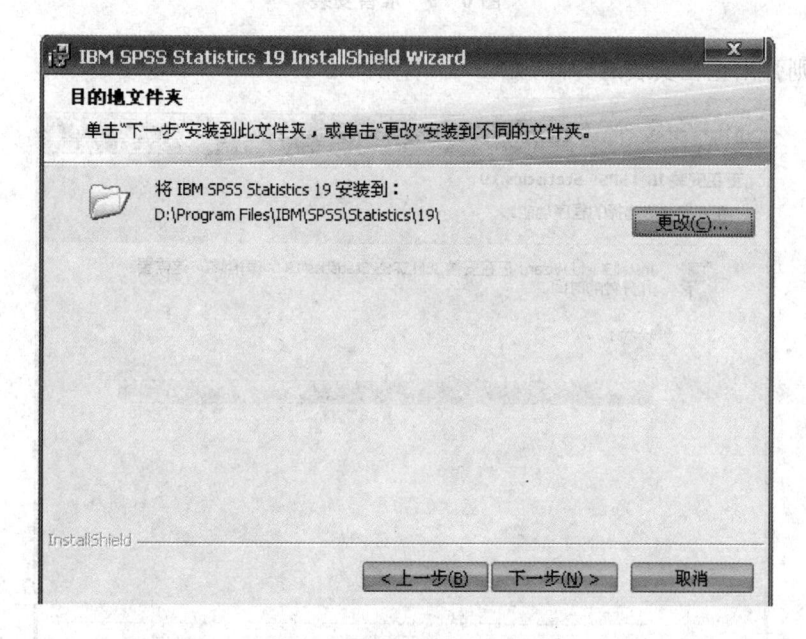

图0—8　选择文件安装对话框

8.在选择文件安装对话框中单击"下一步",在弹出的对话框中单击"安装"即可,如图0—9所示。

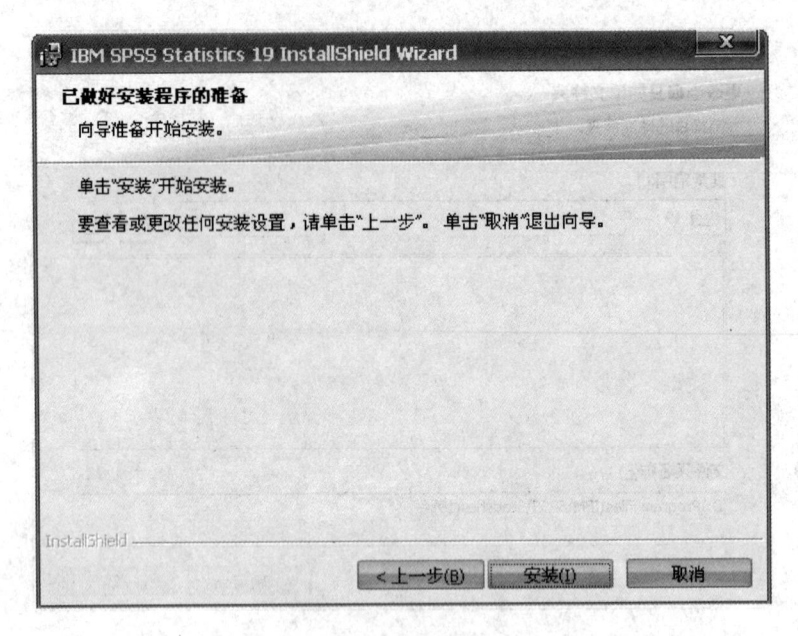

图 0—9　准备安装

9. 此时则弹出正在安装的界面，如图 0—10 所示。

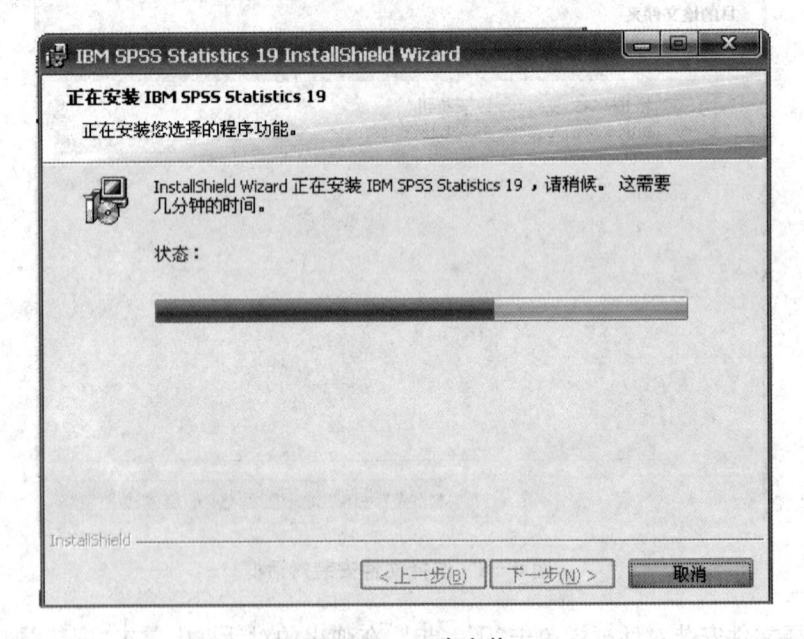

图 0—10　正在安装

10. 在以上安装程序完成后，则弹出授权许可证的对话框。把框中的勾去掉，单击"确定"，如图 0—11 所示。

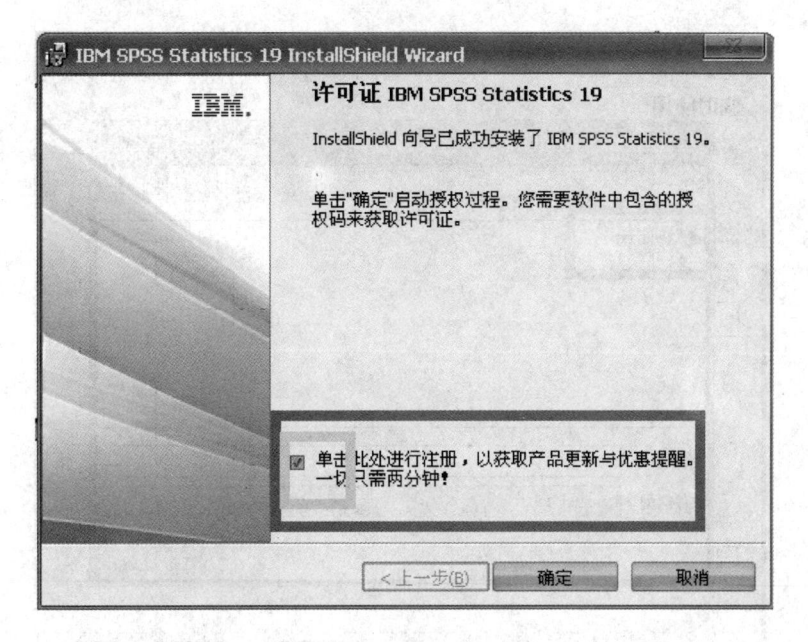

图 0—11 授权许可证

11. 此时则弹出产品授权对话框,选择"启用以用于临时使用"按钮,单击"下一步",如图 0—12 所示。

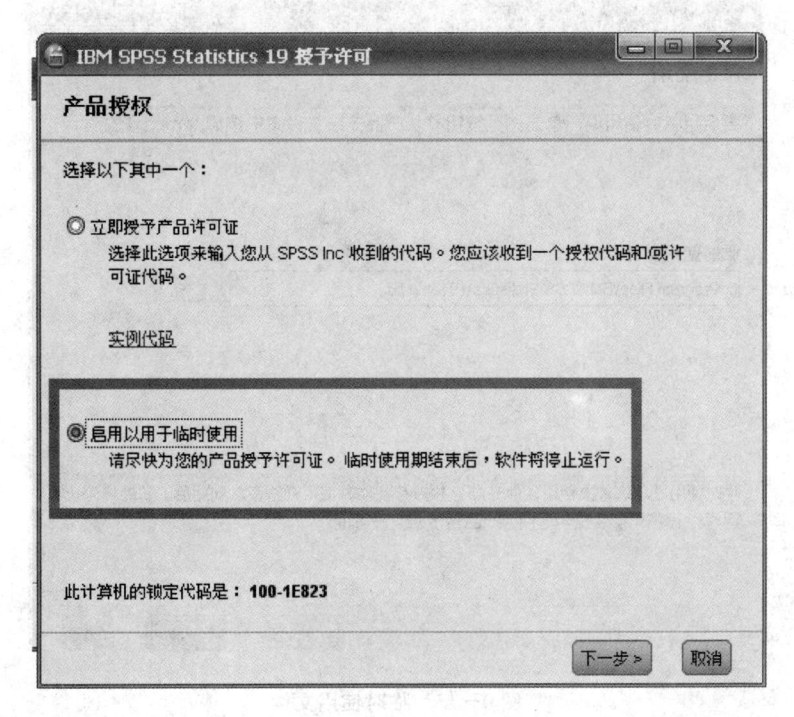

图 0—12 产品授权

12. 单击"　　"按钮,选择文件"temp.txt",再单击"打开",如图 0—13 所示。

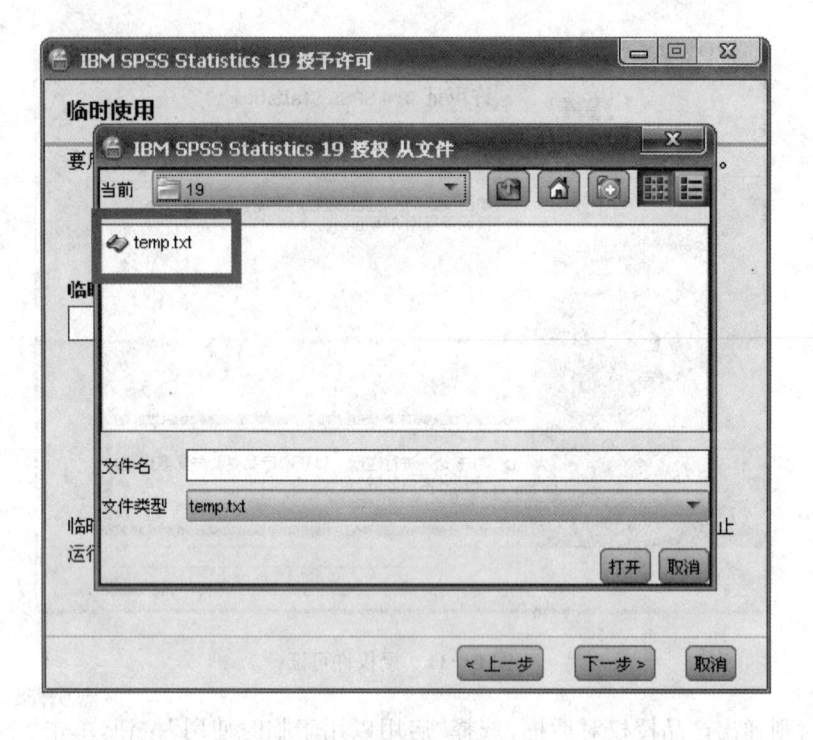

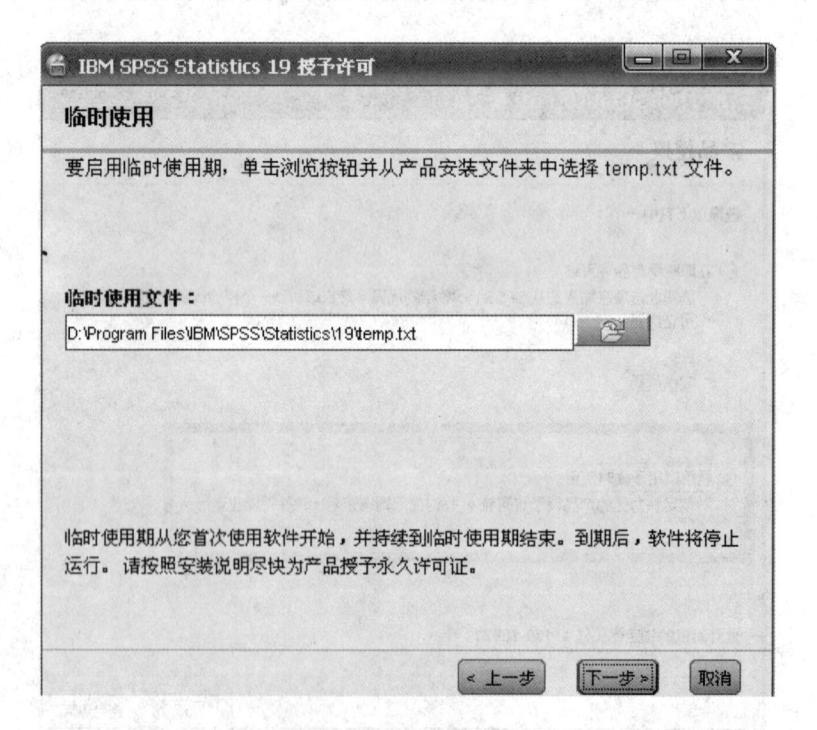

图 0—13　临时使用文件

13. 单击"下一步",弹出临时使用期已启用对话框,单击"完成",如图 0—14 所示。

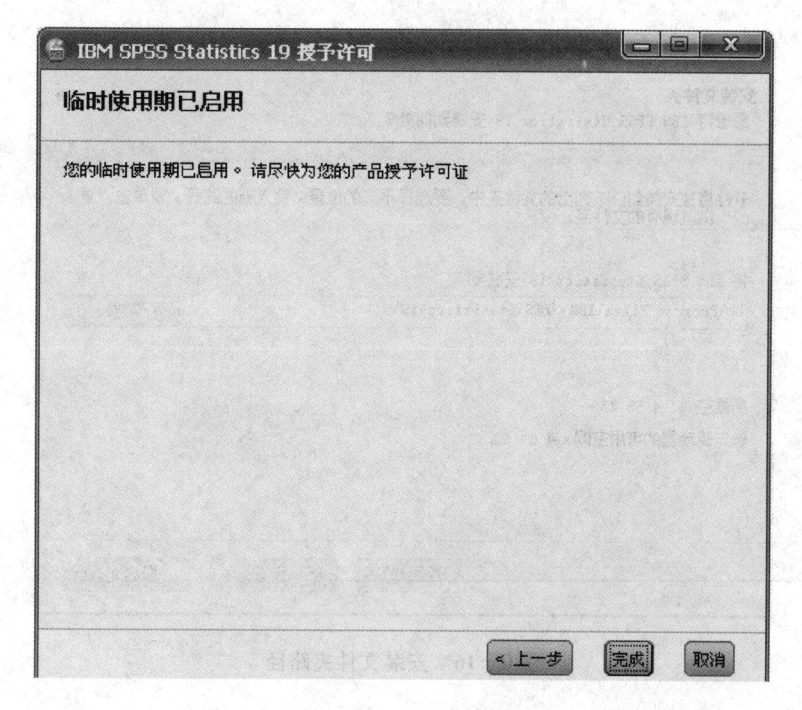

图 0—14　已启用

14.再找到已经下载到计算机上的 SPSS 安装程序的补丁,双击该程序,单击"下一步",如图 0—15 所示。

图 0—15　欢迎界面

15.再次选择补丁程序的安装文件夹路径,单击"下一步",如图 0—16 所示。

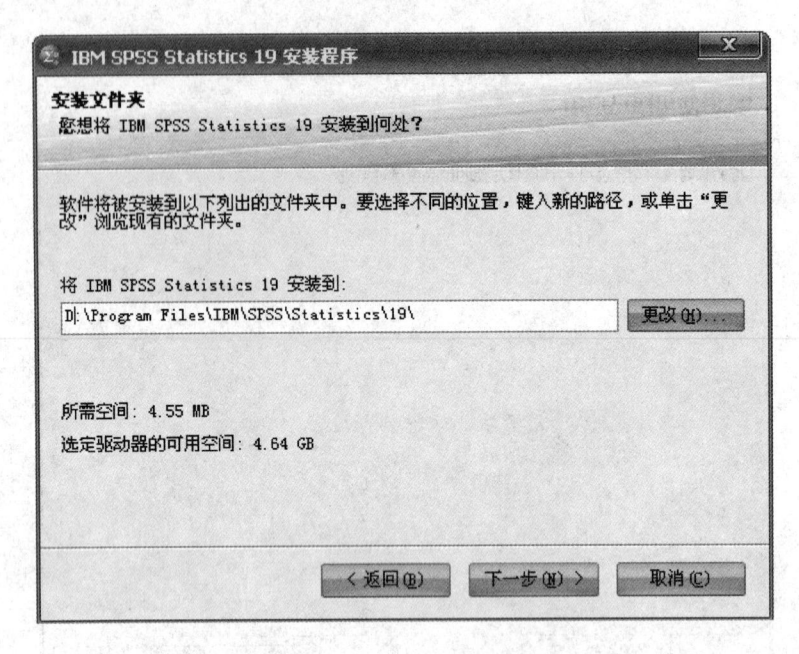

图 0—16　安装文件夹路径

16. 确认好安装文件夹路径,单击"下一步",便完成安装,如图 0—17 所示。

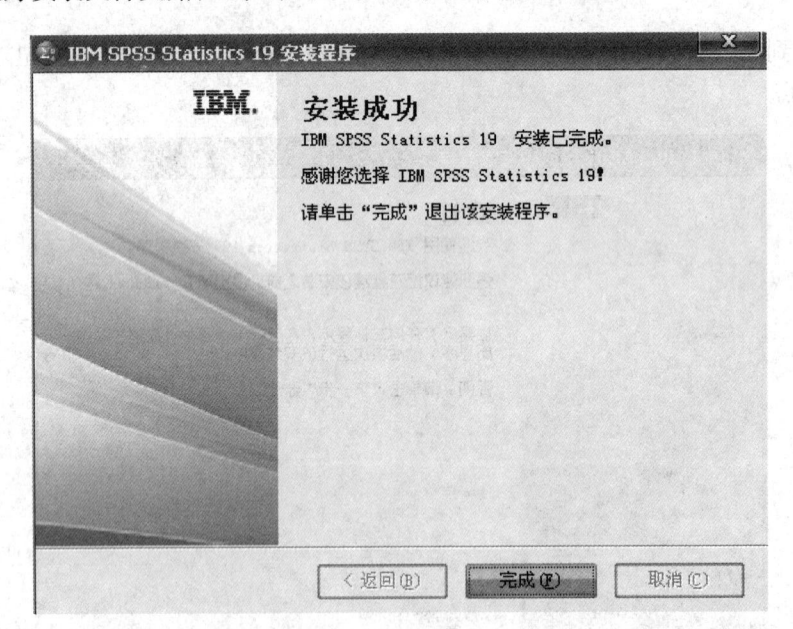

图 0—17　完成安装

安装完成后,便可以启动 SPSS 软件了。启动 SPSS 软件的方法主要有以下三种:
1. 单击"开始"菜单中的 IBM SPSS 19.0 命令,如图 0—18 所示。
2. 双击 .sav 格式的文件,因为 SPSS 的默认文件格式为 .sav。
3. 从安装程序直接启动。如果在桌面创建了 SPSS 快捷菜单,可双击桌面上的快速启动图标。

图 0—18　从"开始"菜单启动

四、SPSS 的界面与窗口

SPSS 软件运行过程中会出现多个界面,各个界面用处不同。其中,最主要的界面有三个:数据编辑窗口、结果输出窗口和语法窗口。

1. 数据编辑窗口

数据编辑窗口是 SPSS 打开的默认窗口,如图 0—19 所示。在数据编辑窗口中可以进行数据的录入、编辑以及变量属性的定义和编辑,是 SPSS 的基本界面。主要由以下几部分构成:标题栏、菜单栏、工具栏、编辑栏、变量名栏、观测序号、窗口切换标签、状态栏。

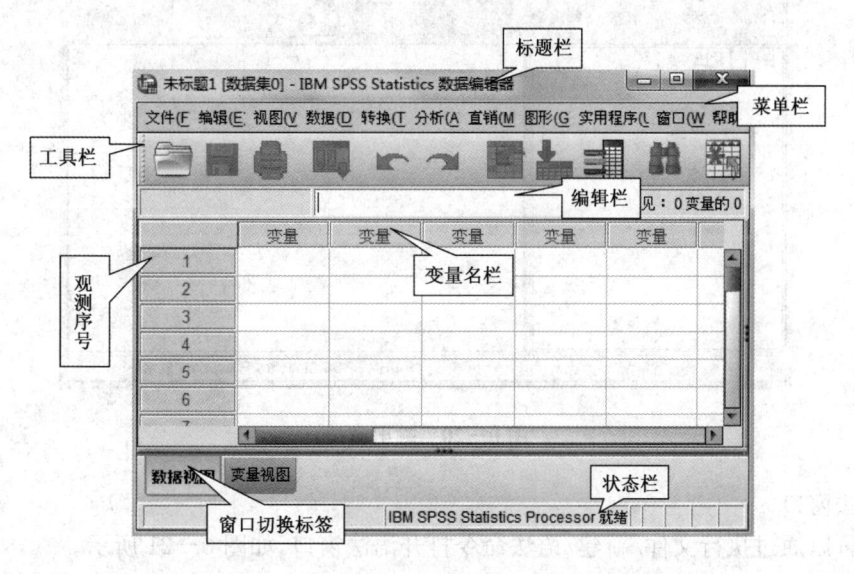

图 0—19　数据浏览界面

◆ 标题栏:显示数据编辑的数据文件名。
◆ 菜单栏:通过对这些菜单的选择,用户可以进行几乎所有的SPSS操作。关于菜单的详细的操作步骤将在后续实验内容中分别介绍。

为了方便用户操作,SPSS软件把菜单项中常用的命令放到了工具栏里。当鼠标停留在某个工具栏按钮上时,会自动跳出一个文本框,提示当前按钮的功能。另外,如果用户对系统预设的工具栏设置不满意,也可以用[视图]→[工具栏]→[设定]命令对工具栏按钮进行定义。

◆ 编辑栏:可以输入数据,以使它显示在内容区指定的方格里。
◆ 变量名栏:列出了数据文件中所包含变量的变量名
◆ 观测序号:列出了数据文件中的所有观测值。观测值的个数通常与样本容量的大小一致。
◆ 窗口切换标签:用于"数据视图"和"变量视图"的切换,即数据浏览窗口与变量浏览窗口的切换。数据浏览窗口用于样本数据的查看、录入和修改。变量浏览窗口用于变量属性定义的输入和修改。
◆ 状态栏:用于说明显示SPSS当前的运行状态。SPSS被打开时,将会显示"PASW Statistics Processor"的提示信息。

2. 结果输出窗口

在SPSS中大多数统计分析结果都以表和图的形式在结果输出窗口中显示。窗口右边部分显示统计分析结果,左边是导航窗口,用来显示输出结果的目录,可以通过单击目录来展开右边窗口中的统计分析结果。当用户对数据进行某项统计分析,结果输出窗口将被自动调出。当然,用户也可以通过双击后缀名为.spv的SPSS输出结果文件来打开该窗口。图0-20为输出窗口。

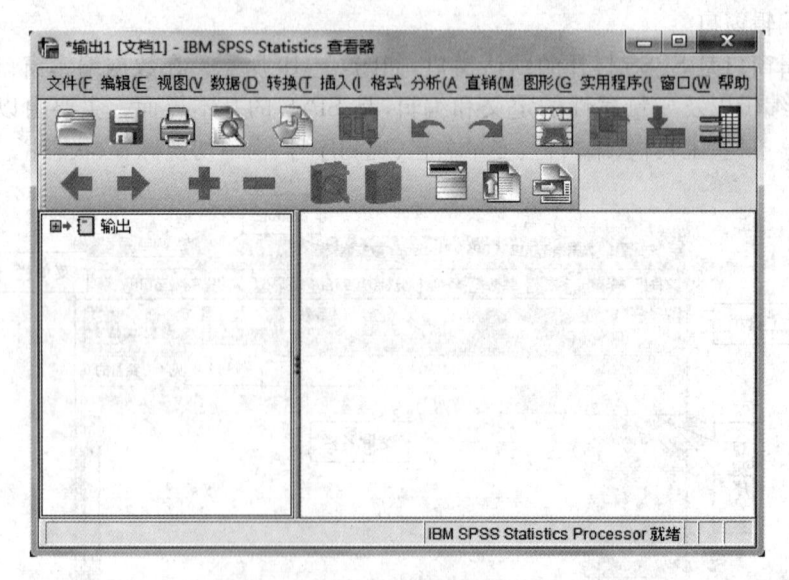

图0-20 输出窗口

3. 语法窗口

用户可以通过执行文件/新建/语法命令打开语法窗口,如图0-21所示。

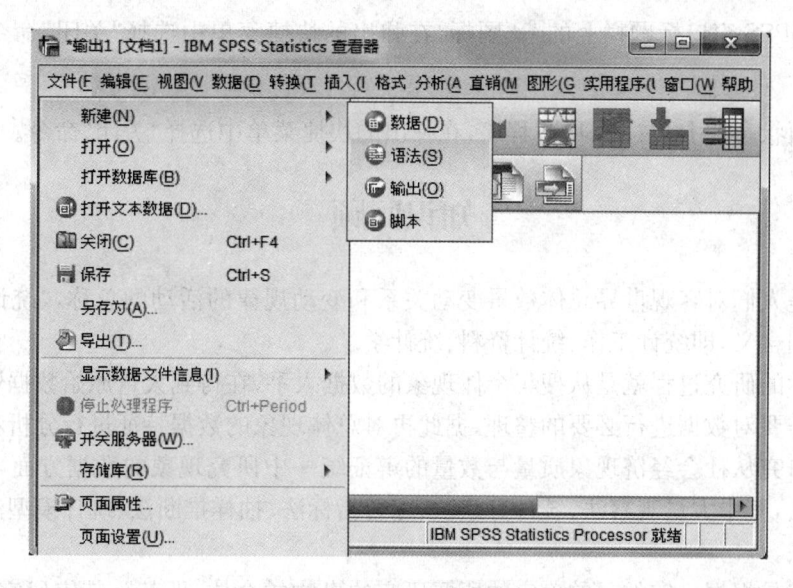

图 0—21 打开语法窗口

打开后的语法窗口见图 0—22。它由标题栏、菜单栏、工具栏、导航窗格、语法编辑区和状态栏 6 个部分组成。语法编辑区主要编辑或输入 SPSS 命令语句,从而构成 SPSS 程序。

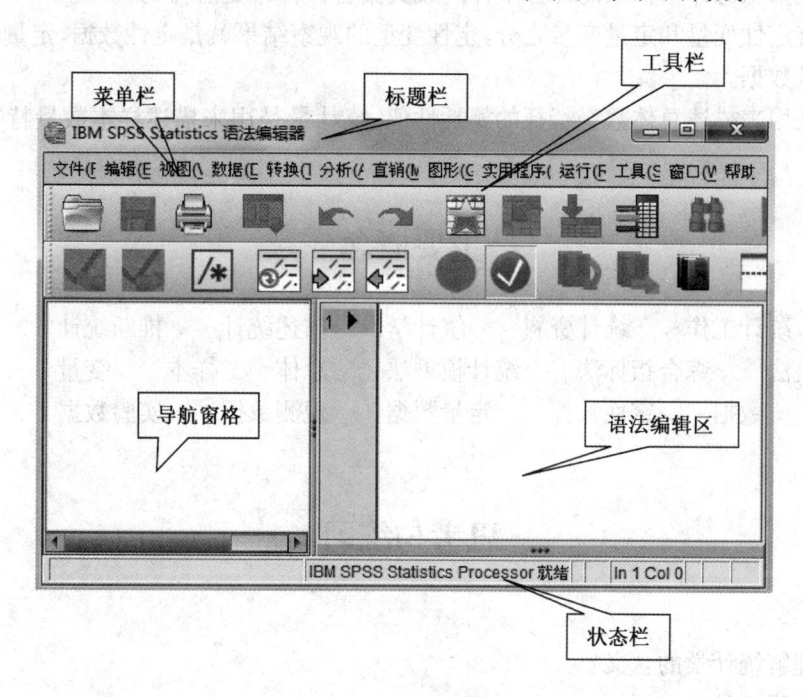

图 0—22 语法窗口

五、SPSS 的退出

如果要退出 SPSS 软件可以采用以下几种方法:
1. 直接单击 SPSS 窗口右上角的"关闭"按钮 ❌ 。

2. 单击 SPSS 窗口标题栏上的 图标,在弹出的快捷菜单中选择"关闭"命令;或直接双击 图标。

3. 在桌面状态栏上,右击 SPSS 程序,在弹出的快捷菜单中选择"关闭"命令。

知识回顾

1. 统计是人们对客观世界总体数量变动关系和变动规律的活动的总称,"统计"一词在不同场合有不同含义,即统计工作、统计资料、统计学。

2. 统计学的研究过程就是从搜集个体现象的数据入手,在得到大量原始数据资料后,按照研究问题的需要对数据进行必要的整理,据此再对总体现象的数据特征进行分析和解释。

3. 统计研究从社会经济现象质量与数量的辩证统一中研究现象的数据方面,运用各种统计研究的方法,其中大量观察法、统计分组法、综合指标法、抽样推断法、统计模型法是最基本、最主要的方法。

4. 总体就是根据一定的目的确定的所要研究的事物的全体,即某一特定研究中所有单元的集合,通常由客观存在的、具有相同性质的许多单元构成,而构成总体的每个单元被称为个体。个体是我们借以搜集数据的对象。

5. 样本是指从总体中抽取的部分个体组成的集合。样本是总体的代表。

6. 变量有定性变量和定量变量之分,定性变量的观察结果就是定性数据,定量变量的观察结果就是定量数据。

7. 参数是用来描述总体数量特征的概括性值,统计量是用来描述样本数量特征的概括性值。

主要概念

统计　　统计工作　　统计资料　　统计学　　描述统计　　推断统计　　大量观察法
统计分组法　　综合指标法　　统计模型法　　总体　　样本　　变量　　定量变量
定性变量　　数据　　定性数据　　定量数据　　观测数据　　实验数据　　参数
统计量。

思考与练习

思考题

1. 如何理解统计学的含义?
2. 举例说明统计的应用。
3. 总体与样本有何区别? 两者又有何联系?
4. 什么是变量? 变量有哪几种分类? 变量与数据有何关系?
5. 举例说明参数与统计量的关系。
6. 统计研究的方法有哪些? 简述各种方法的应用。

练习题
一、单项选择题
1."统计"一词的三种含义是(　　)。
A.统计活动、统计资料、统计学　　B.统计调查、统计整理、统计分析
C.统计设计、统计分组、统计预测　　D.统计方法、统计分析、统计预测
2.下列变量中,是定性变量的有(　　)。
A.年龄　　B.职业
C.居民的受教育年限　　D.月收入
3.下列变量中,是定量变量的有(　　)。
A.天气形势　　B.籍贯
C.职业　　D.汽车的销售价格
4.根据获取方法不同,数据可分为观测数据和(　　)。
A.描述数据　　B.实验数据
C.推断数据　　D.分析数据
5.若产品质量由高到低划分为三个级别:1级、2级、3级,则下列说法正确的是(　　)。
A.1级品的质量是2级品的两倍　　B.2极品的质量是1级品的两倍
C.产品质量级别是顺序数据　　D.产品质量级别是定量数据
6.顺序数据(　　)。
A.是一种定量数据
B.可以进行排序,表明事物之间的大小、优劣关系
C.可以反映事物在数量上的差异
D.其计算功能与数值型数据相同
7.研究如何利用样本数据来推断总体特征的统计学方法的是(　　)。
A.描述统计　　B.推断统计
C.理论统计　　D.应用统计
8.下列关于数据类型的说法,错误的是(　　)。
A.职业是定性变量　　B.产品质量等级是定量变量
C.受教育程度是定性变量　　D.某地区历年人口数是定量变量
9.通过统计调查得到的数据,一般称为(　　)。
A.定性数据　　B.定量数据
C.次级数据　　D.观测数据
10.为了解学生零花钱支出情况,从全校学生中抽取500人进行调查,这就是(　　)。
A.一个样本　　B.一个总体
C.一个集合　　D.500个样本

二、多项选择题
1.下列变量中,是定性变量的有(　　)。
A.职业　　B.年龄
C.受教育程度　　D.距离
E.民族

2. 下列变量中,是定量变量的有(　　)。
A. 天气温度　　　　　　　　B. 月收入
C. 上证指数　　　　　　　　D. 汽车的销售价格
E. 工厂每月生产的产品数量

3. 下列数据属于观测数据的是(　　)。
A. 某十字路口一天内通过的机动车数量
B. 在实验条件既定的情况下,细胞的分裂速度
C. 杭州市 2011 年城镇居民可支配收入
D. 在温度和湿度一定的情况下,某标号水泥的凝固时间
E. 2011 年我国财政收入数据

4. 统计研究的基本方法包括(　　)。
A. 大量观察法　　　　　　　B. 统计分组法
C. 综合指标法　　　　　　　D. 统计模型法
E. 统计推断法

5. 下列关于统计学的描述,正确的有(　　)。
A. 统计学是用来处理数据的,是关于数据的一门学问
B. 统计学是用来以搜集数据,分析数据和由数据得出结论的一组概念、原则和方法
C. 统计分析数据的方法大体上可以分为描述统计和推断统计两大类
D. 在现代社会中,几乎所有领域都会应用到统计学
E. 统计的应用范围很广泛,有时也会被滥用

项目一
统计数据的搜集与整理

知识目标：

1. 了解数据搜集与整理的意义
2. 理解数据搜集方式、方法及应用
3. 掌握调查方案及调查问卷的设计
4. 掌握数据整理的步骤

技能目标：

1. 能根据研究目的独立设计调查方案
2. 能根据调查目的和内容独立设计调查问卷
3. 能对数据进行编码、录入

重点难点：

1. 调查方法的特点及应用条件
2. 调查方案与调查问卷的设计

任务导入：

统计活动是怎样开始的？

2011年9月1日，宁波一家服装公司销售经理给刚大学毕业第一天上班的小王一项工作任务，去广州市调查该市男式西装市场消费情况，为期30天，总费用不超过2万元，一周内提出调查工作计划，9月底之前向公司提交详细的调查报告。小王应该如何开始这项工作？他首先要在两天内设计一份可以据以实施的行动方案，方案要包括以下内容：男式西装市场消费情况为什么要到广州去调查？向谁去调查？调查什么？怎么调查？怎样才能获得符合要求的数据？由谁去搜集？什么时间进行调查？费用够吗？通过本项目的学习，你应当能够帮助小王解决所面临的问题。

学习任务一 获取统计数据的方式

统计数据是统计分析工作的基础，只有科学有效地获取数据资料，才能为统计分析与决策提供有力的依据。在实际工作中，人们获取统计数据的方式主要有统计报表、普查、抽样调查、重点调查和典型调查等。

一、统计报表制度

统计报表制度是按照国家有关法规的规定，自上而下地统一布置、自下而上地逐级提供基本统计数据的一种调查方式。它要以一定的原始数据为基础，按照统一的表式、统一的指标、统一的报送时间和报送程序进行填报。它是由政府统计部门向列入调查范围的全部统计调查机构单位发放统计报表，这些机构单位定期（如每月、每季、每半年或一年）填好统计报表后，向发放统计报表的政府统计部门报送。目前的大多数统计报表都是全面统计报表。统计报表制度是目前我国搜集统计数据的一种重要方式，成为我国国家机关和地方政府部门统计数据的主要来源。

统计报表主要有以下三个特点：

1. 统计报表制度是国家机关和地方政府部门采取的调查制度。其内容一般涵盖国情国力和国家宏观管理决策层面，所统计的指标也都是有关各业务主管部门为从事管理所需的指标。

2. 由于统计报表一般是经常性调查，且调查项目比较稳定，便于积累历史资料，有利于开展动态分析。

3. 统计报表制度在形式上比较繁琐，调查广泛，需要较多的人力、物力和财力，所以主要适用于国有企业、事业单位以及国家机关和团体，而对民营企业、个体单位、家庭和个人则不适用。

统计报表按照实施范围分为国家报表、部门报表和地方报表，按照报送周期分为日报、月报和季报、年报等，按照报送单位分为基层报表和综合报表。

二、普查

普查是为某一特定目的而专门组织的一次性全面调查。如人口普查、农业普查、经济普查等。通过在全国范围内组织普查，可以查明某项重要的国情国力现状和资源利用情况，为政府制定有关大政方针提供依据。普查具有以下特点：

1. 普查通常是一次性的或周期性的调查，主要调查一定时点上的统计资料。普查有根据需要临时进行的，也有按一定周期进行的。目前，我国的普查趋向周期性，从2000年起，我国的周期性普查包括三项，即人口普查、农业普查和经济普查。人口普查和农业普查每十年一次，分别在逢"0"、"6"的年份进行；将工业普查、第三产业普查和基本单位普查合并为经济普查，每五年进行一次，除第一次经济普查在2004年进行外，以后均在逢"3"和"8"年份进行。

2. 普查一般需要规定统一的标准时间，即规定调查资料的所属时间，以避免调查数据的重复或遗漏，保证普查结果的准确性，因为普查一般都是反映调查对象在某一时点上的情况。如我国人口普查的标准时间定为普查年份的11月1日零时。我国农业普查的标准时间定为普查年份的1月1日零时。标准时间一般定在调查对象比较集中、相对变动较小的时间上。

3. 普查是专门组织的全面调查，取得的数据一般比较全面、准确，规范化程度较高，因此它可以为抽样调查或其他调查提供基础数据。

4. 普查的适用领域有限，由于普查需要动用大量的人力、物力和财力，目前普查仅限于重要的国情国力数据的搜集。

普查有两种组织形式：一种是组织普查机构、配备普查人员，对调查对象进行直接登记，如我国的人口调查;另一种是调查机关向被调查单位发放普查报表,由被调查单位利用其活动记录和核算资料,结合清仓盘点,自行填报普查资料,如我国的库存物资普查。

三、抽样调查

抽样调查是按照随机原则,从总体中抽选一部分单位作为样本进行观察,获取数据,并以此来推断总体数量特征的数据搜集方式。抽样调查的主要特点是:

1.经济性好。由于调查的样本单位通常是总体单位中很小的一部分,调查的工作量小,因而可以节省大量的人力、物力、财力和时间。

2.时效性强。由于抽样调查的工作量小,调查准备、登记资料、数据处理用时较少,因而可以提高数据的时效性。并且抽样调查可以频繁地进行,随着事物的发生和发展及时取得有关信息,以弥补普查等全面调查的不足。我国从20世纪80年代起,国务院决定在每两次人口普查中间,进行一次全国1‰人口抽样调查。人口抽样调查的主要目的是,摸清上次人口普查以来我国的人口数量、构成以及居住等方面的变化情况,研究未来人口状况的发展趋势,为制订经济社会发展规划和有关政策提供客观准确的依据。

3.适用面广。抽样调查适用于对各个领域、各种问题的调查。它既适用于全面调查能够调查的对象,又适用于全面调查所不能调查的对象,特别是适合对一些特殊现象的调查,如产品质量状况调查、客户满意度调查、医药临床试验等。

4.准确性高。抽样调查由于工作量小,能使各环节的工作做得更细致,误差很小,其调查的数据质量也较高。

5.可以事先控制误差。抽样调查能够根据调查的目的要求,调查对象的特点及掌握的资料情况,通过选择调查方式和确定样本数目,事先对误差的大小加以控制。

四、重点调查

重点调查是指从调查对象的全部单位中选择少数重点单位进行调查。重点单位是指在所要调查的数量特征上占有较大比重的单位。例如,要了解我国的钢铁生产总量,只要对产量有大致上的认识。几个产量很大的企业,构成了全国钢产量调查的重点单位,因为它们的钢产量在全国的钢铁生产总量中占很大的比重。由于重点单位与一般单位在数量上相差悬殊,因此,重点调查结果不能用于推断总体。

五、典型调查

典型调查是指从调查对象的全部单位中选择一个或少数几个有代表性的单位进行全面、深入的调查。例如,要研究工业企业的经济效益问题,可以在同行业中选择一个或者几个经济效益突出的单位做深入细致的调查,从中找出经济效益好的原因和经验。典型调查主要用于定性研究,调查结果一般不能用来推断总体。

典型调查主要有两种形式:一种是对个别典型单位进行研究性调查,即所谓"解剖麻雀"式的调查,主要用于探寻事物发生发展的原因和规律;另一种是先按有关标志对研究对象分类,然后再在各类中选择有代表性的单位进行调查,即所谓"划类选典"调查。如果典型单位选择适当,不仅能够科学推算总体的全面资料,而且能够深入研究事物的产生、发展过程。

学习任务二　获取统计数据的方法

在实际工作中，无论采用以上哪一种方式进行调查，都需要借助于一定的数据搜集方法，以取得具体的统计数据。对数据的搜集方法主要有观察法、报告法、访问法、网上调查法、电话调查法、实验法、文案法等。

一、观察法

观察法就是调查人员亲临现场，对调查对象进行观察、计量等以取得统计数据的一种方法。例如，公交运营中客流量调查，需要调查人员亲自到公交站点观察乘客的数量；再如，调查人员期末盘点商品库存时，通过亲自盘点、计数，从而取得统计数据资料。

观察法的最大优点是自然、客观、准确，简便易行。观察法的不足之处在于观察不到被调查者的心理动机；在实施调查时往往要受时间和空间的限制，工作量较大；另外，观察法对调查人员的素质要求比较高。

二、报告法

报告法是基层单位根据上级要求，以各种原始记录与核算资料为基础搜集各种统计数据资料，逐级上报给有关部门。现行的统计报表形式就是采用这种方法搜集统计数据资料的。

报告法虽然可以减轻调查人员的工作量，但获取的统计数据受地方、各部门、各企业之间经济利益多元化的影响，往往使数据的客观性和准确性大打折扣。

三、访问法

访问法是调查人员直接面对被调查者了解情况、获取资料的方法，即根据调查提纲或调查问卷，调查人员向被调查者提问，由被调查者答复以获取统计数据资料的一种方法。

询问法有标准式和非标准式两种。标准式访问又称结构式访问，是按照调查人员事先设计好的、有固定格式的标准化问卷，有顺序地依次提问。这种方法谈话内容明确，调查人员易控制访问进程，调查问卷的回收率高，调查结果容易统计处理。而非标准式访问没有规定提问顺序，只是一个题目或提纲，由调查人员围绕调查主题自由交谈，做好记录后再进行整理。

访问法的优点在于问题回答率高，真实性和灵活性较强，准确性高。但在实际操作中，绝访率高，调查成本相对较高，所回答的问题往往受调查人员素质和主观因素的影响。

四、网上调查法

网上调查在20世纪90年代开始迅速发展，由于省略印制、邮寄和数据录入的过程，问卷的制作、发放及数据的回收速度均得以提高，可以短时间内完成问卷并统计结果及制作报表。网上调查易获得连续性数据，调查内容设置灵活、调研群体大、可视性强等也是其他搜集统计数据方法所不具备的优势。但是网上调查在目前来说还处于发展和完善之中，其样本代表性、数据准确性、安全性等还是有待解决的重要问题。

五、电话调查法

电话调查是调查人员利用电话向被调查者进行询问，从而获得统计数据信息的一种调查方法。电话调查具有时效快、费用低等特点，因此，电话调查的应用非常广泛。电话调查可以按照事先设计好的问卷进行，也可以针对某一专门问题进行采访。用于电话调查的问题要简明扼要，问题数量不宜过多。电话调查所获取的数据资料很难辨别其真实性，这是电话调查的最大缺陷。

六、实验法

实验法是一种特殊的数据收集方法。它是在对环境和条件进行控制的状态下，通过对调查对象进行实验来取得数据资料的方法。实验法起源于自然科学和工程技术方面的研究，在工商管理和社会研究等领域采用实验研究的方法，虽然不能像在自然科学和工程技术的研究中那样对非实验因素进行非常严格的论证，但是实践工作表明，这种方法在工商管理和社会研究中也可以发挥作用。例如，某研究人员为了研究某种保健品的使用效果，可以跟踪某些特定人员进行服用该保健品前后一段时间的情况调查等。

七、文案法

文案法是指调查者不需要通过实地调查就可以凭借现有的资料来获取数据的方法。对大多数使用者来说，亲自去做调查往往需要投入相当的人力、物力和时间，同时又要受到各种条件的限制，文案法就可以避免这些问题。现有数据的载体通常包括以下几种：

1. 国家。国家公开的一些规划、计划、统计报告、统计年鉴等。
2. 行业协会。行业协会经常公布、发表一些行业销售情况、生产经营情况及专题报告。
3. 图书馆和专业报纸杂志。从图书馆或其他渠道获得的一些出版物，专业报纸、杂志所提供的信息资料。
4. 计算机信息网络。从国际联机数据网络和国内数据库获取有关数据。
5. 国际组织。国际组织定期发布大量市场信息资料。

目前，广泛分布在互联网以及各种报刊、杂志、图书、广播、电视传媒中的各种数据资料，已经成为人们获取现有数据的重要资源。例如，若要了解我国国民经济与社会发展情况，通过《中国统计年鉴》就可以搜集我国历年的社会经济主要指标数据；若要研究某一证券市场状况，通过查找相应的网站便可获知各种相关的数据信息。由此可见，对于研究者来说，使用现有数据进行研究既经济又方便。但在使用这些数据时，应注意数据的含义、计算口径和计算方法，以避免误用或滥用；要注意二手数据的时效性，不能引用过时的数据；引用二手数据时应充分搞清这些数据的来源和可靠程度，引用时，应注明数据的出处，以尊重他人的劳动成果。

学习任务三　调查方案的设计

统计数据的搜集是一项复杂、细致而又严密的工作。要准确地完成一项调查任务，需要很多人的参与。为了统一认识、统一内容、统一方法，做到步调一致，顺利完成任务，在调查之前，必须制定一个周密、完整的调查方案，作为整个调查工作的指导性文件。一份科学、完整的调查方案应包括以下内容。

一、明确调查目的

调查目的是指调查所要达到的具体目标，要解决什么样的问题，即为什么调查。只有目的明确,才能确定向谁调查、调查什么以及采用什么方法调查。调查目的应简明扼要,例如,我国第六次人口普查的目的是:"将查清十年来我国人口在数量、结构、分布和居住环境等方面的变换情况,为科学制定国民经济和社会发展规划,统筹安排人民的物质和文化生活,实现可持续发展战略,构建社会主义和谐社会,提供科学准确的统计信息支持。"

二、确定调查对象和调查单位

确定调查对象和调查单位,是要解决向谁调查、由谁来提供统计资料的问题。

调查对象是指所要调查的社会经济现象的总体。确定调查对象就是明确统计调查的范围和界限。

调查单位是指构成调查对象的每一个个体单位,是调查内容的直接承担者,也是我们搜集数据、分析数据的基本单位。

例如,在全国人口普查中,调查对象是指具有中华人民共和国国籍并在中华人民共和国境内常住的人,调查对象是每一个人。再如,若调查一个学校的学生情况,则调查对象是该校所有学生,调查单位是每一个学生。

在调查阶段,有时还需要明确填报单位。所谓填报单位,是指负责向上报告调查内容、提交统计资料的单位。报告单位一般在行政上、经济上具有一定独立性。在实际中,调查单位和填报单位有时是一致的,有时是不一致的。例如,在工业企业普查中,二者是一致的,每一个工业企业既是调查单位,也是填报单位;再如,在全县医疗卫生设备普查中,二者则不一致,调查单位是每台设备,填报单位则是每家医院。

三、确定调查内容

调查内容就是根据调查目的而确定的需要向调查单位了解的情况和问题。例如,我国经济普查的主要内容包括:单位基本属性、从业人员状况、财务状况、生产经营情况、生产能力、原材料和能源消耗、科技活动等。调查内容通常反映在调查表或调查问卷中,这是调查方案的核心。因此,在确定调查内容时应注意以下两点:第一,调查内容应力求简明扼要,抓住中心,切忌"多多益善、有备无患"的做法;第二,调查内容之间尽可能做到相互衔接、相互联系,以便进行对比分析。

四、确定调查时间和调查期限

调查时间是指调查资料所属的时间。如果所要调查的是时期现象,就要明确规定登记从何时起到何时止的资料;若调查的是时点现象,要明确规定统一的标准时点。例如,第六次人口普查,规定调查2010年11月1日零时的人口资料。

调查工作期限是指调查工作的起讫时间,包括搜集资料到报送资料的整个工作过程所需要的时间。在某些专项调查中,它包括从调查方案设计到提交调查报告的整个工作时间。为了提高统计资料的时效性,在可能的情况下,调查期限尽可能缩短。规定调查期限的目的是使调查工作能及时开展、按时完成。

例如,某管理局要求所属企业在2012年1月10日上报2011年产成品库存资料,调查时间是标准时间2011年12月31日,调查期限是10天。

五、确定调查方式和方法

调查方式是指调查活动的组织方式,有统计报表、普查、抽样调查、重点调查和典型调查。

调查的方法是指搜集数据资料的具体方法,主要有观测法、报告法、访问法、实验法、文案法等。各种调查方式和调查方法都有各自的优缺点,不能简单断言某种调查方式或方法是最好的,应根据调查研究课题的具体情况选择一种或多种方式、方法结合使用。

六、制订调查组织实施计划

为了保证调查工作顺利进行,在调查方案中还应制订调查组织实施计划。这个计划是对整个统计调查各工作环节的安排。主要包括以下内容:

1. 调查工作的组织领导机构和人员组成。
2. 调查工作规则和流程。
3. 调查前的准备工作,包括宣传教育、人员培训、印制文件、试点调查等。
4. 其他工作,包括数据资料的报送与处理办法、经费预算及开支办法、提供或公布调查成果的时间及方式等。

学习任务四　统计调查工具

统计调查的主要工作是调查表和调查问卷。

一、调查表

所谓调查表,是指把确定好的调查内容按照一定的逻辑关系顺序地排列起来所形成的表格。其目的是用于登记调查的数据。

1. 调查表的构成

调查表一般由表头、表体、表脚三部分构成。表头用来说明调查表的名称,调查单位的名称、性质、隶属关系等。表体是调查表的主体部分,包括调查内容、栏号和计量单位等。表脚包括填表人签名、填报日期等。如表1—1所示。

表1—1　　　　　　　　　××企业职工基本情况调查表

所属部门:＿＿＿＿＿　　　　　　填表日期:　　年　　月　　日

姓名		性别		民族		贴一寸正面免冠照片
曾用名		出生年月		籍贯		
宗教信仰		最高学历				
身份证号码		联系电话				
现家庭住址				邮编		
技术职称			现从事岗位			
最高学位		目前月收入(元)		懂何种外语		
工作经历及社会经历	工作起止时间		单位名称	从事何种技术工作		任何职务
家庭成员	姓名	性别	年龄	与本人关系	现何地、何单位、任何职	

制表:××人事部　　　　　　　填报人签字:

2.调查表的种类

调查表可分为单一表(见表1-1)和一览表(见表1-2)。单一表即在一份表上只登记一个调查单位,它可以容纳较多的调查项目。一览表即在一份表上登记若干个调查单位,它一般适用于调查项目不多的调查。

表1-2　　　　　　　　　　　××企业员工主要情况登记表

员工编号	姓名	性别	年龄	工龄(年)	文化程度	专业技术职称	职务（或岗位）	月收入（元）
001								
002								
003								
004								
005								
006								
……								
……								
……								

制表:××人事部　　　　　填报人签字:　　　　　填报日期:

二、调查问卷

在调查研究中,问卷法是一种最常用的调查方法,而问卷是搜集资料的重要工具。问卷法是目前调查业中所广泛采用的调查方式,是指由调查机构根据调查目的设计各类调查问卷,然后采取抽样的方式(随机抽样或整群抽样)确定调查样本,通过调查员对样本的访问,完成事先设计的调查项目,最后由统计分析得出调查结果的一种方式。问卷法的优点在于:其一,它严格遵循概率与统计原理,具有较强的科学性;其二,它效率比较高,可以用团体方式进行,结果统计高度数量化、规范化;其三,它费用低,不必花很多力气训练调查人员。这些特点使问卷法非常适于进行大规模的调查活动。在有的课题研究中,由于问卷不记名,使得答卷人更加开放,能真实反映自己的观点和态度,同时也便于操作。

(一)问卷设计的原则

1.有明确的主题。根据调查主题,从实际出发拟题,问题目的明确,重点突出,没有可有可无的问题。

2.结构合理、逻辑性强。问题的排列应有一定的逻辑顺序,符合应答者的思维程序。一般是先易后难、先简后繁、先具体后抽象。

3.通俗易懂。问卷应使应答者一目了然,并愿意如实回答。问卷中语气要亲切,符合应答者的理解能力和认识能力,避免使用专业术语。对敏感性问题采取一定的技巧调查,使问卷具有合理性和可答性,避免主观性和暗示性,以免答案失真。

4.控制问卷的长度。回答问卷的时间控制在20分钟左右,问卷中既不浪费一个问句,也不遗漏一个问句。

5.便于资料的校验、整理和统计。

(二)问卷设计的程序

1.确定主题和资料范围。根据调查目的的要求,研究调查内容、所需搜集的资料及资料来源、调查范围等,酝酿问卷的整体构思,将所需要的资料一一列出分析哪些是主要资料,哪些是次要资料,哪些是可要可不要的资料,淘汰那些不需要的资料,再分析哪些资料需要通过问卷取得,需要向谁调查等,并确定调查地点、时间和对象。

2.分析样本特征。分析了解各类调查对象的社会阶层、社会环境、行为规范、观念习俗等社会特征,需求动机、潜在欲望等心理特征,理解能力、文化程度、知识水平等学识特征,以便针对其特征来拟题。

3.拟订并编排问题。首先构思每项资料需要用什么样的句型来提问,尽量详尽地列出问题,然后对问题进行检查、筛选,看有无多余的问题,有无遗漏的问题,有无不适当的问句,以便进行删、补、换。

4.进行试问试答。站在调查者的立场上试行提问,以确定问题是否清楚明白,是否便于资料的记录、整理;站在应答者的立场上试行回答,以确定是否能答和愿答所有的问题,问题的顺序是否符合思维逻辑。估计回答时间是否合乎要求。有必要在小范围进行试问试答,以检查问卷的质量。

5.修改、付印。根据试答情况,进行修改,再试答,再修改,直到完全合格才定稿付印,制成正式问卷。

(三)调查问卷的结构

一份完整的问卷应该由指导语、问题和结束语三部分构成。

1.指导语

指导语是在问卷之首,它在问卷中起的作用是沟通调查者与应答者之间的联系,使问卷的填写工作能够顺利进行,以达到调查的目的。

(1)内容。指导语的内容包括研究的目的、意义、用途及填写要求、规则。

(2)要求。指导语的表述要简明扼要、准确而肯定。

2.问题

问题是问卷的核心内容。在问卷中,问题应该包括提出问题和回答问题两个部分。

(1)提出问题是由调查设计来完成。其呈现方式有以下几种:

1)直接问题是由调查设计者根据研究的需要,可向应答者直接问问题,通过应答者的真实反应,从中获得答案。

2)单一问题和综合问题。调查设计者可以根据需要,设计单一的问题,让应答者简明作答。有时为了了解应答者更深层次的情况以及各情况之间的联系时,就可设计综合问题,让应答者逐一解答,逐步深入地反映自己的情况。

3)具体问题和抽象问题。需要了解一些基本事实以及具体情况时,可设计具体问题;当需要了解应答者对某类事物的态度、看法、观念时,就可以设计一些抽象问题。

(2)回答问题是由应答者来完成。其中,调查者可为应答者提供选择答案;也可以不提供选择的答案,而是由应答者自由作答。因而,问题的形式主要有开放式和封闭式。

问题调查这一方式对调查结果的影响,除了样本选择、调查员素质、统计手段等因素外,问卷设计水平是其中一个前提条件。而问卷设计得好坏很大程度上又与设计原则有关。

3.结束语

在问卷的末尾可设计结束语,内容是对应答者表示感谢,或者要求应答者对问题加以简短的评价。

(四)问题的形式

1. 开放式问题

开放式问题又称无结构的问答题。在采用开放式问题时,应答者可以用自己的语言自由地发表意见,在问卷上没有已拟订的答案。开放式问题需要解释和说明,同时向对方表示你对他们说的话很感兴趣,还想了解更多的内容。

例如,在进行香烟问卷调查时,可以问一下开放性问题:您抽烟多久了?您喜欢的香烟品牌是什么?

显然,应答者可以自由回答以上问题,并不需要按照问卷上已拟订的答案加以选择,因此应答者可以充分地表达自己的看法和理由,并且比较深入,有时还可获得研究者始料未及的答案。通常而言,问卷上的第一个问题采用开放式问题,让应答者有机会尽量发表意见,这样可制造友好的调查气氛,缩短调查者与应答者之间的距离。

然而,开放性问题也有其缺点。其一,调查者的偏见。因记录应答者答案是由调查者来进行,如果调查者按照他自己的理解来记录,就有出现偏差的可能,但这些不足可运用录音机来弥补。其二,资料整理与分析的困难。由于各种应答者的答案可能不同,所用文字各异,因此在答案分类时难免出现困难,整个过程相当耗费时间。因此,开放式问题在探索调研中是很有帮助的,但在大规模的抽样调查中,弊大于利。

2. 封闭式问题

封闭式问题又称有结构的问答题。封闭式问题与开放式问题相反,它规定了一组可供选择的答案和固定的回答格式。例如:

你购买××咖啡的主要原因是(选择最主要的两种):

A. 味道不错

B. 价格适中

C. 任何商店都有出售

D. 朋友介绍

封闭式问题的优点如下:

(1)答案是标准化的,对答案进行编码和分析都比较容易。

(2)回答者易于作答,有利于提高问卷的回收率。

(3)问题的含义比较清楚。因为所提供的答案有助于理解题意,这样就可以避免应答者由于不理解题意而拒绝回答。

封闭式问题的缺点如下:

(1)应答者对题目不正确理解的,难以觉察出来。

(2)可能产生"顺序偏差"或"位置偏差",即应答者选择答案可能与该答案的排列位置有关。研究表明,对陈述性答案应答者趋向于选第一个或最后一个答案,特别是第一个答案;而对一组数字(数量或价格),应答者则趋向于取中间的位置。为了减少顺序偏差,可以准备几种形式的问卷,每种形式的问卷答案排列的顺序都不同。

(五) 问题的设计

1. 事实性问题

事实性问题主要是要求应答者回答一些有关事实的问题。例如:你有网上购物的经验吗?事实性问题的主要目的在于求取事实资料,因此问题中的字眼定义必须清楚,让应答者了解后能正确回答。

在市场调查中,许多问题均属事实性问题,如应答者个人的资料:职业、收入、家庭状况、居住环境、受教育程度等,这些问题又称为分类性问题,因为可根据所获得的资料而将应答者分类。在问卷之中,通常将事实性问题放在后面,以免应答者在回答有关个人的问题时有所顾忌,影响以后的答案。如果抽样方法是采用的配额抽样,则分类性问题应置于问卷之首,否则不知道应答者是否符合样本所规定的条件。

2. 意见性问题

在问卷中,往往会询问应答者一些有关意见或态度的问题。例如:你是否喜欢××电视节目？意见性问题实际上是态度调查问题。应答者是否愿意表达他真正的态度固然要考虑,而态度强度亦有不同,如何从答案中衡量其强弱,显然也是一个需要解决的问题。通常而言,应答者会受到问题所用字眼和问题次序的影响,因而答案也有所不同。对于事实性问题,可将答案与已知资料加以比较。但在意见性问题方面则较难做比较工作,因应答者对同样问题所作的反应各不相同。因此意见性问题的设计远较事实性问题困难。这种问题通常有两种处理方法:一种方法是对意见性问题的答案只用百分比表示,另一种方法则旨在衡量应答者的态度,故可将答案化成分数。

3. 困窘性问题

困窘性问题是指应答者不愿在调查员面前作答的某些问题,如关于私人的问题,或不为一般社会道德所接纳的行为、态度,或属有碍声誉的问题。例如:

平均说来,每个月你打几次麻将？

如果你的汽车是分期购买的,一共分多少期？

你是否想银行抵押贷款购买股票？

除了你的工作收入外,还有其他收入吗？

如果一定要想获得困窘性问题的答案,又避免应答者作不真实的回答,可采用以下的方法:

(1)间接问题法。不直接询问应答者对某事项的观点,而改问他对其他有关事项的看法如何。例如:用间接问题法旨在让应答者回答其认为是对旁人的观点进行评价的问题。所以介绍了旁人的观点后,应立即再加上问题:"你同他们的看法是否一样？"

(2)卡片整理法。将困窘性问题的答案分为"是"与"否"两类,调查员可暂时走开,让应答者自己取卡片投入箱中,以避免困窘气氛。应答者在没有被调查员注视的情况下,选取真正的答案的可能性会提高不少。

(3)随机反应法。根据随机反应法,可估计出回答困窘性问题的人数。

4. 断定性问题。有些问题是先假定应答者已有该种态度或行为。例如:你每天抽多少支香烟？

事实上该应答者极可能根本不抽烟,这种问题则为断定性问题。正确处理这种问题的方法是在断定性问题之前加一条过滤问题。例如:你抽烟吗？如果应答者回答"是",用断定性问题继续问下去才有意义,否则在过滤问题后就应停止。

5. 假设性问题

有许多问题是先假定一种情况,然后询问应答者在该种情况下会采取什么行动。例如:如果《××晚报》涨价至2元,你是否将转而购买另一种未涨价的晚报？

如果××牌洗衣粉跌价1元,你是否愿意用它？

你是否愿意加薪？

你是否赞成公交公司改善服务？

以上皆属假设性问题,应答者对这种问题多数会答"是"。这种探测应答者未来行为的问题,应答者的答案事实上没有多大的意义,因为多数人都愿意尝试一种新事物,或获得一些新经验。

(六)问卷设计应注意的问题

1. 问卷的开场白

对问卷的开场白必须慎重对待,要以亲切的口吻询问,措辞应精心准备,做到言简意赅,亲切诚恳,使应答者自愿与之合作,认真填好问卷。

2. 问题的字眼(语言)

由于不同的字眼会对应答者产生不同的影响,因此往往看起来差不多的问题,会因所用字眼不同,而使应答者有不同的反应,作出不同的回答。故问题所用的字眼必须谨慎,以免影响答案的准确性。一般来说,在设计问题时应避免一般性问题。如果问题的本来目的是在求取某种特定资料,但由于问题过于一般化,使应答者所提供的答案无多大意义。例如:

某酒店想了解旅客对该酒店房租与服务是否满意,因而做以下询问:

你对本酒店是否感到满意?

这样的问题,显然有欠具体。由于所需资料牵涉到房租与服务两个问题,故应分别询问,以免混乱,如:

你对本酒店的房租是否满意?

你对本酒店的服务是否满意?

3. 问卷的选择及顺序

通常问卷的前几个问题可采用开放式问题,旨在使应答者多发表意见,感到自在,不受拘束,能充分发挥自己的见解。当应答者话题多,其与调查者之间的心理距离自然缩短。不过要留意,最初安排的开放式问题必须较易回答,不可具有高敏感性,如困窘性问题,否则一开始就被拒绝回答的话,以后的问题就难以继续了。因此问题应是容易回答且具有趣味性,旨在提高应答者的兴趣。核心问题往往置于问卷中间部分,分类性问题如收入、职业、年龄通常置于问卷之末。

问卷中问题的顺序一般按下列规则排列:

(1)容易回答的问题放前面,较难回答的问题放稍后,困窘性问题放后面,个人资料的事实性问题放卷尾。

(2)封闭式问题放前面,开放式问题放后面。由于开放式问题往往需要时间来考虑答案并组织语言,放在前面会引起应答者的厌烦情绪。

(3)要注意问题的逻辑顺序,按时间顺序、类别顺序等合理排列。

(七)问卷的发放与回收

1. 问卷的发放

问卷发放时必须关注两个问题:一是要有利于提高问卷的填写质量,二是有利于提高问卷的回收率。

发放问卷可以由调查者本人到现场发放问卷,也可以委托其他人发放问卷,两者各有优缺点。委托其他人出面发放问卷会比较方便,但是如果调查者能亲自到场发放,则能当场作解释,这对于提高问卷的填写质量和回收率是有好处的。因此,只要调查者有时间,应尽可能亲自到场发放问卷并指导问卷的填写。如果要委托他人发放,则一定要委托负责的组织或个人,绝不能草率行事。另外,不管是调查者本人到场发放问卷还是委托他人发放,都必须征得有关部门的同意,取得他们的支持与配合,这是问卷调查能否取得成功的一个重要条件。

2.问卷的回收

问卷的回收是要当场粗略地检查填写的质量,主要检查是否有漏填和明显的错误,以便能及时纠正,保证问卷有较高的有效性,因为问卷收回去后再发现问题就无法更正了。无效问卷多,会影响调查质量。这项工作最好由调查者本人亲自在场指导,或者必须向委托人提出明确的要求。

影响问卷回收的因素主要有:①组织工作的状况。②课题的吸引力。③问卷填写的难易度。④对问卷回收的把握程度。

根据统计,报刊投递问卷的回收率为10%～20%;邮寄问卷的回收率为30%～60%;发送问卷的回收率为80%～90%;访问问卷的回收率可达100%。问卷的回收率是影响问卷质量的一个关键性问题,回收率低会影响调查的结果。根据有关专家测定,成功的问卷回收率应达到70%以上,而50%的回收率是问卷调查最低要求,如果回收率不到50%,那么该问卷调查失败,应终止。

学习任务五　数据的整理

数据的整理就是根据统计分析、研究的需要,通过对数据资料的审核、编码、录入等手段使统计调查资料系统化、条理化、层次化,为揭示和描述调查现象的特征、问题和原因提供初步加工的信息,为进一步的分析研究准备数据资料。

一、数据的审核

1.真实性。真实性是统计调查的生命线,所采集的资料必须要客观反映调查对象的真实情况。

2.标准性。所采集的资料一定要具备同一操作标准,从而可以相互对比。特别是要注意调查指标的内涵、外延是否一致,计量单位是否统一,时间和空间是否统一。调查规模越大,这些问题就越需要注意。

3.完整性。调查项目的内容必须涉及全部规定的资料,如果发现遗漏,需要及时采取补救措施。

4.一致性。注意审核所搜集的数据是否相互矛盾。例如,有一位高中生消费者回答他每次去超市消费额为5 000元以上,审核人员对此就应该考虑其真实性。出现这种逻辑上不一致问题的原因有很多,可能是访问人员记录错误,也可能是被调查者不认真回答问题,或者由于问题的敏感性,被调查者不愿意说出真实答案,对于存在这种情况的调查问卷,审核人员必须进行复核、调整或进行其他相应的处理。

二、数据的编码

编码是指设计一套规则,并按照规则把文字形式记录的数据,转化成数码符号形式的数据的全过程。编码方案应能使转化后的数据完全保持原始数据的特征,并为将来的分析和统计工作打下基础。

(一)对定性数据的编码

定性数据是定性变量的观察值,这些观察值中,有的反映现象分类特征,有的反映现象的顺序特征。如性别——以"1"表示"男",以"2"表示"女";满意度——以"1"表示"非常不满意",以"2"表示"不满意",以"3"表示"一般",以"4"表示"满意",以"5"表示"非常满意"。

(二)对定量数据的编码

对定量数据进行编码之前,先要对数据进行分组。对数据分组有两种形式:一是单项式分组,就是把每一个数据作为一组。单项式分组适用于离散型的且数据个数不多的定量数据(如表1—3);二是组距式分组,即将全部变量依次划分为若干个数值区间,并将这一区间的变量值作为一组。在组距式分组中,一组的最小值称为下限,最大值称为上限。组距式分组适用于连续型的定量数据或虽为离散型的定量数据,但取值很多,不便一一列举的情况(见表1—4和表1—5)。

表1—3 按更换手机数量(部)分组
1
2
3
4及以上

表1—4 按学生成绩(分)分组
60以下
60~70
70~80
80~90
90以上

表1—5 按工人数(人)分组
100以下
101~500
501~1 000
1 000~2 000
2 000以上

这样可以对上述三个定量数据作如下编码:更换手机数量——按原数码形式编码;学生成绩——以"1"表示"60以下",以"2"表示"60~70",以"3"表示"70~80",以"4"表示"80—90",以"5"表示"90以上";工人数——以"1"表示"100以下",以"2"表示"101~500",以"3"表示"501~1 000",以"4"表示"1 000~2 000",以"5"表示"2 000以上"。

三、数据的录入

通过上述的编码处理,已经将调查表或调查问卷中的具体答案都系统地转换成了由0~9这10个阿拉伯数字构成的数码,接下来的任务就是将这些数码录入计算机内,以便进行统计分析。数据录入的方式有直接录入和间接录入两种。

直接录入是指直接将编好码的数据输入计算机。这种录入方式避免了转录中可能出现的差错,减少了录入结果的误差,但是由于录入是要不断翻动问卷,录入进度相对要慢一些。间接录入是指先将问卷上编好数码的数据转录到专门的登录表上,再从登录表上将数据录入计算机。尤其是当问卷内容较多、直接录入的效率低时,采用间接录入方式则可以大大加快录入速度。但是,在转录过程中,发生差错的概率也随之增大。两种方式各有利弊,在实际操作中可以视具体情况选择不同的录入方式。

无论是直接录入计算机还是间接录入计算机,都要选择一个数据录入软件,以及确定最终建立的数据文件类型,以便于统计分析。

技能训练 用SPSS建立调查问卷的数据文件

一、训练资料

下面是关于杭州市体校学生的调查问卷的节选部分:

性别：_____、年龄：_____。

1. 你的运动等级是：_____。

　　①国家健将　②国家一级　③国家二级　④国家三级　⑤无级

2. 你所在的学校是：_____。

　　①一体校　②二体校　③三体校　④四体校　⑤其他

3. 你毕业时的意向是：_____。（可多选）

　　①进专业队　②升学　③就业　④其他

4. 对以下影响运动成绩的因素，请依据重要性大小作出排序：_____。

　　①运动量　②运动强度　③持续时间

5. 请对自己的相关水平和能力作出评价（在选中项上打"√"）

	很好	较好	一般	不好	很不好
英语水平					
专业知识水平					
计算机水平					
语言表达能力					
教学训练能力					

6. 你家兄弟姐妹人数为：_____。

数据文件由变量名、标签和变量值组成。在 SPSS 中录入数据资料之前，必须首先建立起统一的数据文件格式，而要做到这一点，就要先理清调查问卷中的题型与建立变量数之间的关系。

二、调查问卷中的题型分类

从本例调查问卷来看，一般调查问卷问题的题型基本可以分为七种类型：

(1) 有序单选题，即在众多有程度可分的可选答案中，只能选择其中一种答案。如第 1 题。

(2) 名义单选题，即在众多不分程度的可选答案中，只能选择其中一种答案。如第 2 题。

(3) 多选题，即在众多可选答案中，可以选择其中一个或多个答案。如第 3 题。

(4) 排序题，即在众多可选答案中，选择时要按特定要求将答案排成一个有序的数列。如第 4 题。

(5) 单空题，即一个问题只有一个空需要填写。如第 6 题。

(6) 多空题，即在一个问题中，有多个空需要填写，如"性别：_____、年龄：_____。"等。

(7) 多重有序单选题，即由多个有序单选题组合在一起形成的综合题。如第 5 题。

三、调查问卷中的题型与变量设计

为方便 SPSS 软件后续计算分析，原则上来讲，对应于同一个样本的每一个变量中只能出现一个观察值。

因此，在 SPSS 中输入上述题型的结果做数据文件时，要为每个单空题和每个单选题的结果建立一个相应的变量，而要为多空题、多选题和排序题等建立多个变量来分别存放选择的结果，即有多少个空或有多少个可供选择的选项，就要设立与之等同数量个数的变量。

对于本例，应建立的变量的数量如表 1—6 所示。

表1-6　　　　　　　　　　　本例每题建立变量对应表

	基本情况	问题1	问题2	问题3	问题4	问题5	问题6
建立变量数	2	1	1	4	3	5	1
合计	17							

四、变量命名

1. 变量命名的原则

为变量命名一般要遵循以下几个原则：

◆ 首字符必须是字母或汉字，其后可以是任何字母、数字、圆点或等号@、#、_、或$；

◆ 变量名不能用圆点结束，要避免用下划线结束；

◆ 变量名最多不能超过64个字符；

◆ 空格和特殊字符（如?，'，! 或*）不能使用；

◆ 每个变量名必须是唯一的，不允许重复；

◆ 变量名不能同 ALL、AND、BY、EQ、GE、GT、LE、LT、NE、NOT、OR、TO、WITH 等 SPSS 的保留字相同；

◆ 变量名可以用大小写混合的字母定义，并为显示目的原样保留，但系统对同一个字符的大小写认为是相同的字符；

◆ 在输出中，当较长的变量名需要重叠在多行中时，SPSS试图在下划线、圆点以及小写字母向大写字母改变处分行。

以上原则是我们在实际工作中应遵循的一个底线。在实际问题中，对变量命名还要考虑到不同的专业和涉及的领域，用词要尽量简洁、明了。

对于一个具体的调查测定内容作简要描述时，一般采用简称或专业术语来表示变量；对于问卷调查中的问题的命名，建议采用 Q 后接题号的方式表示。

2. 定义变量的方法

在 SPSS 数据编辑窗口中，单击变量视图选项卡，进入变量命名和定义状态，如图1-1所示。

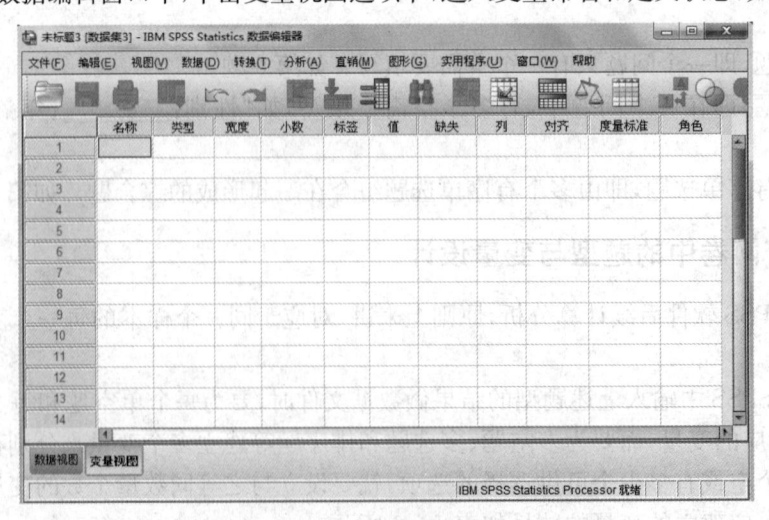

图1-1　变量视图窗口

变量定义包括：变量名、类型、宽度、小数位数、标签、值标签、缺失值定义、列宽、对齐方式、度量标准和角色等定义。

考虑到定性资料的变量定义后，同以后选取的统计分析方法、输出表格直接有关，所以定义变量时，一般要重点关注变量名、类型、标签、值标签、度量标准等的定义。

五、SPSS 建立数据文件实例

以本例来说明数据文件的建立。

1. 变量定义

根据资料类型、题型和变量命名的原则对本例中涉及有关问题定义变量如表 1-7 所示。

表 1-7　　　　　　　　　　　变量定义

变量名	类型	标签	标签值	测度
性别	数值型		1=男、0=女	名义
年龄	数值型			尺度
运动等级	数值型		1=国家健将、2=国家一级、3=国家二级、4=国家三级、5=无级	有序
所在学校	数值型		1=一体校、2=二体校、3=三体校、4=四体校、5=其他	名义
进专业队	数值型		1=选中、0=未选	名义
升学	数值型		1=选中、0=未选	名义
就业	数值型		1=选中、0=未选	名义
其他	数值型		1=选中、0=未选	名义
运动量	数值型		1=第一重要、2=第二重要、3=第三重要	有序
运动强度	数值型		1=第一重要、2=第二重要、3=第三重要	有序
持续时间	数值型		1=第一重要、2=第二重要、3=第三重要	有序
英语水平	数值型		1=很好、2=较好、3=一般、4=不好、5=很不好	有序
专业知识	数值型		1=很好、2=较好、3=一般、4=不好、5=很不好	有序
计算机	数值型		1=很好、2=较好、3=一般、4=不好、5=很不好	有序
语言表达	数值型		1=很好、2=较好、3=一般、4=不好、5=很不好	有序
教训能力	数值型		1=很好、2=较好、3=一般、4=不好、5=很不好	有序
兄妹人数	数值型		1=1人、2=2人、3=3人	尺度

2. 录入数据资料

在录入大量的资料信息时，首先要给回收来的调查问卷编号，调查问卷的编号应该同数据文件中的编号相一致。这样有利于后面资料的审核工作。

在录入资料信息时，不要将已习惯的单变量的工作经验移植到相关的多变量的工作中来。一张调查问卷中的数据应录入在同一行相应对应列的单元格中，不能错行、错列。

当建立完善了变量名下的单元格中含有的有效样本的信息时，便得到了 SPSS 的数据文件。其具体内容见图 1-2 和图 1-3。将数据文件存盘后所形成的文件，称为 SPSS 磁盘数据文件。SPSS 磁盘数据文件的扩展名为 .sav。

图1-2　数据文件数据部分节选

图1-3　数据文件变量部分节选

知识回顾

1. 统计数据搜集方式主要包括统计调查、实验研究和利用现有数据三种类型。统计调查方式主要有统计报表、普查、抽样调查、重点调查和典型调查等,其中抽样调查是最常用的一种调查方式。

2. 统计数据搜集方法主要包括直接观察法、报告法、访问法等。

3. 搜集数据需要制订一个完善的调查方案,以保证数据的真实可靠。一个完整的调查方案通常包括调查目的、调查对象和单位、调查内容、调查时间和期限、调查方式和方法、调查的组织实施等内容。

4. 统计调查的主要工具是调查表和调查问卷。调查表是把要调查的内容按照一定的逻辑关系顺序地排列而形成用于填写或记录数据的表格。调查问卷是市场调查中最常用的工具。问卷设计核心问题是题目与答案的设计,在设计时必须对题目的形式、题目的表述、题目的编排、题目的答案等各环节反复推敲、仔细研究。还要注意问卷的格式、整体结构等问题。

主要概念

统计调查　　统计报表制度　　普查　　抽样调查　　重点调查　　典型调查　　实验研究　　调查对象　　调查单位　　填报单位　　调查内容　　调查时间　　调查期限　　调查表　　调查问卷　　数据整理　　数据审核　　数据编码　　数据录入。

思考与练习

思考题

1. 获取统计数据的方式有哪些？
2. 获取统计数据的方法有哪些？
3. 调查方案包括哪几个方面的内容？
4. 问卷的核心内容是什么？设计问卷时应注意哪些问题？
5. 对统计数据审核主要从哪几个方面进行？
6. 怎样对数据进行编码？
7. 对定类数据、定序数据和定量数据进行编码有何不同？

练习题

一、单项选择题

1. 调查几个重要铁路枢纽，就可以了解我国铁路货运量的基本情况和问题，这种调查属于（　　）。
   A. 普查　　　　　B. 重点调查　　　　C. 典型调查　　　　D. 抽样调查

2. 重点调查中，重点单位是指（　　）。
   A. 标志总量在总体中占有很大比重的单位
   B. 具有重要意义或代表性的单位
   C. 那些具有反映事物属性差异的品质标志的单位
   D. 能用以推算总体标志总量的单位

3. 调查某市工业企业职工的工种、工龄、文化程度等情况，（　　）。
   A. 填报单位是每个职工
   B. 调查单位是每家企业
   C. 调查单位和填报单位都是企业
   D. 调查单位是每个职工，填报单位是每家企业

4. 下列调查中，调查单位与填报单位一致的是（　　）。
   A. 企业设备调查　　　　　　B. 人口普查
   C. 农村耕地调查　　　　　　D. 工业企业现状调查

5. 在对总体现象进行分析的基础上，有意识地选择若干具有代表性的单位进行调查研究，这种调查方法是（　　）。
   A. 抽样调查　　　　B. 典型调查　　　　C. 重点调查　　　　D. 普查

6. 抽样调查的主要目的是(   )。
   A. 计算和控制抽样错误   B. 推断总体
   C. 对调查单位做深入研究   D. 广泛运用数学方法
7. 抽样调查和重点调查都是非全面调查,二者的根本区别在于(   )。
   A. 灵活程度不同   B. 组织方式不同
   C. 作用不同   D. 选取单位方式不同
8. 调查时间是指(   )。
   A. 调查资料所属的时间   B. 进行调查的时间
   C. 调查工作的期限   D. 调查资料报送的时间
9. 某市工业企业2011年生产经营成果年报呈报时间规定在2012年1月31日,则调查期限为(   )。
   A. 一日   B. 一个月   C. 一年   D. 一年零一个月
10. 对一批商品进行质量检验,最适宜采用的方法是(   )。
    A. 全面调查   B. 抽样调查   C. 典型调查   D. 重点调查

二、多项选择题

1. 我国第六次人口普查属于(   )。
   A. 全面调查   B. 一次性调查   C. 专门调查   D. 经常性调查
   E. 直接观察法
2. 一个完整的统计调查方案,应包括(   )。
   A. 调查任务和目的 B. 调查对象   C. 调查单位   D. 调查表
   E. 调查时间
3. 统计调查中,调查单位与报告单位一致的是(   )。
   A. 人口普查   B. 零售商店调查   C. 调查单位   D. 高校学生健康状况调查
   E. 工业企业普查
4. 在工业设备普查中,(   )。
   A. 工业企业是调查对象   B. 工业企业的全部设备是调查对象
   C. 每台设备是填报单位   D. 每台设备是调查单位
   E. 每家工业企业是填报单位
5. 我国统计调查的方式有(   )。
   A. 统计报表   B. 普查   C. 抽样调查   D. 重点调查
   E. 典型调查

项目案例1　　调查方案的撰写——休闲服饰市场调查方案

背景资料:地处宁波的某服饰公司欲开发一种新的休闲服装,但是面对国内休闲服装市场品牌众多,市场竞争激烈的局面,公司决策层认为要取得产品开发与市场推广的成功,需要对目前的市场环境有一个清晰的认识,从现有市场中发现机会,作出正确的市场定位和市场策略。

因此,决策层决定专门成立市场调研机构开展市场调研与预测分析,通过对市场进行深入的了解,确定如何进行产品定位、如何制定价格策略、渠道策略、促销策略以及将各类因素进行有机的整合,发挥其资源的最优化配置,从而使新开发的服饰成功介入市场。

1. 前言

经本公司调研机构成员多次与公司决策层沟通,就休闲服装市场调查达成了共识。目前我国休闲服装市场品牌众多,市场竞争激烈,但另一方面,整个市场又存在以下问题:(1)品牌定位不清晰;(2)产品款式同质化现象严重;(3)产品版型差距大;(4)市场推广手法雷同等;

服饰公司能否对目前的市场环境有一个清晰的认识,能否在目前的市场竞争状态下找到市场空间和出路,取决于正确的市场定位和市场策略,只有对市场进行深入的了解与分析,才能确定如何进行产品定位,制定价格策略、渠道策略、促销策略,使产品成功介入市场。

在本次调查中,调研机构全体成员将集中优势资源,严格把控调研质量,科学实施调研流程,确保调研的顺利完成。

2. 调研目的

(1)通过市场调研,为××品牌寻找新的市场空间和出路。
(2)通过市场调研,了解目前男装休闲市场的竞争状况和特征。
(3)通过市场调研,了解竞争对手的市场策略和运作方法。
(4)通过市场调研,了解男装休闲市场的渠道模式和渠道结构。
(5)通过市场调研,了解消费者对男装休闲市场的消费习惯和偏好。
(6)通过市场调查,了解男装休闲市场的品牌三度竞争。
(7)通过市场调查,了解消费者对男装休闲产品的认知和看法等。

总之,本次调查最根本的目的是真实地反映休闲服装市场的竞争状况,为××品牌的定位及决策提供科学的依据。

3. 调研内容

(1)宏观市场调查
——休闲服装市场的动态及市场格局
——休闲服装细分市场的竞争特点和主要竞争手法
——休闲服装细分市场的发展和市场空间
——休闲服装细分产品的流行趋势研究
——休闲服装细分市场知名品牌的优劣势分析
——主要休闲服装企业分析和研究等

(2)代理商调查
——代理商对新兴市场的一些看法
——代理商对不同风格休闲品牌的看法
——代理商对市场空间和产品机会的看法
——代理商对新品牌的市场定位的建议
——代理商的市场运作手段和方法
——代理商对产品、价格、款式、种类的需求
——代理商对厂家合作的建议和要求
——代理商对产品组合、市场推广的建议
——代理商目前的市场运作状态与潜在需求之间的差异

(3)零售商调查
——零售商对不同品牌休闲风格的看法
——零售商对当地休闲服装市场的看法
——零售商对产品、价格、款式、种类等的需求及与现有状态间的差距
——不同零售点的产品组合差异性
——当地零售市场的主要竞争手段

——该店销售得好的款式及其原因分析
——该店产品的价格组合方式等

(4) 消费者研究

产品调查：
——消费者对目前休闲服装产品的评价
——消费者对产品质地的偏好趋势
——消费者对休闲服装风格的偏好趋势
——消费者对休闲服装款式的偏好趋势
——消费者对产品组合的要求
——消费者对产品色彩的趋势与偏好
——消费者对产品图案的选择和爱好
——消费者对休闲服装产品的潜在需求与休闲服装现状的差距等

购买行为调查：
——消费者购买什么类型的休闲服装(WHAT)
——消费者为何购买(WHY)
——消费者何时购买(WHEN)
——消费者何处购买(WHERE)
——消费者由谁购买(WHO)
——消费者如何购买(HOW)

影响因素调查：
——卖场氛围对消费者购买的影响程度
——影响消费者购买考虑的最主要因素
——品牌对消费者购买的影响程度
——风格对消费者购买的影响程度
——价格对消费者购买的影响程度等

品牌调查：
——休闲服装品牌知名度测试
——休闲服装品牌认知度测试
——休闲服装品牌满意度测试
——××品牌联想测试等

广告信息调查：
——消费者获取信息的主要渠道
——消费者获取休闲服装信息的主要渠道
——目前休闲服装信息的主要传播点等
——媒介接受对称性分析等

竞争对手调查：
——消费者对竞争对手风格的认知
——消费者对竞争对手产品的了解程度
——消费者对竞争对手价格的接受程度
——消费者对竞争对手利益点的接受程度等

样本的构成调查：
——抽样样本的年龄构成
——抽样样本的职业构成
——抽样样本的文化程度构成

——抽样样本的家庭收入构成

——抽样样本的性别构成等

4. 问卷设计思路

(1)问卷结构主要分为说明部分、甄别部分、主体部分、个人资料部分;同时问卷还包括访问员记录、被访者记录等。

(2)问卷形式采取开放性和封闭性相结合的方式。

(3)问卷逻辑采取思路连续法,即按照被调查者思考问题和对产品了解的程度来设计,在一些问题上,采取跳问等方式来适应消费者的逻辑思维。

(4)主要问题的构想:消费者单位与职业、过去购买的休闲服装风格、最近购买的休闲服装品牌等。

5. 调研区域

以下区域作为调查的主要区域:

浙江省内城市:杭州、宁波、温州。

省外城市:广州、厦门、上海、成都、北京5所城市。

调研区域点的分布原则上以当地的商业中心为焦点,同时考虑中、高档生活小区;各个区域要求覆盖以下各个调研点,以保证样本分布的均匀性和代表性。(具体地点由督导到当地了解后决定)

(1)商业中心区域

(2)代理商经销点

(3)大型商场休闲柜组

(4)休闲服装专卖店

6. 调研方法与样本量设计

(1)消费者抽样方法:采用便利抽样和配额抽样的方法。本次调查在各个城市中采取在街头或商业场所向过往或停留的消费者做休闲服装市场的产品测试;从总体样本中按照年龄层作为标志把总体样本分为若干类组,实施配额抽样。

(2)经销商、零售商调研方法:本次调查的深度访谈由调研公司有经验的调研人员按照调查提纲来了解相关信息,通过在商业场所观察不同品牌的销售情况和消费者的购买情况,获得市场信息。

(3)文献法:用于内部资料整理、文案研究等。

每个区域的样本量在300~500例(规划书中样本量分配略)。

7. 分析方法

对问卷进行统一的编码、数据录入工作。编码由编码员对已完成的问卷建立答案标准代码表(简称码表),将问卷编码;选择不同地区,不同层次的访问来建码表。

数据录入到电子表格中,并对数据进行电脑逻辑查错、数据核对等检查。

用SPSS或Excel软件对问卷进行数据分析。聚类分析法分析被访者人口背景、消费习惯、生活方式、个性等;因子分析法分析影响消费者购买的原因、品牌差异性等影响;相关分析法分析影响消费者消费、评价品牌、产品与品牌、产品特性之间的内在关系;SWOT分析品牌的内在环境和外在环境,从而明确优势和劣势,认清市场机会和威胁,对于策略性决定有很大的指导作用。

8. 组织安排和预算

(1)机构安排及职责:设置项目负责人1名,负责项目的规划实施全过程,并对公司负责;项目实施督导人员8名,在负责人的领导下组织开展调研工作,负责对调查员培训、督导问卷访谈、进行数据资料的整理分析、承担调查报告的撰写任务等;聘用调查人员80名,接受培训后,按要求完成问卷访谈工作。

(2)调查员的选拔与培训安排:从某高校二年级学生中选择经济类专业80名学生,仪表端正,举止得体,懂得一定的市场调研知识,具有较好的调研能力,具有认真负责的工作精神及职业热情,具有把握谈话气氛的能力。培训内容主要是休闲服饰个体调查问卷访谈要求及技术。

(3)实施的进度安排:分准备、实施和结果处理三个阶段。准备阶段完成界定调研问题、设计调研方案、设计调研问卷三项工作;实施阶段完成资料的搜集工作;结果处理阶段完成汇总、归纳、整理和分析,并将调研结

果以书面的形式——调研报告表述出来。时间分配为:

  调研方案规划设计、问卷的设计 …………………………………………7 个工作日
  调研方案、问卷的修改、确认 ……………………………………………3 个工作日
  人员培训、安排 ……………………………………………………………3 个工作日
  实地访问阶段 ………………………………………………………………7 个工作日
  资料的审核 …………………………………………………………………5 个工作日
  数据预处理阶段 ……………………………………………………………5 个工作日
  数据统计分析阶段 …………………………………………………………5 个工作日
  调研报告撰写阶段 …………………………………………………………20 个工作日
  论证阶段 ……………………………………………………………………10 个工作日

  (4) **经费预算**:包括策划费、交通费、调查人员培训费、公关费、访问员报酬、问卷调查礼品费、统计费、报告费等,具体金额等略。

 9. **附件**:

 包括聘用调查员承诺书、调查问卷、调查问卷复核表、访谈提纲、质量控制办法等,具体内容略。

 撰写调查方案应注意的问题:

 (1)一份完整的调查方案,应包括前言、调查的目的和意义、调查对象及范围、调查的内容、调查采用方式和方法、调查进度安排和有关经费开支预算、附件等内容,不能有遗漏。否则就是不完整的。

 (2)调查方案的制订必须建立在对调查课题的背景的深刻认识上。

 (3)调查方案要尽量做到科学性与经济性的结合。

 (4)调查方案的格式方面可以灵活,不一定要采用固定格式。

 (5)调查方案的书面报告是非常重要的一项工作。一般来说,调查方案的起草与撰写应由课题的负责人来完成。

项目案例 2   中信银行宁波分行调查问卷

问卷编号:_____
输入编号:_____

_____女士/先生:

 您好!

 我是中信银行宁波分行的访员,现在正在着手一项有关中信银行宁波分行顾客满意度方面的研究工作,为以后更好地服务于顾客,故想听听您的一些宝贵意见或建议。耽搁您一些时间,可以吗?非常感谢!同时,对您所说的全部信息,我们都按照《统计法》和《市场研究行业准则》给予保密,亦可放心。多谢您的支持和配合!

[访问员保证]

 我清楚本人之访问态度对于研究结果的影响。我保证按照培训的要求和规定进行访问,并保证所填写的内容绝对真实,若发现一份问卷作假,则本人所参加的本项目问卷全部作废,并赔偿公司损失。

访问员签名:_____

性别		年龄	
男 …………………………………… 1		20 周岁以下 …………………………… 1	
女 …………………………………… 2		20~29 周岁 …………………………… 2	
		30~39 周岁 …………………………… 3	
拦截网点		40~49 周岁 …………………………… 4	
_____		50~59 周岁 …………………………… 5	
		60 周岁及以上 ………………………… 6	

[完成访问时填写]
被访者姓名：_____
家庭住址：_____路(街/弄)_____号_____室
被访者联系电话：_____
访问日期：_____
开始时间：_____AM/PM　　结束时间：_____AM/PM　　访问长度：_____分钟
[问卷处理记录]

一审	二审	复核	编码	输入

甄别条件

请问您本人、您的家人或亲戚、好友中，现在有没有在银行工作的？
有……………1(终止访问并致谢)
没有…………2(继续)

主体问卷

Q1. 请您尽量回忆一下，过去6个月包括今天在内，您在中信银行办理了多少次业务(自动取款机除外)？(单选)

1～2次	……………………………………………………………………………………	1
3～4次	……………………………………………………………………………………	2
5～6次	……………………………………………………………………………………	3
7～8次	……………………………………………………………………………………	4
9～10次	…………………………………………………………………………………	5
11次及以上	……………………………………………………………………………	6

Q2. 请问您是否在中信银行办理过贵宾卡？(单选)

有 …………………………………………………………………………………… 1
没有 ………………………………………………………………………………… 2

Q3. 在中信银行办理业务的过程中，撇开业务种类和业务收费，您对柜面服务的总体感觉是(单选)

非常不满意 ………………………………………………………………………… 1
不满意 ……………………………………………………………………………… 2
一般 ………………………………………………………………………………… 3
满意 ………………………………………………………………………………… 4
非常满意 …………………………………………………………………………… 5

Q4.【出示卡片3】卡片上有一些关于描述银行服务方面的语句，请您对这些语句进行重要程度的排序。其中1代表最重要，2代表其次，3代表再次，以此类推，下同。

序号	具体内容	重要程度排序
1	员工外在形象	
2	营业环境和服务设施	
3	服务礼仪	
4	办理业务的专业技能水平	
5	办理业务的方便性	
6	银行的诚信度	

续表

序号	具体内容	重要程度排序
7	银行卡的安全性	
8	主动告知风险、安全、注意事项	
9	首问责任制（概念解释见卡片中，访问员需逐字逐句读出此概念）	
10	人性化服务	

Q4-1.【出示卡片4】卡片上有一些关于描述银行员工外在形象方面的语句，请您对这些语句进行重要程度的排序。

序号	员工外在形象	重要程度排序
1	员工面容清洁，头发整齐	
2	员工穿统一制服	
3	员工佩戴统一工号牌	
4	员工化妆情况	
5	员工相貌漂亮	
6	员工具有亲和力	
7	员工的精神面貌	

Q4-2.【出示卡片5】卡片上有一些关于描述银行营业环境和设施方面的语句，请您对这些语句进行重要程度的排序。

序号	营业环境和设施	重要程度排序
1	营业区整洁干净，装饰布置庄重大方	
2	叫号机工作正常	
3	顾客办业务井然有序，并用1米线作间隔	
4	等候区，给顾客提供了一个舒适的环境	
5	柜面整洁干净，用具摆放有序	
6	利率牌、汇率牌的信息及时准确	
7	验钞仪、点钞机工作正常	
8	供顾客使用的各种单据、凭证填写范例整齐规范	
9	办理业务后，关于员工服务的评价器工作正常	
10	贵宾室的设置	
11	意见簿、意见箱的设置	

Q4-3.【出示卡片6】卡片上有一些关于描述银行服务礼仪方面的语句，请您对这些语句进行重要程度的排序。

序号	服务礼仪	重要程度排序
1	使用普通话交谈	
2	既能使用标准普通话交谈,又能使用其他使顾客听懂的语言交谈	
3	工作人员使用文明礼貌用语	
4	接待客户,语言表达清楚、准确、简练	
5	柜面员工的服务态度和耐心程度	
6	顾客临柜时,主动起立迎候	
7	员工办理业务认真,不开小差	
8	员工双手接递存单、凭证	
9	办完业务,起立目送	

Q4-4.【出示卡片7】卡片上有一些关于描述银行柜面业务技能方面的语句,请您对这些语句进行重要程度的排序。

序号	业务技能	重要程度排序
1	对客户所办业务的熟悉程度	
2	对与客户所办业务相关的其他业务的熟悉程度	
3	办理业务的速度	
4	办理业务的准确度	
5	出现问题时的处理能力	

Q5.【出示卡片3】下面我读出一些句子,针对中信银行的服务,根据您的了解,卡片上的哪个答案最能代表您对这个句子的态度?(每行单选)

序号	服务内容	非常不满意	不满意	一般	满意	非常满意
1	员工外在形象	1	2	3	4	5
2	营业环境和服务设施	1	2	3	4	5
3	服务礼仪	1	2	3	4	5
4	办理业务的专业技能水平	1	2	3	4	5
5	办理业务的方便性	1	2	3	4	5
6	银行的诚信度	1	2	3	4	5
7	银行卡的安全性	1	2	3	4	5
8	主动告知风险、安全、注意事项	1	2	3	4	5
9	首问责任制	1	2	3	4	5
10	人性化服务	1	2	3	4	5

Q5-1.【出示卡片4】下面我读出一些描述银行员工外在形象方面的句子,针对中信银行的员工形象,卡片上的哪个答案最能代表您对这个句子的态度?(每行单选)

序号	员工外在形象	非常不满意	不满意	一般	满意	非常满意
1	员工面容清洁,头发整齐	1	2	3	4	5
2	员工穿统一制服	1	2	3	4	5
3	员工佩戴统一工号牌	1	2	3	4	5
4	员工化妆情况	1	2	3	4	5
5	员工相貌漂亮	1	2	3	4	5
6	员工具有亲和力	1	2	3	4	5
7	员工的精神面貌	1	2	3	4	5

Q5-2.【出示卡片5】下面我读出一些描述银行营业环境和设施放方面的句子,针对中信银行的营业环境和设施,卡片上的哪个答案最能代表您对这个句子的态度?(每行单选)

序号	营业环境和设施	非常不满意	不满意	一般	满意	非常满意
1	营业区整洁干净,装饰布置庄重大方	1	2	3	4	5
2	叫号机工作正常	1	2	3	4	5
3	顾客办业务井然有序,并用1米线作间隔	1	2	3	4	5
4	等候区,给顾客提供了一个舒适的环境	1	2	3	4	5
5	柜面整洁干净,用具摆放有序	1	2	3	4	5
6	利率牌、汇率牌的信息及时准确	1	2	3	4	5
7	验钞仪、点钞机工作正常	1	2	3	4	5
8	顾客使用的单据、凭证填写范例整齐规范	1	2	3	4	5
9	办理业务后,员工服务的评价器工作正常	1	2	3	4	5
10	贵宾室的设置	1	2	3	4	5
11	意见簿、意见箱的设置	1	2	3	4	5

Q5-3.【出示卡片6】下面我读出一些描述银行服务礼仪方面的句子,针对中信银行的服务礼仪,卡片上的哪个答案最能代表您对这个句子的态度?(每行单选)

序号	服务礼仪	非常不满意	不满意	一般	满意	非常满意
1	使用普通话交谈	1	2	3	4	5
2	既能使用标准普通话交谈,又能使用其他使顾客听得懂的语言交谈	1	2	3	4	5
3	工作人员使用文明礼貌用语	1	2	3	4	5
4	接待客户,语言表达清楚、准确、简练	1	2	3	4	5
5	员工的服务态度和耐心程度	1	2	3	4	5
6	顾客临柜时,主动起立迎候	1	2	3	4	5

续表

序号	服务礼仪	非常不满意	不满意	一般	满意	非常满意
7	员工办业务专心,不开小差	1	2	3	4	5
8	员工双手接递存单、凭证	1	2	3	4	5
9	办完业务,起立目送	1	2	3	4	5

Q5-4.【出示卡片7】下面我读出一些描述银行员工业务技能方面的句子,针对中信银行的柜面员工业务技能,卡片上的哪个答案最能代表您对这个句子的态度?(每行单选)

序号	业务技能	非常不满意	不满意	一般	满意	非常满意
1	对客户所办业务的熟悉程度	1	2	3	4	5
2	对于客户所办业务的其他相关业务的熟悉程度	1	2	3	4	5
3	办理业务的速度	1	2	3	4	5
4	办理业务的准确度	1	2	3	4	5
5	出现问题时的处理能力	1	2	3	4	5

Q6.为了方便顾客办理业务,银行应做到的人性化措施有哪些?
_____
_____

Q7.请问您今天办理的业务是_____

Q8.针对您刚刚办理的业务,您对这次的服务评价是(单选)
  非常不满意 ……………………………… 1
  不满意 …………………………………… 2
  一般 ……………………………………… 3
  满意 ……………………………………… 4
  非常满意 ………………………………… 5

Q9.在您办理业务的过程中(包括以前及这次),请问有没有遇到让您感到不愉快的事?(单选)
  有 ………………………………………… 1
  没有 ……………………………… 2(跳至13)

Q10.请问您还能想起来具体是些什么事吗?_____
还有吗?_____
_____

Q11.请问这些事情中信银行是怎么处理的_____

Q12.请问您对中信银行处理上面您提到的事件的感觉是(单选)
  非常不满意 ……………………………… 1
  不满意 …………………………………… 2
  一般 ……………………………………… 3
  满意 ……………………………………… 4
  非常满意 ………………………………… 5

Q13.请问您今后还会不会在中信银行办理业务?(单选)
  会 ……………………………… 1(跳至15)

不会 ……………………………………………………… 2

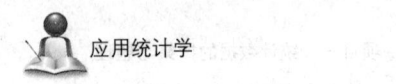

Q14. 请问您不在中信银行办理业务的原因是什么？还有其他原因吗？还有呢？

	最主要	其次	再次
中信银行的金融产品过于单一………………………	1	1	1
业务的手续费过高……………………………………	2	2	2
银行的网点不够多……………………………………	3	3	3
手续麻烦………………………………………………	4	4	4
柜面服务人员的态度不好……………………………	5	5	5
柜面人员的精神状态很差……………………………	6	6	6
银行不守信用…………………………………………	7	7	7
办理业务等候时间过长………………………………	8	8	8
其他(请注明_____)	9	9	9

Q15. 您会不会推荐中信银行给您的朋友？（单选）
会………………1
不会……………2

Q16. 请问您是否在宁波招商银行或中国银行办理过业务？（单选）
有………………1
没有……………2

Q17. 据您了解，这里是指您亲身经历的或听亲朋好友说起的，中信、招商、中国银行三个相比较，您认为哪家银行的总体服务最好？其次呢？

	最好	其次
中信银行………………	1	1
招商银行………………	2	2
中国银行………………	3	3
不清楚…………………	4	4(跳至20)

Q18. 如果仅仅针对柜面服务(包括环境、人员服务)，您觉得哪家银行最好？其次呢？

	最好	其次
中信银行………………	1	1
招商银行………………	2	2
中国银行………………	3	3
不清楚…………………	4	4(跳至20)

Q19. 下面我依次读出一些语句，针对中信银行、招商银行、中国银行的柜台服务作一个比较，每行按1、2、3排序，其中3为最好，2为一般，1为最差。

	中信银行	招商银行	中国银行
员工外在形象			
营业环境和服务设施			
服务礼仪			
办理业务的专业技能水平			
办理业务的方便性			
银行的诚信度			
银行卡的安全性			

续表

	中信银行	招商银行	中国银行
主动告知风险、安全、注意事项			
首问责任制			
人性化服务			

Q20、结合您平常接受银行服务的感受,请问您对提高中信银行的柜面综合服务还有什么具体的建议吗?(这里的综合服务包括业务种类、业务收费、营业环境、人员服务、业务技能等等所有方面)

未提示:_____

_____

第一次提示:还有吗?_____

_____

第二次提示:还有吗?_____

_____

背景资料:

M1、请问:最能代表您文化程度的是?(我这里是指您的最高文化程度,包括正在学习或进修后达到的文化程度)(单选)

  初中及以下……………………1
  高中/中专/中技………………2
  大专……………………………3
  本科……………………………4
  研究生及以上…………………5

M2、请问:下列哪一项最适合描述您现在的工作?(单选)

  公务员…………………………1
  企业高层管理人员……………2
  企业中层管理人员……………3
  企业普通员工…………………4
  私营业主、个体户……………5
  离退休人员……………………6
  学生……………………………7
  自由职业者……………………8
  无业人员………………………9
  其他(请注明_____)…10

访员注意:(1)迅速检查问卷问题是否有遗漏(如遗漏必须当场补问)
    (2)完成问卷首页上的被访者基本资料内容
    (3)发放访问礼品并致谢

项目实训

实训目标:在掌握调查方案主要内容和调查问卷设计技巧的基础上,能初步进行小型的统计调查活动。

实训内容:从下面题目中任选一题,编写调查方案,设计与之相匹配的调查表或调查问卷,并开展相关调查。

  1. 顾客满意度调查。某大型超市想了解顾客对本超市各方面的满意情况,具体包括:顾客的背景信息;顾客对本超市的总体满意情况;顾客对本超市在服务、设施、商品质量等方面的满意情况;顾客的忠诚度情况;顾客对抱怨处理的满意情况;顾客的意见和建议。

  2. 大学生消费热点调查。为了反映当代大学生的消费情况,研究学生的学习生活需求。选取一所高校,调查学生月生活费支出金额和支出构成:伙食费、衣着、学习用品、日化用品、课外培训、娱乐休闲(上网、舞厅、影院、郊游等)、其他消费,月生活费来源等。

实训步骤:

第一步:分组(将班级学生分成若干组,每一组推选一名组长,全面负责整个过程)。

第二步:各小组分别设计一份较为完整调查方案和调查问卷(或调查表)。

第三步:利用课余时间实施调查。

第四步:对回收的问卷以小组为单位进行交叉审核。统计出有效问卷数量。

第五步:各小组借助 SPSS 软件进行编码(编码表必须统一)、录入。

第六步:在 SPSS 软件中将各小组所录入的数据文件合并成一个数据文件。

项目二
统计数据的图表描述

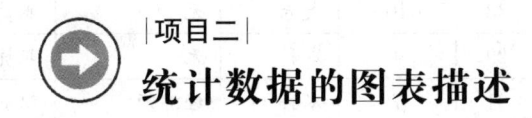

知识目标：

1. 理解数据处理的意义和流程
2. 掌握数据处理的方法
3. 掌握用统计图表展示统计数据

技能目标：

1. 能根据研究目的进行数据处理
2. 能利用 SPSS 处理数据

重点难点：

1. 如何对数据进行科学处理
2. SPSS 操作

任务导入：

企业员工基本情况研究分析

某企业人事部门为了制定各类管理、技术人员的职业发展计划和调整员工的薪酬待遇，造就一支业务精干的高素质、高境界、具有高度凝聚力和团队精神的人才队伍，并形成以绩效考核为核心导向的人才管理机制，对全体员工作了全面调查。其中，利用调查表取得以下统计数据，如表2—1所示。

表2—1　　　　　　　　　某企业员工主要情况登记表

员工编号	姓名	性别	年龄	工龄(年)	文化程度	专业技术职称	职务(或岗位)	月收入(元)
001	丁志军	男	48	24	本科	经济师	部门经理	4 600
002	万姗姗	女	28	2	硕士	助理工程师	职员	3 420
003	王优丽	女	33	5	研究生	会计师	职员	3 860
004	方莉莉	女	25	3	大专	无	职员	2 180
005	孙 伟	男	38	14	本科	工程师	职员	4 200
006	马小可	女	40	16	大专	无	职员	3 800
007	毛晓波	男	46	20	博士	高级工程师	副总经理	8 260

续表

员工编号	姓名	性别	年龄	工龄(年)	文化程度	专业技术职称	职务(或岗位)	月收入(元)
008	忻大伟	男	33	10	大专	无	职员	3 200
009	宋万其	男	29	4	本科	无	职员	2 600
010	姚 婕	女	31	7	本科	经济师	职员	3 600
011	白 刚	男	55	30	博士	高级工程师	总经理	8 600
012	洪 生	男	37	12	本科	工程师	部门经理	4 260
013	叶俊雅	女	33	8	研究生	工程师	职员	4 180
014	叶美娟	女	44	20	本科	会计师	部门经理	4 600
015	朱根发	男	32	10	大专	无	职员	3 200
016	余晓杰	男	27	4	大专	统计员	职员	2 180
017	陈欣欣	女	30	6	本科	经济师	职员	3 340
018	许 高	男	38	13	大专	技术员	职员	3 280
019	许丽雅	女	42	16	研究生	经济师	业务经理	4 570
020	徐 方	女	35	10	本科	会计师	职员	3 520
021	徐 剑	男	32	5	研究生	工程师	职员	3 520
022	徐方波	女	43	10	大专	经济师	业务经理	4 500
023	李晓晓	女	36	10	大专	无	职员	3 400
024	李文蒙	女	33	10	大专	技术员	职员	3 280
025	李天一	男	24	1	本科	无	职员	2 120
026	吕 央	女	29	5	本科	助理经济师	职员	2 640
027	郑 强	男	34	9	本科	工程师	部门主任	4 460
028	郑星恒	男	44	20	研究生	高级经济师	副总经理	7 650
029	吴丽叶	女	26	2	本科	无	职员	2 120
030	吴志刚	男	43	20	大专	高级技工	厂长	5 200
031	杨伟强	男	37	10	大专	无	职员	3 600
032	杨晓雯	女	44	22	大专	高级技工	副厂长	5 250
033	何 晴	女	32	8	本科	高级技工	副厂长	4 890
034	潘 晴	女	36	9	大专	技工	职员	3 300
035	张阿狗	男	41	17	大专	技工	职员	3 520
036	张学军	男	38	11	硕士	工程师	厂长助理	4 820
037	张圣光	男	33	10	大专	技术员	职员	3 300
038	赵奇男	男	26	3	大专	无	职员	2 160
039	赵月红	女	25	3	大专	无	职员	2 160
040	周光辉	男	29	5	本科	技术员	职员	3 320
041	周轶文	女	26	2	本科	统计员	职员	3 260

续表

员工编号	姓名	性别	年龄	工龄(年)	文化程度	专业技术职称	职务(或岗位)	月收入(元)
042	周高强	男	34	10	本科	技术员	职员	3 510
043	谢勇强	男	33	5	硕士	工程师	部门主任	4 610
044	谢立	男	48	21	研究生	高级经济师	副总经理	8 420
045	蔡俊	男	28	1	博士	经济师	职员	3 600
046	蔡一鸣	男	39	15	大专	技术员	职员	3 670
047	金亮	男	44	20	本科	技术员	职员	3 740
048	鲍志高	男	42	20	大专	技术员	职员	3 620
049	蒋浩然	男	39	11	研究生	工程师	部门主任	4 830
050	楼志立	男	38	12	研究生	经济师	职员	4 390
051	陈一兵	男	31	7	本科	技术员	职员	3 120
052	陈林英	女	28	4	本科	无	文秘	2 860
053	成昊	男	36	10	研究生	经济师	业务经理	4 600
054	娄佳侬	女	28	5	大专	无	职员	2 870
055	应佳佳	女	42	17	本科	技术员	职员	4 230
056	钟东	男	53	20	大专	高级技工	职员	5 400
057	钟丽	女	48	24	大专	技术员	职员	4 480
058	郁光华	男	27	2	本科	无	职员	2 310
059	童小娥	女	46	22	本科	工程师	职员	4 580
060	屈胜利	男	38	14	本科	技术员	职员	4 340

如果你是企业的管理人员,现在需要对这些数据进行分组整理并用统计图表予以展示,以便分析揭示企业员工的性别构成、年龄结构、文化素质、专业技术构成以及各变量之间的内在关系,应从何入手?

学习任务一　用图表展示定性数据

统计图表对于大家来说已不再陌生了,我们生活在充满各种曲线和图表的世界里,它让我们更直观地了解我们生活的世界。

一、生成频数分布表

定性数据本身就是对事物的一种分类,因此,只要先把所有的类别都列出来,然后统计出每一类别的频数,就是一张频数分布表。频数分布表中落在某一特定类别的数据个数称为频数,各类别的频数与总频数之比称为频率或为百分比。频数分布包含了很多有用的信息,通过它可以观察不同类型数据的分布情况。如通过人口调查我们可以了解各地区人口性别结构的分布、人口教育程度的结构分布等;通过社会中不同阶层的收入调查,可以了解收入的分配情况等。

【实例 2-1】 企业员工主要基本情况数据文件生成步骤如下：

1. 编制编码表，如表 2-2 所示。

表 2-2　　　　　　　　　　　　　　编码表

变量名	类型	标签	标签值	测度
性别	数值型		1=男、2=女	名义
年龄	数值型		1=27 岁以下，2=27~30，3=30~35，4=35~40，5=40~45，6=45~50，7=50 岁以上	度量
工龄	数值型		1=3 年以下，2=3~10，3=10~20，4=20 年以上	度量
学历	数值型		1=大专，2=本科，3=研究生	序号
职称	数值型		1=无，2=初级，3=中级，4=高级	序号
职务	数值型		1=职员，2=中层管理，3=高层管理	名义
月收入	数值型		1=2 500 元以下，2=2 500~3 500，3=3 500~4 500，4=4 500~5 500，5=5 500 元以上	度量

2. 打开 SPSS 软件进行编码，如图 2-1 所示。

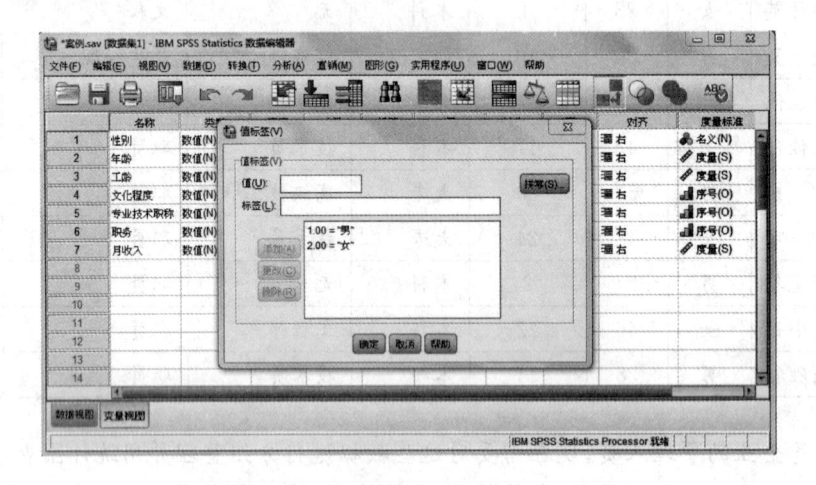

图 2-1　数据编辑器——变量视图

3. 数据录入，如图 2-2 和图 2-3 所示。

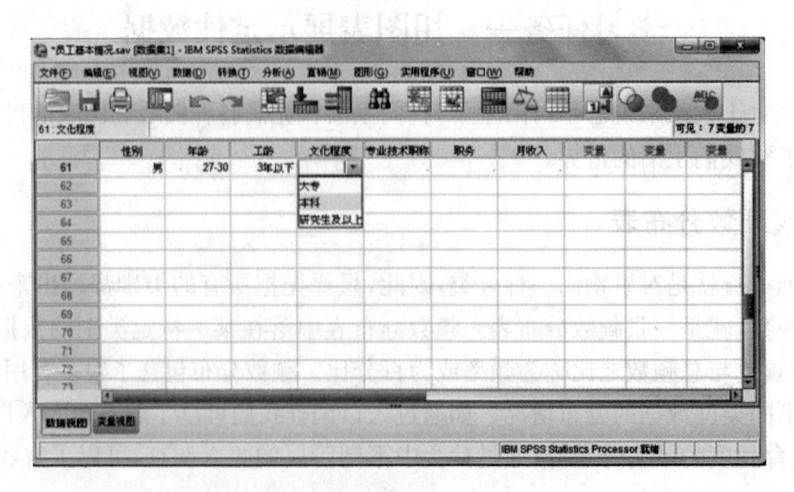

图 2-2　数据编辑器——数据视图

项目二　统计数据的图表描述

图 2—3　数据编辑器——数据视图

4. 保存该数据文件——员工基本情况数据文件

下面以表 2—1 为例说明用 SPSS 生成"文化程度"变量的频数分布表（表中的其他定性变量的频数分布表请你自行制作并简要分析）。具体步骤如下：

第一步，打开"员工基本情况数据文件"，如图 2—4 所示。

图 2—4　员工基本情况数据文件

第二步，点击"分析"，选择"描述统计"—"频率"，进入"频率"对话框；如图 2—5 所示。

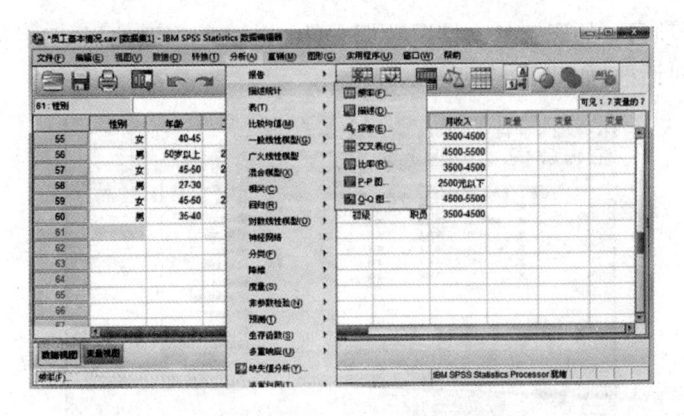

图 2—5　"描述统计—频率"对话框

第三步,选中"文化程度",单击 ➡ 图标,将其选到变量中,选中对话框下方的显示频率表格复选框,表示显示频数分布表,如图2—6所示,选好后单击"确定",则可以得到频数分布表输出结果,见表2—3。

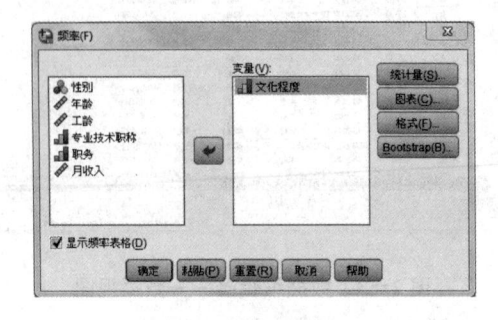

图2—6 频率对话框

表2—3 文化程度的频数分布表

		频率	百分比	有效百分比	累积百分比
有效	大专	22	36.7	36.7	36.7
	本科	23	38.3	38.3	75.0
	研究生及以上	15	25.0	25.0	100.0
	合计	60	100.0	100.0	

从频数分布表中可以直观地看出该企业职工文化程度的分布情况:全体员工都具有大专以上学历,其中具有本科学历的员工有23人,占总体的38.3%;有1/4的员工具有研究生及以上学历。这表明该企业员工的整体文化素质较高。

二、定性数据的图形展示

(一)条形图

条形图是用宽度相同、高度或长度不同的条形来表述数据多少的图形,用于观察不同类别数据的多少或分布情况。绘制时,各类别可以置于纵轴,也可以置于横轴。下面仍以表2—1的数据为例,制作"文化程度"这一定性变量的条形图(表中的其他定性变量的条形图请你自行制作并简要分析)。

第一步,打开项目一的职工基本情况数据文件,点击"图形",选择"旧对话框"—"条形图",进入"条形图"主对话框,如图2—7所示。

图2—7 "图形操作"对话框

第二步,在"条形图"主对话框中,选中"简单箱图"和"个案组摘要",单击"定义",进入"定义简单条形图:个案组摘要"对话框,如图2—8和图2—9所示。

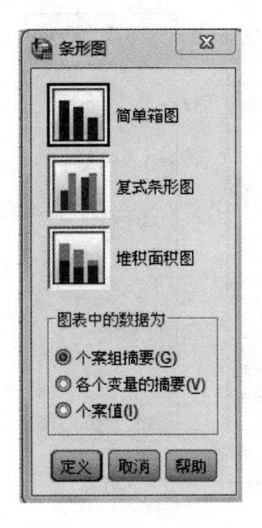

图2—8 "条形图选择"对话框

第三步,将"文化程度"变量加入到"类别轴"中。

图2—9 "定义简单条形图"对话框

第四步,单击"确定"按钮,即可输出条形图结果,如图2—10和图2—11所示。

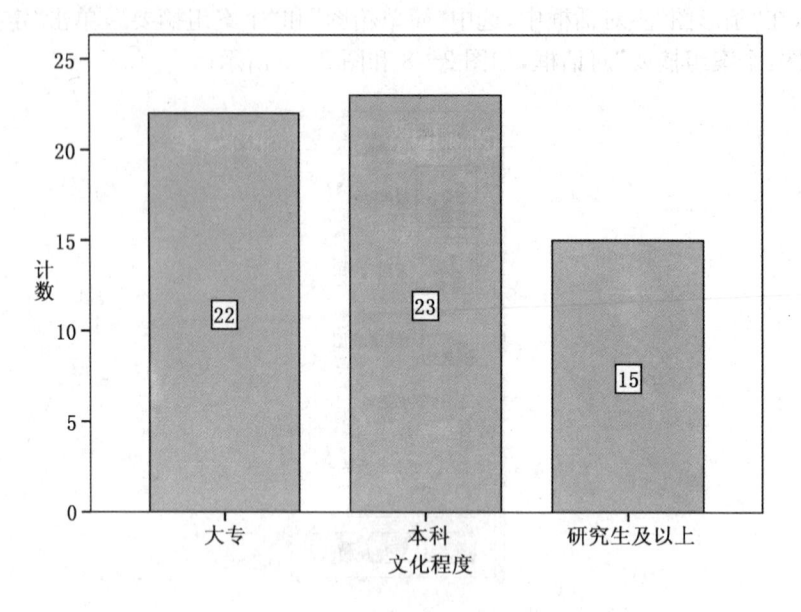

图 2-10 文化程度变量的条形图

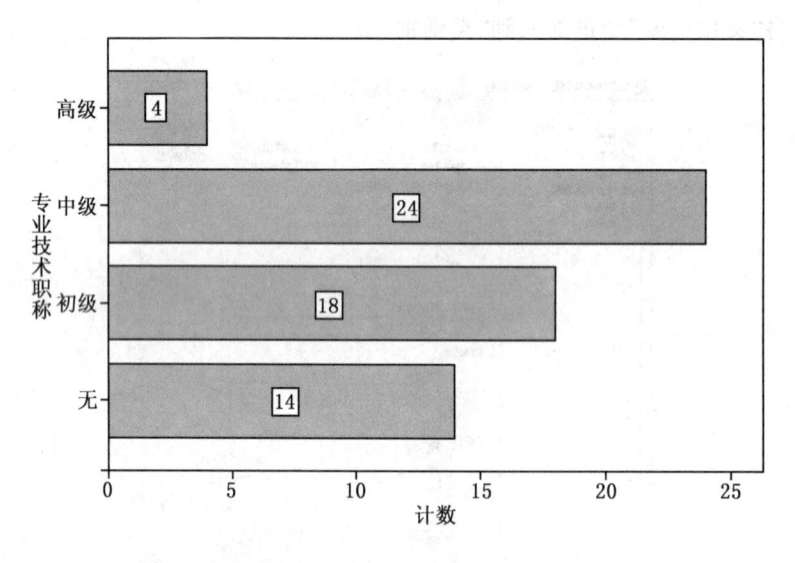

图 2-11 专业技术职称条形图

从每一条的高度或长度可以看出,该企业员工不同文化程度组和不同专业技术职称人数的多少。

(二)饼图

饼图又称为饼形图或圆形图,是利用圆内扇形面积来表示数值大小的图形。饼图主要用于总体中各组成部分所占比重的研究。

仍以表 2-1 的数据为例,制作"专业技术职称"变量的饼图(表中的其他定性变量的饼图请你自行制作并简要分析)。具体步骤如下:

第一步,打开项目一中职工基本情况数据文件,点击"图形",选择"旧对话框"—"饼图",进入"饼图"主对话框;

第二步,在"饼图"主对话框中,选中"个案组摘要",单击"定义",进入"定义饼图:个案组摘要"对话框;

第三步,将"专业技术职称"变量加入到"定义分区"中;

第四步,单击"确定"按钮,即可输出饼图结果,如图 2-12 所示。

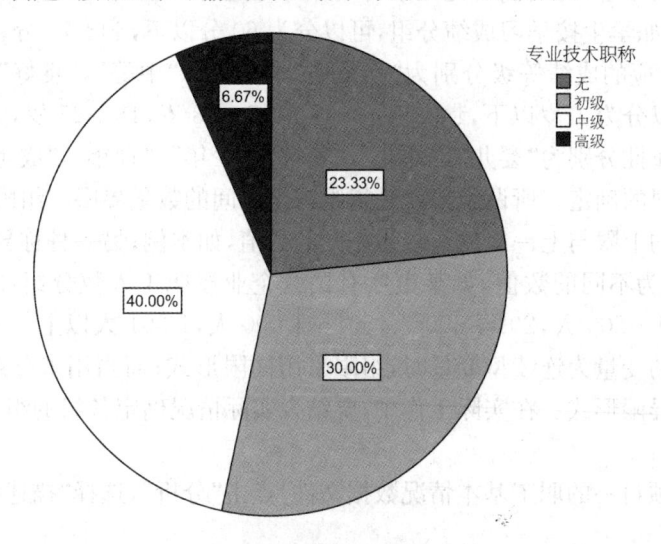

图 2-12　专业技术职称变量饼图

从饼图中可以清楚地看到该企业具有中级职称的职工最多,占总体的 40%,具有高级职称的职工不足 7%,还有近 1/4 的职工尚未取得任何职称。可见,该企业要想"造就一支业务精干的高素质、高境界、具有高度凝聚力和团队精神的人才队伍",还需要为职工创造一定的职称晋升条件。

学习任务二　用图表展示定量数据

上述介绍的定性数据图表展示方法,也都适用于定量数据。但定量数据还有一些特定的图示方法,它们并不适用于定性数据。

一、生成频数分布表

用 SPSS 生成定量数据的频数分布表时,首先要对数据进行适当的分组,然后再统计出各组别的数据频数即可。下面仍以表 2-1 的数据为例,介绍该企业员工"月收入"变量的频数分布表的生成过程(表中的其他定量变量的频数分布表请你自行生成并简要分析)。

首先,要对数据进行分组。那么分多少组呢?一般情况下,要根据数据本身的特点及数据的多少来确定。分组的目的在于观察数据的分布特征,因此组数的多少应以能够说明观察数据的分布特征为准。一般来说,组不宜过多,也不宜过少,以 4~10 个组为宜,本例分成 6 组即可。

其次,要确定组距。所谓组距是指每一组变量值中的最大值与最小值之差。若将最大值称为上限,最小值称为下限,则组距等于上限值与下限值之差,即

$$组距 = 上限 - 下限$$

本例中,由于高工资的员工和低工资的员工人数均不多,所以第一组和最后一组采用开口组形式,即为:3 000 元以下,3 000~4 000 元,4 000~5 000 元,5 000~6 000 元,6 000 元以上。

在确定组距时，一般要遵循以下原则：一是要考虑各组的划分是否能区分总体内部各组成部分的性质差别；二是要能准确清晰地反映总体中各个体的分布特征。另外，在确定组距时还要注意是采用等距分组还是采用不等距分组。当被研究现象的质是随着其量的均匀变动而变化时，可以采用等距分组；而当被研究现象的质并不是随着其量的均匀变动而变化时，则一般采用不等距分组。如学生按学习成绩分组，可以分为60分以下，60～70分，70～80分，80～90分，90分以上，相对应的成绩等级分别为"不及格"、"及格"、"中等"、"良好"、"优秀"。再如人口按年龄分组，可以分为1岁以下，1～3岁，3～7岁，7～18岁，18～25岁，25～60岁，60岁以上，相对应的人口属性分别为"婴儿"、"幼儿"、"儿童"、"少年"、"青年"、"成年"、"老年"。

最后，关于组限的确定。所谓组限就是指组与组之间的数量界限。组限有两种形式：一种叫同限，即下一组的上限与上一组的下限为相同的数值，如本例；另一种称异限，即下一组的上限与上一组的下限为不同的数值，如某市所有民营企业按职工人数分组：20人以下，21～50人，51～100人，101～200人，201～500人，501～1 000人，1 001人以上。确定组限形式的原则是，当用来分组的变量为连续型变量时，组限采用同限形式；而当用来分组的变量为离散型变量时，组限采用异限形式。在实际工作中，要结合实际情况确定各组的组距和组限。

具体步骤如下：

第一步，打开项目一的职工基本情况数据文件，点击"分析"，选择"描述统计"—"频率"，进入"频率"对话框。

第二步，选中"月收入"，单击 ➡ 图标，将其选到变量中，选中对话框下方的显示频率表格复选框，表示显示频数分布表，（见图2－13）。选好后单击"确定"，则可以得到频数分布表输出结果（见表2－4）。

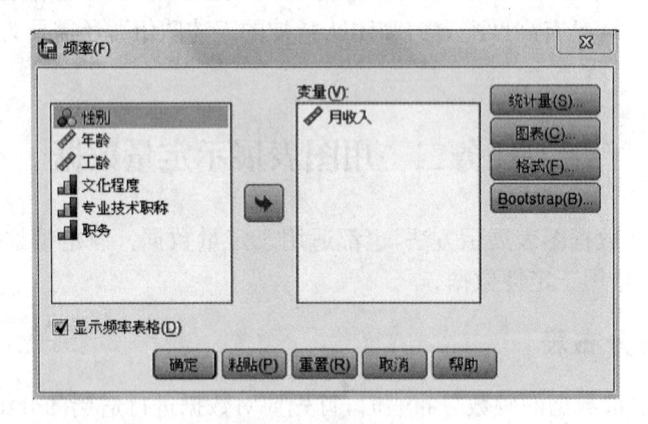

图2－13　频率对话框

表2－4　　　　　　　　　　　　按月收入分组频数分布表

		频率	百分比	有效百分比	累积百分比
有效	3 000元以下	11	18.3	18.3	18.3
	3 000～4 000元	24	40.0	40.0	58.3
	4 000～5 000元	18	30.0	30.0	88.3
	5 000～6 000元	3	5.0	5.0	93.3
	6 000元以上	4	6.7	6.7	100.0
	合计	60	100.0	100.0	

从表2-4中可以看出，前面的组距确定并不好。因此要重新分组，最后经过调整后，分组的结果如表2-5所示。

表2-5　　　　　　　　　　按月收入分组频数分布表

		频率	百分比	有效百分比	累积百分比
有效	2 500元以下	7	11.7	11.7	11.7
	2 500～3 500元	16	26.7	26.7	38.3
	3 500～4 500元	19	31.7	31.7	70.0
	4 500～5 500元	13	21.7	21.7	91.7
	5 500元以上	5	8.3	8.3	100.0
	合计	60	100.0	100.0	

二、定量数据的图形展示

在实际工作中，表述定量数据的图形非常多，虽然上述的图形都能表述定量数据，但效果不好。常用来表述定量数据的统计图形有：直方图、折线图、散点图等。

(一)直方图

对于一个定量数据，直方图是最常见的而且是非常重要的图形。它的横坐标代表变量分组，纵坐标代表各变量值出现的次数即频数，这样，各组与相应的频数就形成了一个矩形，即直方图。

仍以项目一中的职工基本情况数据文件为例，来说明直方图的生成步骤：

第一步，打开"职工基本情况"数据文件，点击"图形"，选择"旧对话框"—"直方图"，进入"直方图"主对话框。

第二步，在"直方图"主对话框中，选中"月收入"，单击 ➡ 图标，将其选到变量中，如果需要在直方图中显示参考用的正态分布曲线，则选中"显示正态曲线"即可，如图2-14所示。

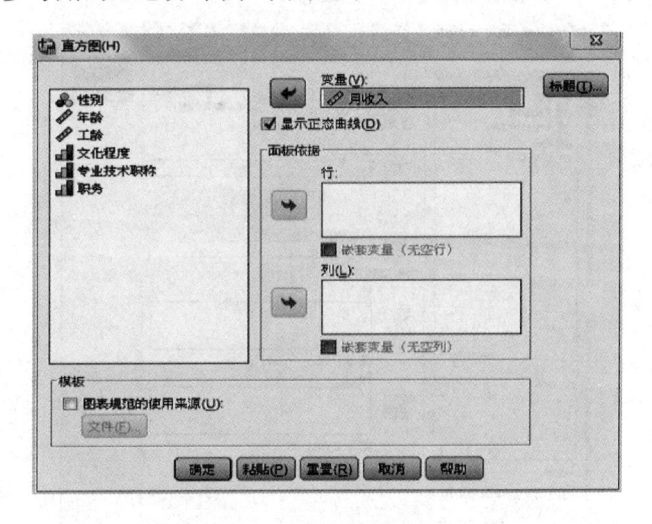

图2-14　直方图对话框

第三步，选好后单击"确定"，则可以得到"月收入"直方图的输出结果(见表2-15)。

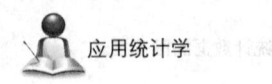

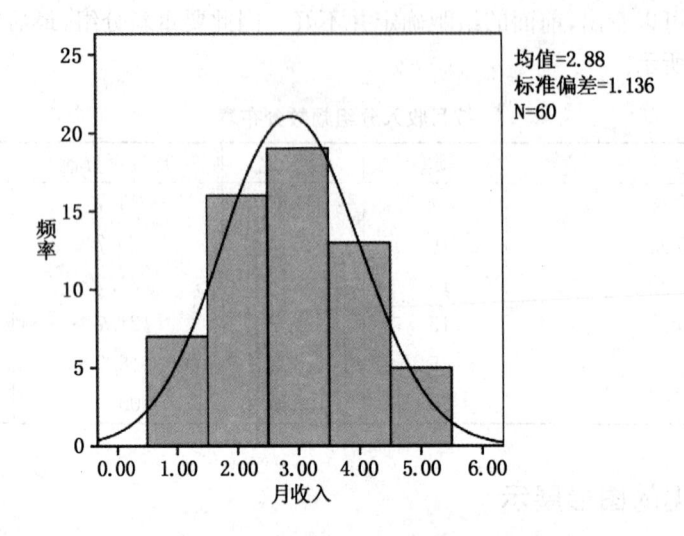

图 2—15　职工月收入直方图

(二)线图

线图是利用线段的升降来说明现象变动的一种统计图,它主要用于表示现象的分配情况、现象在时间上的变化和两个现象之间的依存关系等。

仍以项目一中的职工基本情况数据文件为例,来说明线图的生成步骤:

第一步,打开"职工基本情况"数据文件,点击"图形",选择"旧对话框"—"线图",进入"线图"主对话框;

第二步,在"线图"主对话框中,选中"简单"和"个案组摘要",单击"定义",进入"定义简单线图:个案组摘要"对话框。

第三步,在"定义简单线图:个案组摘要"对话框中,选中"年龄",单击 ➡ 图标,将其选到类别轴中,如图 2—16 所示。

图 2—16　"定义简单线图"对话框

第四步,单击"确定",可得到"年龄"线图的输出结果,如图2—17所示。

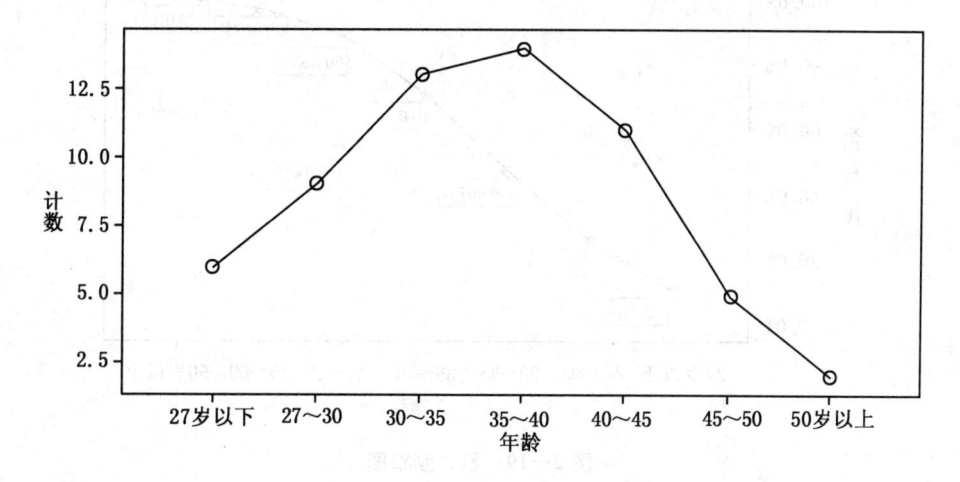

图2—17 职工年龄分布线图

(三)累积频数(频率)图

累积频数(频率)图是根据累积频数(频率)分布资料生成的,用来说明全部数据在某一特定值以下或以上的观察值的个数(百分数)。这类图形既可用于展示定量数据的分布,也可以用于展示顺序数据的分布。

累积频数(频率)图的生成步骤与线图基本相同,只要在"定义简单线图:个案组摘要"对话框中,选中"累积个数"或"累积%"即可,如图2—18和图2—19所示。

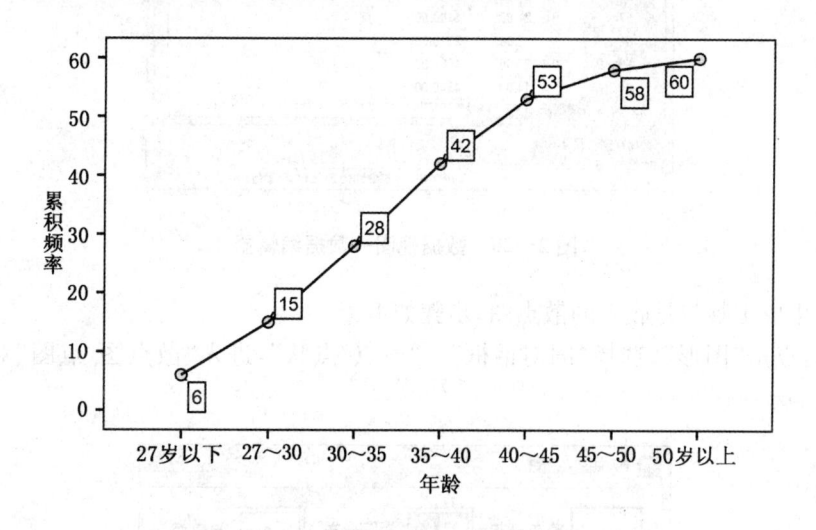

图2—18 累计频数图

(四)散点图

散点图主要是用于反映两个变量在数量上的依存关系。如一国GDP与财政收入的关系、家庭消费支出与家庭收入的关系等,均可通过散点图来反映。下面仍以表2—1职工基本情况数据为例,来说明散点图的生成步骤。这里需要补充说明的是,先要将"职工基本情况登记表"中的工龄和月收入的数据分别输入到SPSS中,如图2—20所示。

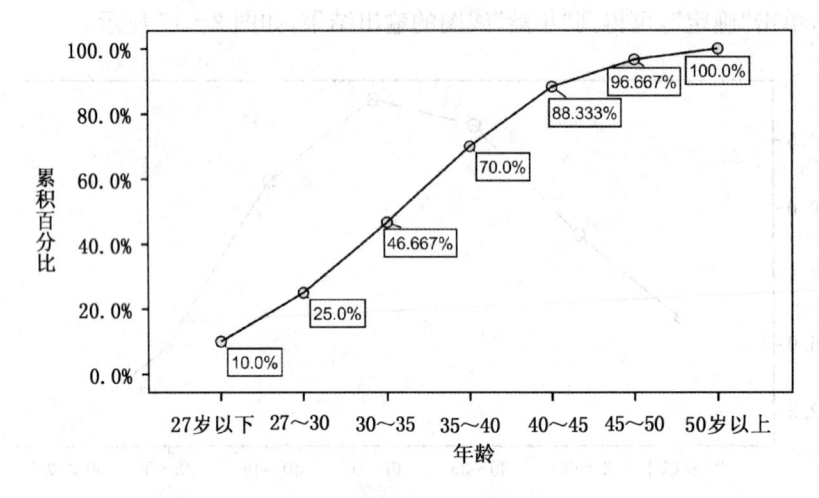

图 2—19　累计频率图

图 2—20　数据视图—数据编辑器

然后来生成工龄与月收入的散点图,步骤如下:

第一步,点击"图形",选择"旧对话框"—"散点/点状",进入"散点图/点图"对话框,如图 2—21 所示。

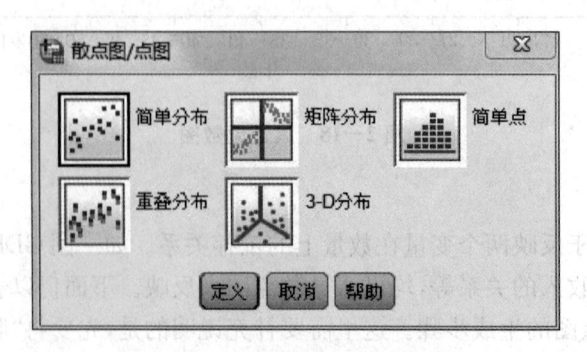

图 2—21　"散点图/点图"对话框

第二步,在"散点图/点图"对话框中,选中"简单分布",点击"定义",进入"简单散点图"主对话框。

第三步,在"简单散点图"主对话框,点击"工龄"并进入"X 轴",点击"月收入"并进入"Y 轴",如图 2－22 所示。再点击"确定",即可得到工龄与月收入散点图的输出结果,如图 2－23 所示。

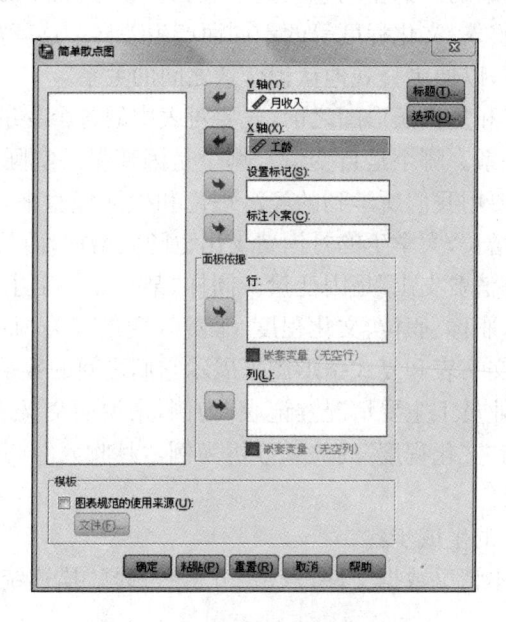

图 2－22 "简单散点图"对话框

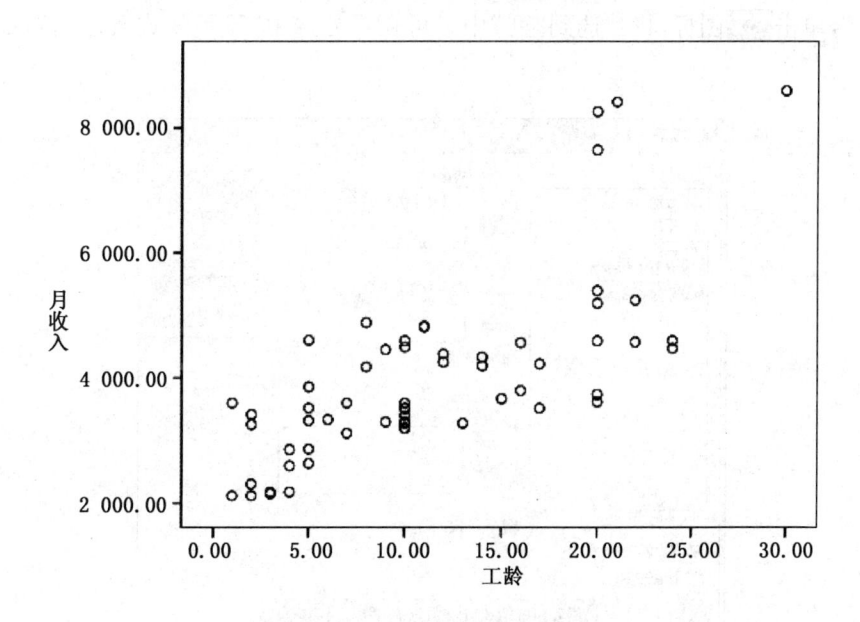

图 2－23 工龄与月收入散点图

从图 2－23 可以看出,随着该企业职工工龄的增长,月收入也逐步提高,两者之间呈现同方向的变化。

学习任务三　用图表展示相关联数据

在现实生活中,有许多数据是相互联系、相互制约的。某一变量的数量差异往往是由与其相关联变量的数量差异引起的。如在问卷调查中"购买汽车的品牌动机"的答案,会受到被调查者的性别、年龄、职业、收入、文化程度等的不同而产生差异。这就需要利用交叉表和复式条形图来展示这些相关数据,以便更直观地认识变量之间的关系。

在制作和生成交叉表和复式条形图之前,先要对表中的各个变量作定性分析,即这些变量之间到底存在什么样的关系。哪个是自变量?哪个是因变量?实际工作中,并不是所有的变量都是相关联的,这就需要用我们所学到的经济理论和生活经验来判断。我们不难判断这样的事实,随着大学年级的增长,大学生的月消费支出也随之增加,而与大学生的性别无关,而且"大学年级"是自变量,"月消费支出"是因变量。同样"某企业员工主要情况登记表"中员工的月收入与员工的专业技术职称、职位、文化程度、工龄等变量有关,而与性别无关。因此,只有具有相互关联的变量,用交叉表和复式条形图来展示它们之间的数量关系才有实际意义。

下面我们仍以"某企业员工主要情况登记表"为例,来说明交叉表和复式条形图的生成过程。在此仅以"月收入"与"文化程度"的关联分析为例,"月收入"与其他变量的关联分析由学生自行完成。

交叉表和复式条形图的生成步骤

第一步,打开职工基本情况数据文件,点击"分析",选择"描述统计"—"交叉表",进入"交叉表"对话框。

第二步,在"交叉表"主对话框中,选中"文化程度",单击 ➡ 图标,将其选到"行"中;再选中"月收入",单击 ➡ 图标,将其选到"列"中。再在下方选中"显示复式条形图",如图 2—24 所示。

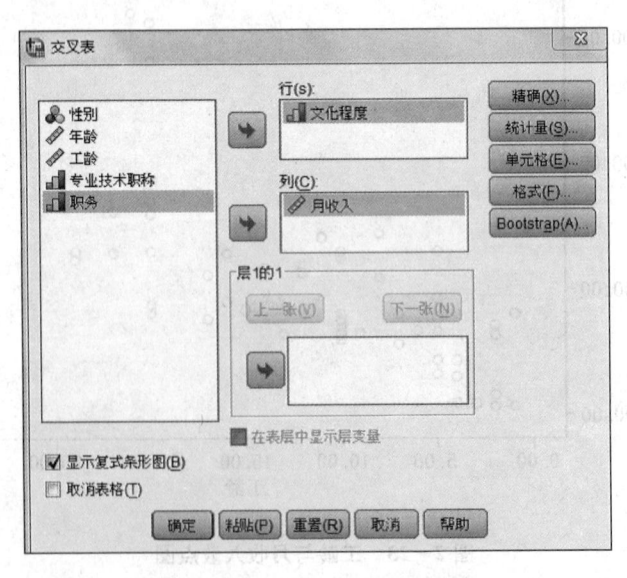

图 2—24　"交叉表"对话框

第三步,点击"确定",即可得到文化程度与月收入的交叉表和复式条形图的输出结果,如

表 2—6 和图 2—25 所示。

表 2—6 文化程度与月收入交叉表

		月收入					合计
		2 500元以下	2 500～3 500元	3 500～4 500元	4 500～5 500元	5 500元以上	
文化程度	大专	4	8	5	4	1	22
	本科	3	7	9	4	0	23
	研究生及以上	0	1	5	5	4	15
合计		7	16	19	13	5	60

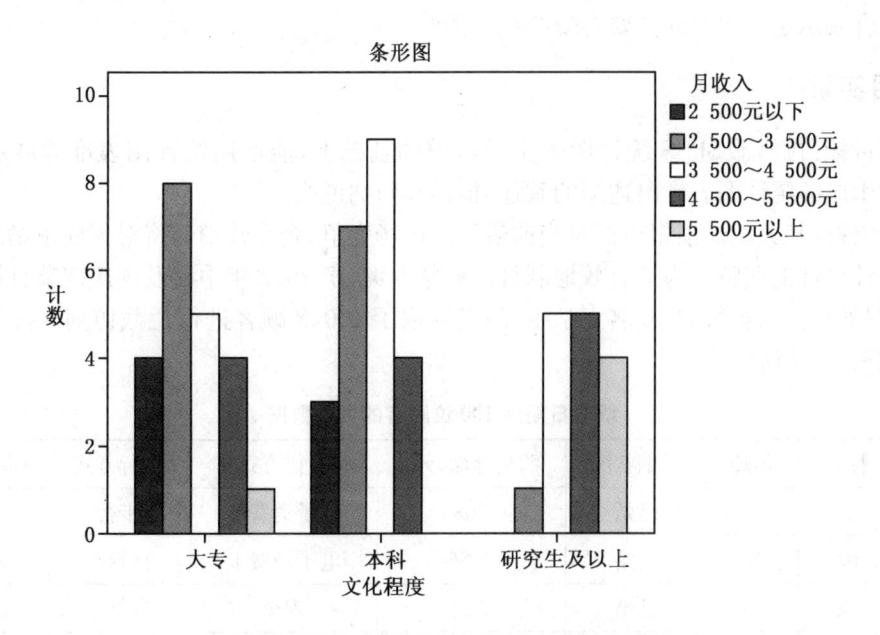

图 2—25 文化程度与月收入复式条形图

从交叉表和复式条形图中可以看出，随着文化程度提高，员工的月收入也随之提高。

知识回顾

1. 频数分布表可以观察总体中不同类型数据的分布情况。有单变量频数分布表和双变量频数分布表即交叉表，既适合定性数据，也适合定量数据，其中交叉表还可以对相关联的定性数据和定量数据进行交叉编制频数分布表。

2. 统计图可以更直观、更清晰地观察到总体中不同类型数据的分布状况。常用的统计图主要有条形图、直方图、线图、饼图、散点图等。其中适合展示定性变量的主要有条形图、线图、饼图等；适合展示定量数据的主要有直方图、饼图、线图、散点图等。而对于相关联的两个定性变量、定量变量或一个为定性变量另一个为定量变量的数据展示可以绘制复式条形图。

主要概念

频数   频率   频数分布   数据分组   组距   组限   同限   异限   连续

型变量　　　离散型变量　　　条形图　　　复式条形图　　　直方图　　　饼图　　　线图　　　散点图

思考与练习

思考题

1. 直方图与条形图在应用中有何不同？
2. 对定量数据如何进行分组处理？
3. 饼图、线图和散点图各有什么作用？
4. 适合展示定性数据的主要有哪些统计图？
5. 适合展示定量数据的主要有哪些统计图？

项目实训

实训目标：在熟悉SPSS统计图表生成步骤的基础上，能运用统计图表准确展示统计数据。并对生成的统计图表作出适当的叙述、描述和归纳说明。

背景资料：某大型连锁超市面对当前激烈的市场竞争，企业营销部将对年底市场的营销策略作出有针对性的调整。为了有效地制订出调整方案，于2012年中秋及国庆双节日期间的某一天，组织某高校二年级的20名大学生，随机抽取了100名顾客进行拦截访问。搜集到的样本数据如表2—7所示。

表2—7　　　　　　　　双节日期间100位顾客的相关数据

顾客	性别	年龄	婚姻状况	购买金额（元）	支付方式	出行方式	环境满意度
1	男	37	已婚	208	电子消费卡	步行	一般
2	女	32	已婚	1586	电子消费卡	自驾车	不满意
3	女	54	已婚	129	现金	自行车	比较满意
4	女	63	已婚	46	现金	步行	非常满意
5	女	25	未婚	64	现金	自行车	一般
6	女	46	已婚	399	信用卡	步行	比较满意
7	男	35	已婚	1 486	电子消费卡	自驾车	比较满意
8	男	31	已婚	285	现金	自驾车	不满意
9	女	29	未婚	380	现金	公交车	比较满意
10	女	38	已婚	568	信用卡	出租车	比较满意
11	女	45	已婚	320	电子消费卡	公交车	比较满意
12	女	36	已婚	989	信用卡	自驾车	一般
13	女	38	已婚	330	现金	公交车	一般
14	男	46	已婚	102	现金	步行	比较满意
15	女	48	已婚	59	现金	自行车	非常满意
16	男	44	已婚	583	电子消费卡	自行车	比较满意

续表

顾客	性别	年龄	婚姻状况	购买金额(元)	支付方式	出行方式	环境满意度
17	女	54	已婚	52	现金	自行车	非常满意
18	女	24	未婚	88	现金	步行	非常不满意
19	女	22	未婚	62	信用卡	自行车	非常不满意
20	女	26	未婚	202	电子消费卡	公交车	一般
21	男	36	已婚	389	信用卡	步行	一般
22	男	33	未婚	261	电子消费卡	自行车	不满意
23	女	32	已婚	1020	信用卡	自驾车	不满意
24	女	32	已婚	152	现金	自驾车	比较满意
25	女	31	已婚	281	信用卡	自行车	一般
26	女	25	已婚	86	现金	自行车	不满意
27	女	25	未婚	108	现金	步行	非常不满意
28	男	67	已婚	258	电子消费卡	出租车	非常满意
29	男	46	已婚	86	现金	步行	比较满意
30	男	53	已婚	123	现金	步行	比较满意
31	女	52	已婚	62	现金	步行	非常满意
32	女	37	已婚	365	电子消费卡	步行	一般
33	女	32	未婚	286	现金	公交车	一般
34	女	36	已婚	430	现金	公交车	不满意
35	女	36	已婚	520	信用卡	自驾车	比较满意
36	女	34	已婚	130	现金	步行	一般
37	女	54	已婚	80	现金	步行	比较满意
38	女	24	未婚	126	现金	步行	不满意
39	女	21	未婚	32	现金	自行车	不满意
40	男	35	已婚	202	电子消费卡	自行车	一般
41	男	39	已婚	108	现金	步行	比较满意
42	男	40	已婚	365	信用卡	自驾车	比较满意
43	女	42	已婚	210	现金	步行	一般
44	男	36	未婚	189	现金	步行	一般
45	男	38	已婚	279	电子消费卡	出租车	比较满意
46	女	39	已婚	502	信用卡	步行	比较满意
47	女	38	已婚	249	电子消费卡	自行车	比较满意
48	女	34	已婚	865	信用卡	自驾车	不满意

续表

顾客	性别	年龄	婚姻状况	购买金额(元)	支付方式	出行方式	环境满意度
49	女	44	已婚	204	电子消费卡	自行车	比较满意
50	女	26	已婚	130	现金	步行	非常不满意
51	男	32	已婚	89	电子消费卡	步行	不满意
52	女	27	已婚	64	信用卡	步行	非常满意
53	女	46	已婚	87	信用卡	步行	比较满意
54	女	42	已婚	107	信用卡	步行	比较满意
55	男	36	已婚	120	信用卡	步行	一般
56	女	38	已婚	588	信用卡	自驾车	比较满意
57	男	43	已婚	230	现金	出租车	比较满意
58	女	33	已婚	320	电子消费卡	自行车	不满意
59	女	36	已婚	209	电子消费卡	自驾车	一般
60	女	47	已婚	77	现金	步行	比较满意
61	女	56	已婚	58	信用卡	步行	比较满意
62	女	67	已婚	—	—	公交车	非常满意
63	女	31	未婚	386	信用卡	公交车	一般
64	男	25	未婚	54	信用卡	公交车	比较满意
65	女	43	已婚	320	电子消费卡	步行	比较满意
66	男	36	已婚	1 032	信用卡	自驾车	一般
67	女	38	已婚	463	电子消费卡	出租车	一般
68	男	43	已婚	68	现金	步行	比较满意
69	女	45	已婚	90	信用卡	步行	一般
70	女	42	已婚	64	信用卡	步行	比较满意
71	男	33	已婚	330	现金	自驾车	一般
72	男	23	未婚	89	信用卡	公交车	不满意
73	女	26	未婚	430	电子消费卡	自驾车	很不满意
74	女	36	已婚	568	信用卡	自驾车	一般
75	女	38	已婚	320	信用卡	公交车	比较满意
76	女	43	已婚	82	信用卡	步行	一般
77	女	33	已婚	660	信用卡	步行	一般
78	男	38	已婚	210	电子消费卡	公交车	比较满意
79	男	46	已婚	329	电子消费卡	公交车	比较满意
80	男	40	已婚	126	现金	步行	比较满意

续表

顾客	性别	年龄	婚姻状况	购买金额(元)	支付方式	出行方式	环境满意度
81	女	38	已婚	65	信用卡	公交车	一般
82	女	41	已婚	439	电子消费卡	自驾车	一般
83	女	41	已婚	210	电子消费卡	公交车	比较满意
84	女	22	未婚	100	信用卡	公交车	一般
85	女	23	未婚	58	现金	公交车	不满意
86	女	25	已婚	218	电子消费卡	公交车	不满意
87	男	33	已婚	67	信用卡	步行	一般
88	女	36	已婚	210	电子消费卡	公交车	一般
89	女	35	已婚	389	电子消费卡	自驾车	比较满意
90	男	35	已婚	218	电子消费卡	公交车	一般
91	男	34	已婚	2 688	电子消费卡	自驾车	比较满意
92	男	38	已婚	86	现金	步行	一般
93	女	42	已婚	99	信用卡	步行	比较满意
94	女	43	已婚	530	电子消费卡	公交车	一般
95	男	43	已婚	68	信用卡	步行	比较满意
96	女	39	已婚	377	电子消费卡	自驾车	一般
97	女	57	已婚	199	电子消费卡	公交车	非常满意
98	女	62	已婚	233	电子消费卡	公交车	比较满意
99	男	65	已婚	86	信用卡	步行	非常满意
100	女	58	已婚	102	电子消费卡	公交车	比较满意

实训内容：

1. 先对顾客的年龄和购买金额进行适当分组，再利用 SPSS 对样本数据进行编码、录入，建立数据文件。

2. 生成频数分布表和条形图、直方图或饼图，以显示性别、年龄、购买金额、支付方式、出行方式、购物环境满意度等主要变量各类别的分布情况，并作简要文字说明。

3. 生成交叉表和复式条形图，以显示顾客购买金额与其他各变量之间的关系，并作简要的文字说明。

4. 综合分析顾客的消费特征，尤其是通过对顾客满意度分析，为该超市调整营销策略提出合理的建议。

实训步骤：

第一步：分组（将班级学生分成若干组，每一组推选一名组长，全面负责整个过程）。

第二步：各小组通过讨论，明确该超市的调查意图，写出数据整理的提纲。

第三步：对表中有关定量变量（年龄、购买金额）进行适当的分组。

第四步：利用 SPSS 软件对数据进行编码、录入，建立数据文件。

第五步：生成频数分布表和统计图，对有关变量进行描述分析。

项目三
统计数据的度量

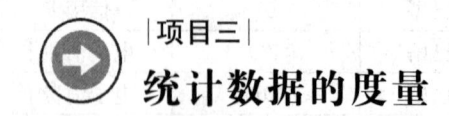

知识目标:

1. 理解数据相对度量、集中趋势度量和差异度量的含义
2. 掌握数据相对度量、集中趋势度量和差异度量的度量值计算与运用

技能目标:

1. 能熟练使用 SPSS 软件计算各种相对数、平均数和差异度量值
2. 能对社会经济现象进行特征描述分析

重点难点:

1. 如何根据统计数据来判断事物的性质
2. 相对数、平均数和差异度量的实际应用

任务导入:

如何制订推销人员的销售目标?

2012年春节刚过,在一家财产保险公司的董事会上,董事们就最近公司的发展战略问题展开了激烈讨论,其中一个重点问题就是如何借鉴国外保险公司的先进管理经验,提高自身的管理水平。有一名董事提出,2011年公司的各项业务与 2010 年相比没有太大的增长,除经济环境和市场竞争等因素外,对家庭财产保险的业务开展得不够也是重要原因。他认为,中国的家庭财产保险市场潜力巨大,应加大扩展在这方面的业务力度,同时,公司对家庭财产推销员实行目标管理,并根据目标完成情况建立相应的奖惩制度。董事长认为该董事的建议有一定道理,准备采纳。会后,他责成市场部经理尽快拿出具体的实施方案。

市场部经理接到任务后感到有些头痛,他不知道该从何处下手,不知道如何确定推销员的具体销售目标。如果目标定得过高,多数推销员完不成任务,会使推销员失去信心;如果定得过低,将不利于充分挖掘员工的工作潜力,提高公司的业绩水平。于是他首先把公司 2011 年的一些主要业务数据列了出来,如表 A,查看有关的保险业务状况。

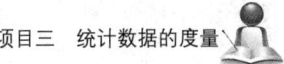

表 A 公司 2011 年的主要业务数据

保险项目	保险金额(亿元)	保费收入(万元)	赔款及付给(万元)
企业财产险	149 042.1	1 332 148.6	649 303.2
家庭财产险	8 250.1	106 035.9	53 260.9
机动车辆险	17 161.0	1 900 886.6	1 202 605.3
船舶险	13 646.8	132 516.4	79 410.9
货物运输险	14 373.8	1 103 719.4	540 278.6
卫星及核能险	1 249.2	14 504.1	8 038.9
建筑、安装工程险	1849.7	116 656.3	76 575.0
其他险	1 746.4	29 111.6	15 234.1
合计	207 319.1	4 735 578.9	2 624 706.9

但这些数据对制定销售目标提供的信息是有限的。他又从公司几千名业务员中随机抽取了 200 人，对他们的月销售额作了统计。结果如表 B。

表 B　　　　　公司 200 名业务员月销售额统计数据　　　　　单位：千元

25.05	17.48	13.80	25.29	15.42	16.22	21.09	17.93	26.51	22.28
8.81	42.38	23.40	27.93	28.64	15.56	13.22	21.72	17.52	17.75
24.26	17.57	21.66	25.53	23.94	17.07	21.19	17.97	18.69	22.65
9.64	17.57	18.73	12.37	15.48	17.14	17.16	18.02	15.43	15.88
11.05	15.64	26.74	25.83	16.98	21.25	31.31	32.40	17.57	13.85
19.05	15.64	14.52	26.07	18.78	30.31	8.40	18.24	13.61	23.27
25.64	17.61	41.81	14.26	17.79	15.13	15.88	24.87	18.96	15.84
19.27	25.46	32.78	26.70	15.76	18.22	18.29	27.39	43.16	21.92
12.96	25.77	18.28	17.84	30.61	17.25	41.64	13.51	19.25	23.50
31.16	30.70	34.92	26.93	15.82	21.53	13.97	18.33	11.43	15.15
17.25	23.16	15.08	17.66	31.53	17.34	35.34	23.45	19.35	23.76
13.33	27.75	21.42	29.76	15.86	19.46	14.61	36.42	31.34	17.62
17.25	35.71	13.25	31.16	17.16	17.41	31.88	37.51	17.43	24.20
13.61	29.50	35.27	19.45	22.84	23.65	17.96	17.48	19.55	12.74
31.40	37.90	38.94	30.34	15.99	37.43	38.55	18.63	19.91	24.80
13.68	25.40	15.37	22.55	36.16	22.13	22.16	18.64	44.03	9.24
10.8	20.9	29.8	34.2	11.5	20.3	28.1	29.1	10.8	15.4
14.3	20.4	24.6	35.3	34.2	30.5	30.4	12.6	17.6	15.4
42.3	18.3	19.5	20.0	22.1	24.3	17.2	19.2	20.4	22.5
20.6	19.7	21.6	22.6	21.6	19.7	18.0	17.6	16.5	15.6

这些数据对制定目标有何帮助？如果你是市场部的经理，如何根据上面的数据制定具体的销售目标？

学习任务一　数据的相对度量

国家统计局 2012 年 2 月 22 日发布的《中华人民共和国 2011 年国民经济和社会发展统计公报》显示，2011 年末我国出生人口男女性别比为 117.78∶100，出生率为 11.93‰，死亡率为 7.14‰。农村居民食品消费支出占消费总支出的比重为 40.4%，城镇为 36.3%。这些都是对数据的相对度量。

为了研究现象之间的数量关系，通常需要将两个有联系的统计数据进行比较，以揭示现象在不同时间、不同空间、事物内部以及事物之间的数量关系及其特征。因此，统计数据的相对度量就利用统计相对数来研究现象之间的数量联系程度。

一、相对数的概念和作用

统计相对数或称比率，是两个有联系的统计数据对比得到的比值，其基本计算公式如下：

$$相对数 = \frac{比数}{基数}$$

根据对比基数不同，相对数可分为结构相对数、比例相对数、比较相对数、动态相对数、强度相对数、计划完成相对数六种。

大多数相对数的表现形式是无名数两种，只有强度相对数有时表现为复名数。

无名数一般是用抽象化的数值如系数、倍数、成数、百分数（%）或千分数（‰）表示。当分子与分母数值差别较小时，用系数表示，如经济中的恩格尔系数、基尼系数等。如果对比的分子数值与分母数值差别很大时，则用倍数表示。例如，我国 2010 年国内生产总值（GDP）为 1990 年国内生产总值（GDP）的 21.5 倍。当对比的分子与分母数值相差不大时，可以将对比的基数抽象为 10，用成数表示。例如，设某地区今年棉花产量比上年增产 1/10，即增产一成。也可以用百分数表示对比的结果。例如，任务完成 95%、发展速度为 120%、学生中男生占 55% 等，都采用百分数表示。

复名数则是利用计算相对指标的分子和分母的计量单位复合在一起，往往用来表示事物的密度、强度和普及程度等。例如，人均钢铁产量用"吨/人"表示，人口密度用"人/平方千米"等表示。

对数据进行相对度量可以起到下列两个方面的作用：

1. 可以综合地表明有关现象之间的联系程度，反映现象和过程的比率、构成、速度、程度、密度等，例如，通过结构相对数计算国民收入使用额中积累基金和消费基金之间的比例，这对于深入认识国家建设和人民生活的相互关系、评价国民经济是否协调地按计划发展，都有十分重要的意义。

2. 将现象在绝对数方面的具体差异加以抽象，使原来不能直接对比的现象可以对比。例如，由于企业规模不同，不能直接用工业总产值的多少来比较同类企业工作质量的好坏，如果计算产值计划完成程度、固定资产利用程度、产值资金率、产值盈利率等相对数，就可以在不同规模的同类企业之间进行对比，作出恰当的评价。

二、相对数的计算方法

(一)结构相对数

结构相对数就是指总体中部分数值与总体全部数值的对比得出的比重或比率,是度量和评价总体内部结构及其分布特征的综合性数据。它一般用百分数表示,用公式表示为:

$$结构相对数 = \frac{总体某部分数值}{总体全部数值} \times 100\%$$

因为对比的基础是同一总体的数值,所以各部分所占比重之和应当等于100%或1。

在实际工作中,结构相对数应用广泛,它的主要作用可以概括为以下几个方面:

1. 可以说明现象在具体的时间、地点条件下总体内部结构的特征,如表3—1所示。

表3—1　　　　　　　　　　2010年我国国内生产总值　　　　　　　　　　单位:亿元

项　目	数　值	比重(%)
第一产业	40 533.6	10.11
第二产业	187 581.4	46.76
第三产业	173 087.0	43.15
合　计	401 202.0	100.00

资料来源:《中国统计年鉴2011》。

2. 不同时期结构相对数的变化,可以说明事物性质的发展趋势,分析总体结构的演变规律,如表3—2所示。

表3—2　　　　　2001~2010年我国城镇居民、农村居民恩格尔系数　　　　　单位:%

年份	2001	2002	2003	2004	2005	2006	2007	2008	2009	2010
城镇	38.2	37.7	37.1	37.7	36.7	35.8	36.3	37.9	36.5	35.7
农村	47.7	46.2	45.6	47.2	45.5	43.0	43.1	43.7	41.0	41.1

资料来源:《中国统计年鉴2011》。

3. 根据各构成部分所占比重大小,可以度量所研究现象总体的质的差异,如表3—3所示。

表3—3　　　　　　　　　某企业2011年末产品库存资料

按产品畅销程度分	库存额(万元)	比重(%)
畅销产品	1 400	11.69
平销产品	3 000	25.05
滞销产品	7 000	58.43
质次残损产品	580	4.85
合计	11 980	100.00

上表说明了该企业的库存产品适销状况较差,有63%以上的产品被积压,库存的变现能力低,资金和销售压力都非常大。

(二)比例相对数

比例相对数是指反映总体中各个组成部分之间的比例关系和均衡状况的综合数据。它是

同一总体中某一部分数值与另一部分数值对比的结果,其计算公式为:

$$比例相对数 = \frac{总体中某一部分数值}{总体中另一部分数值}$$

比例相对数一般用 $m:n$ 的形式表示,也可用百分比的形式表示。例如,我国第六次人口普查结果表明男女性别比为 105.21∶100。

任何事物要得以顺利发展,都必须保持总体内部各组成部分的合理比例。如在企业管理中,生产工人与管理人员的比例要合理;在资金管理中,手持现金与银行存款或短期债券之间的比例要合理;在学校管理中,教师与学生人数的比例要合理;等等。

比例相对数属于一种结构性比例,也具有反映总体结构的作用,它同结构相对数有密切的联系,二者的作用相同,只是对比的方法不同,侧重点有所差别,两者之间可以相互转换。

(三)比较相对数

比较相对数是指同一时间、不同空间的同类统计数据对比而求得的相对数,用来度量同类事物在不同空间条件下的数量对比关系及其差异程度的综合数值。比较相对数可以用百分数、倍数和系数表示。其计算公式为:

$$比较相对数 = \frac{甲地(单位)某指标数值}{乙地(单位)同期同类指标数值}$$

式中,分子与分母所属指标的含义、口径、计算方法和计量单位等必须一致。

【实例 3—1】 两个类型相同的工业企业,甲企业全员劳动生产率为 18 542 元/人,乙企业全员劳动生产率为 21 560 元/人,则:

$$两企业劳动生产率比较相对数 = \frac{18\,542}{21\,560} \times 100\% \approx 86\%$$

比较相对数的分子和分母可以互换,即可从不同的出发点说明问题。利用比较相对数,主要是对事物发展在不同地区、不同部门、不同单位或不同个人之间进行比较分析,以度量现象之间的差别程度。另外,计算比较相对数,还可以找出工作中的差距,从而为提高企业的生产水平和管理水平提供依据。

(四)强度相对数

强度相对数是指两个性质不同、但有一定联系的统计数值对比的结果,用来表明现象的强度、密度和普遍程度和依存关系的综合数据。其计算公式为:

$$强度相对数 = \frac{某现象的统计数值}{另一有联系而性质不同的现象的统计数值}$$

【实例 3—2】 我国疆土面积为 960 万平方千米,2010 年人口普查总数为 133 972 万人,则:

$$我国 2010 年人口密度 = \frac{133\,972}{960} 人/平方千米 \approx 139.55 人/平方千米$$

又如,以铁路(公路)长度与土地面积进行对比,可以得出铁路(公路)密度。另外,还有人均 GDP 或人均 GNP、资产周转率等都是强度相对数。这些强度相对数都是用来度量现象的密集程度或普遍程度。

强度相对数具有以下特点:

1. 强度相对数一般采用有名数。例如,人口密度用"人/平方千米"表示,人均产品产量用"千克/人"表示,资产周转次数用"次/年"表示。也有少数强度相对数采用无名数,例如,人口自然增长率用千分数(‰)表示。

2. 有少数用来度量社会服务行业的负担情况或保证程度的强度相对数,其分子和分母可

以互换,即采用正算法计算正指标,用倒算法计算逆指标。例如:

$$商业网密度(正指标) = \frac{零售商业机构数/个}{地区人口数/千人}$$

$$商业网密度(逆指标) = \frac{地区人口数/千人}{零售商业机构数/个}$$

上述正指标数值表示可以为每千人服务的商业网点数,逆指标数则表示每个零售商店服务的按千人计算的人口数。由此可见,凡是强度相对数值的大小与所研究现象的发展程度或密度成正比例,称为正指标;反之,其数值大小与所研究对象的反之程度或密度成反比例,则称为逆指标。究竟采用正指标还是逆指标,要由哪一个指标更能清楚地说明问题来决定。

3. 强度相对数说明的是现象之间的依存关系或相关性比例关系,而不是结构性关系。它具有"平均"的含义,有时也往往使用如"人均"之类的字眼。例如,按人口计算的主要产品产量指标用千克/人表示;按全国人口分摊的每人平均国民收入用元/人表示。但它不是平均数,它表明两个不同总体之间的数量联系程度。

(五)动态相对数

动态相对数就是指将同一现象在不同时期的两个数值对比而得出的相对数,用来度量现象在时间上发展变动的相对程度。它一般用百分数或倍数表示,也称为发展速度。其计算公式如下:

$$动态相对数 = \frac{某一现象报告期水平}{同一现象基期水平} \times 100\%$$

通常,作为标准的时期称为基期,与基期对比的时期称为报告期。

【实例3-3】 据《中国统计年鉴(2011年)》,2000年城镇居民人均可支配收入为6 280元,2010年城镇居民人均可支配收入为19 109元,则可以计算这十年城镇居民人均可支配收入的动态相对数为304.29%($\frac{19\ 109}{6\ 280} \times 100\%$)。

动态相对数在统计数据的动态分析中应用很广,具体内容将在后面的项目中详细介绍。

(六)计划完成相对数

计划完成相对数是指将某一时期的实际完成数与同期计划数进行对比,用来度量计划完成程度或计划执行进度的综合数据,有计划完成程度和计划执行进度两种。

1. 计划完成程度的度量

计划完成程度是指本期的实际完成数与计划任务数对比而求得的相对数,用以评价计划期终计划目标是否实现。其计算公式为:

$$计划完成程度 = \frac{实际完成数}{计划任务数} \times 100\%$$

如果计划数是绝对数,可直接利用基本公式计算。如果计划数是相对数,如计划产值增长率、计划成本降低率等,在度量计划完成程度时,有以下两种处理方式:

第一种是用除的方法,即:

$$计划完成相对数 = \frac{100\% + 实际增长率}{100\% + 计划增长率} \times 100\%$$

或

$$计划完成相对数 = \frac{100\% - 实际降低率}{100\% - 计划降低率} \times 100\%$$

【实例3-4】 某企业2012年上半年产值计划比上年同期增长15%,单位产品成本计划比上年同期下降10%。实际执行结果,产值比上年同期增长了22%,单位产品成本比上年同期下降了12%,则:

$$产值计划完成相对数 = \frac{100\% + 22\%}{100\% + 15\%} = \frac{122\%}{115\%} \times 100\% = 106.09\%$$

$$产品单位成本计划完成相对数 = \frac{100\% - 12\%}{100\% - 10\%} = \frac{88\%}{90\%} \times 100\% = 97.78\%$$

结果表明：该企业2012年上半年产值计划完成程度为106.09%，超额完成6.09%；单位产品成本计划完成程度为97.78%，超额完成2.22%。

第二种是用减的方法：即

直接用实际增长率减计划增长率，或用实际降低率减计划降低率。如上例：

产值计划完成程度 = 22% − 15% = 7%

单位产品成本计划完成程度 = 12% − 10% = 2%

结果表明：该企业2012年上半年产值实际比计划多增长了7个百分点，单位产品成本实际比计划多下降了2个百分点。

当计划数为平均数时，则：

$$计划完成相对数 = \frac{实际完成的平均数}{计划规定的平均数} \times 100\%$$

2. 计划执行进度的度量

在实际工作中，经常需要度量计划执行的进度，以确保计划任务的圆满完成。根据计划的时期不同，分为月度计划、季度计划和年度计划，因此检查计划的执行进度对应地有月度计划进度检查、季度计划进度检查和年度计划进度检查。

$$月度计划执行进度 = \frac{计划执行月1日至20日累计实际完成数}{全月计划任务数} \times 100\%$$

计算得到的月度计划执行进度的百分数与66.67%进行对比，因为时间过去了2/3，计划完成相对数是否达到或超过66.67%，若计划完成相对数等于或大于66.67%，表明照此进度执行，本月的计划能够完成或超额完成；反之不能完成，需要对本月下旬的计划数作出适当的调整，才能保证月度计划的顺利完成。

$$季度计划执行进度 = \frac{计划执行季前两个月的累计实际完成数}{全季计划数} \times 100\%$$

季度计划执行进度的检查方法与月度计划执行进度的检查方法相同。

$$年度计划执行进度 = \frac{计划期前三个季度累计实际完成数}{全年计划数} \times 100\%$$

计算得到的年度计划执行进度的百分数与75%进行对比，因为时间已经过去了3/4，计划完成相对数是否达到或超过75%，若计划完成相对数等于或大于75%，表明照此进度执行，本年度的计划能够完成或超额完成；反之则不能完成，需要对第四季度的计划数作出适当的调整，才能保证年度计划的顺利完成。

三、计算和运用相对数时应注意的问题

统计数据的相对度量是揭示现象之间的客观联系，正确反映现象之间的差异程度的重要方法，在计算和运用相对数时，必须注意以下问题：

（一）要选择好对比的基数

相对数是通过两个有联系的统计数据对比的结果来反映现象间的数量关系。其中作为对比标准的数值称为基数。计算相对数时，正确选择基数是进行对比分析的前提。如果对比的基数选择不当，将影响我们对现象的认识和判断，有时甚至会产生错误的结论。现象之

间有无联系,如何联系,一是由现象本身的特点和性质决定的,确定现象对比基数就应该从现象的性质和特点出发,选择那些能够反映事物内在联系和本质差异的数值作为对比标准。例如,要计算人口的生育率,就要选用育龄妇女人数作为对比基数,而不能用年平均人口总数作为对比基数,因为出生人数与育龄妇女人数有直接的关系,而与全部人口没有直接的依存关系。

在选择对比基数时还应考虑统计分析的任务和研究目的与要求,选择能够深刻说明问题的数据作为对比标准。例如,为了找差距,改进工作,提高效率,就应该选择国内外先进水平、历史最好水平为对比基数。

(二)要注意对比数据的可比性

相对数是两个有联系的统计数值之比而得到的比值,因此,对比的两个数值是否具有可比性,是计算结果能否正确反映现象之间数量联系的重要条件。如果将两个不可比的现象数值硬凑在一起对比,其结果必然歪曲事实,导致错误的判断。对比数值的可比性主要是指用来对比的分子、分母数值的经济内容是否相适应,包括的总体范围是否一致,计算方法是否相同,计量单位是否统一等。

(三)要将相对数与绝对数结合运用

相对数能够反映现象之间的数量联系和差异程度,但是却把现象的绝对水平抽象化了,不能说明现象间绝对量上的差异。因此,在实际工作中,必须把相对数与绝对数结合运用,既看到相对变化程度,又看到绝对数量水平。

【实例3—5】 据《中国统计年鉴(2011)》,2010年城乡居民人民币储蓄存款303 302.5亿元,2009年城乡居民人民币储蓄存款260 771.7亿元,2010年比2009年增长16.31%。而1994年城乡居民人民币储蓄存款21 518.8亿元,1993年城乡居民人民币储蓄存款15 203.5亿元,1994年比1993年增长了41.54%。从相对数看,前者小于后者的增长,但从绝对数看,2010年比2009年增加42 530亿元,而1994年比1993年增加6 315.3亿元,前者大大高于后者绝对量的增加。因此,只有把计算相对数所依据的绝对数联系起来分析,才能使我们对事物有正确的认识。

(四)要将多种相对数结合应用

一个相对数只能说明某种现象在某一方面的联系,但是社会经济现象不仅在静态上的联系是错综复杂的,而且与动态的发展也有相互联系。一个现象的变化往往影响着与之相联系的其他现象的变化。例如,产量结构变动会影响产值、原材料消耗、成本等一系列数值的变化;国民经济发展速度过快,往往会发生比例失调,反过来又影响经济的发展。因此,只有把各种相对数结合起来分析,从不同角度看问题,才能作出全面正确的判断,避免认识的片面性。

学习任务二　数据集中趋势的度量

统计数据经过整理后,我们可以利用统计图和统计表来展示它的分布特征。但是,从一组数据中找出它的分布规律及本质特征,则需要我们作进一步的研究。针对一组数据的分布特征,我们可以从两个方面来考查:一是该组数据的集中趋势,二是该组数据的离散程度。这两个方面反映了数据分布特征的不同侧面,让我们从不同视角来分析统计数据,以达到和运用统计数据的目的。这里我们先介绍集中趋势的度量,对数据离散程度的度量将在下一个内容中阐述。

集中趋势度量是统计数据描述的重要内容。所谓集中趋势,是指一组数据的数值向其中心值的靠拢程度,其度量值通常表现为平均值。在实际工作中,这类平均值经常被作为评价和决策的数量标准或参考依据。常用的集中趋势度量值包括算术平均数、众数和中位数。

一、算术平均数

算术平均数又称均值,是一组数据大小相互抵消后的结果,是一组数据的代表值,展现数据的集中趋势。算术平均数削弱了数据中的偶然性和特殊性,揭示了蕴涵在偶然性和特殊性中的必然性,是统计数据集中趋势的一个重要特征值或度量值。

由于算术平均数具有良好的数学性质,因此应用非常广泛,它就是把所有观察值相加再除以观察值的个数。在实际工作中,由于数据不同,算术平均数有简单算术平均数和加权算术平均数两种计算形式。

$$\text{简单算术平均数:} \bar{x} = \frac{x_1 + x_2 + \cdots + x_n}{n} = \frac{\sum_{i=1}^{n} x_i}{n}$$

式中,$\bar{x}$ 为算术平均数;n 为总体容量;x_i 为总体中第 i 项数值。

【实例3-6】 某小组有七位同学,统计学考试的成绩分别为 68 分、65 分、77 分、80 分、85 分、88 分、90 分,则该组同学统计学考试的平均成绩为:

$$\bar{x} = \frac{\sum x}{n} = \frac{68+65+77+80+85+88+90}{7} = 79(\text{分})$$

$$\text{加权算术平均数:} \bar{x} = \frac{x_1 f_1 + x_2 f_2 + \cdots + x_n f_n}{f_1 + f_2 + \cdots + f_n} = \frac{\sum_{i=1}^{n} x f_i}{\sum_{i=1}^{n} f_i}$$

式中,x_i 为总体中第 i 组数值或组中值;f_i 为总体中第 i 组的频数;n 为组数。

从上式中可以看出,$\bar{x}$ 不仅受 x 大小的影响,而且受各组频数的大小的影响。由于各组频数或频率对平均数起着权衡轻重的作用,所以把 f 或频率称为权数。

计算加权算术平均数时有两种情况:一是根据单项式变量数列计算,二是根据组距式变量数列计算。

【实例3-7】 某超市营业员月基本工资,如表3-4所示。

表3-4　　　　　　　　　某超市营业员月基本工资分布情况表

月基本工资(元)x	营业员人数(人)y	工资总额(元)xy
1 200	8	9 600
1 500	14	21 000
1 800	9	16 200
2 100	3	6 300
合　计	34	53 100

则营业员的月平均工资为

$$\bar{x} = \frac{\sum xy}{\sum f} = \frac{53\ 100}{34} = 1\ 561.76(元)$$

根据组距数列计算加权算术平均数,要用各组的组中值来代替各组的变量值。这种代替是假定各组的变量值是均匀分布的,所以由组距数列计算的加权算术平均数只是平均数的近似值。组距越小,越接近于实际的平均数。如遇开口组,例如第一组缺下限,最后一组缺上限,在这种情况下,一般假定它们的组距与相邻的组距相同。如表 3—5 所示。

表 3—5　　　　　　　　　某超市营业员月基本工资分布情况表

月基本工资(元)	营业员人数(人)y	组中值 x	工资总额(元)xy
1 200～1 500	8	1 350	10 800
1 500～1 800	14	1 650	23 100
1 800～2 100	9	1 950	17 550
2 100 以上	3	2 250	6 750
合　计	34	—	58 200

则营业员的月平均工资为

$$\bar{x} = \frac{\sum xy}{\sum f} = \frac{58\ 200}{34} = 1\ 711.76(元)$$

二、中位数

中位数是一组数据按一定顺序排列后,处于中间位置上的变量值,可见,中位数将一组数据分成了两部分,一半数据大于中位数,另一半数据小于中位数。无论一组数据的最小值有多么的小,最大值有多么的大,都不影响中位数的大小。因此,中位数是一种位置平均数,不受一组数据极端数值的影响。

中位数的确定可以分为两个步骤:第一步是确定一组数据的中点位置值,第二步是找出中点位置对应的数值,即中位数。

(1)根据未分组数据确定中位数

根据未分组数据确定中位数时,可以根据下列公式确定:

$$M_e = \begin{cases} x_{\frac{n+1}{2}} & (n\text{ 为奇数项}) \\ \dfrac{x_n + x_{n+1}}{2} & (n\text{ 为偶数项}) \end{cases}$$

(二)根据已分组数据确定中位数

如果分组数据为单项式的,则先确定数据的中点位置值,即 $\dfrac{\sum f}{2}$($\sum f$ 为偶数)或 $\dfrac{\sum f + 1}{2}$($\sum f$ 为奇数),然后计算各组累计频数。中位数就是最先大于中点位置值的累计频数所在组的变量值。

【实例 3－8】 中位的计算,如表 3－6 所示。

表 3－6　　　　　　　　　某超市营业员月基本工资分布情况表

月基本工资(元)	营业员人数(人)	累计频数(人)
1 200	8	8
1 500	14	22
1 800	9	31
2 100	3	34
合　计	34	—

表中,数据的中点位置值 $\dfrac{\sum f}{2}=\dfrac{34}{2}=17$,最先大于 17 的累计频数是 22,则中位数就是第二组的变量值 1 500 元。

如果分组数据为组距式的,则确定中位数的步骤如下:

第一步,计算累计频数。

第二步,计算数据中点位置值,即 $\dfrac{\sum f}{2}$($\sum f$ 为偶数)或 $\dfrac{\sum f+1}{2}$($\sum f$ 为奇数),以确定中位数的所在组。

第三步,采用下列公式计算中位数近似值:

$$M_e = X_L + \dfrac{\dfrac{\sum f}{2} - s_{m-1}}{f_m} \times d$$

式中:M_e 为中位数;X_L 为中位数所在组的上限;$\sum f$ 为各组频数之和;s_{m-1} 为中位数所在组以下的累计频数;f_m 为中位数所在组的频数;d 为中位数所在组的组距。

【实例 3－9】 根据表 3－7 资料计算中位数。

表 3－7　　　　　　　　　某超市营业员月基本工资分布情况表

月基本工资(元)	营业员人数(人)	累计频数
1 200～1 500	8	8
1 500～1 800	14	22
1 800～2 100	9	31
2 100 以上	3	34
合计	34	—

则该超市营业员月工资的中位数:

$$M_e = X_L + \dfrac{\dfrac{\sum f}{2} - s_{m-1}}{f_m} \times d$$

$$= 1\ 500 + \dfrac{17-8}{14} \times 300 = 1\ 692.87(元)$$

三、众数

众数是指总体中出现次数最多的数据值,它能够鲜明地反映数据分布的集中趋势。众数也是一种位置平均数,不受极端数值的影响,在实际工作中应用较为普遍。但众数的存在具有一定的条件,即只有当总体分布具有明显集中趋势时计算众数才方便又明确;当总体分布无明显集中趋势,即一组数据出现的频数几乎相等时,就不存在众数;当一组数据中有两个或几个数据值都具有较大频数时,就存在两个或几个众数。

众数可以根据未分组资料和已分组资料来确定,如果由未分组资料确定众数,只要找出频数最多的数据值即可,所以这里重点讨论由已分组资料如何确定众数。

(一)根据单项分组数据确定众数

例如,根据表3—4资料可以看出,营业员月工资的众数是1 500元,因为该数值对应的频数最大。

(二)根据组距式分组数据确定众数

由组距式分组数据确定众数,可以按以下两步进行:

第一步,确定众数所在组;

第二步,采用下列公式近似计算众数。

$$M_o = X_L + \frac{\Delta_1}{\Delta_1 + \Delta_2} \times d$$

式中:M_o 为众数;X_L 为众数所在组的下限;Δ_1 为众数的频数与其前一组的频数之差;Δ_2 为众数的频数与其后一组的频数之差;d 为众数组的组距。

【实例3—10】 下面根据表3—5资料来确定众数。从表3—5中可以看出,众数在1 500~1 800这一组。按公式:

$$\begin{aligned} M_o &= X_L + \frac{\Delta_1}{\Delta_1 + \Delta_2} \times d \\ &= 1\,500 + \frac{14-8}{(14-8)+(14-9)} \times 300 \\ &= 1\,663.65(元) \end{aligned}$$

以上所介绍的都是对定量数据集中趋势的度量,而对定性数据的集中趋势度量最常用的是众数。例如,调查了100个使用移动电话的人,其中使用全球通的有50人,使用神州行的有25人,使用动感地带的有10人,使用联通的有15人。对这种类型数据,算术平均数和中位数显然毫无意义,而众数为调查方提供了其感兴趣的信息,即使用移动电话类型的最大频数。

四、算术平均数、众数、中位数的关系

前面所介绍的算术平均数、中位数和众数都是用来描述数据分布集中趋势的三个主要度量值,它们具有不同的特点和应用场合,在实际工作中应当根据具体情况灵活运用。

(一)算术平均数($\bar{x}$)、中位数(M_e)、众数(M_o)三者关系

算术平均数、中位数、众数之间的关系与数据分布的状况有关。如果数据的分布为完全对称分布,或称正态分布,则算术平均数($\bar{x}$)、中位数(M_e)、众数(M_o)的数值相等,即 $\bar{x} = M_e = M_o$;如果数据的分布为非对称分布,或称偏态分布,则算术平均数($\bar{x}$)、中位数(M_e)、众数(M_o)的数值不相等。当数据是左偏分布(负偏分布)时,说明数据中存在个别极小值,受其影响,算术平均数最小,中位数其次,众数最大,表明一组数据中大多数的数值大于平均数,其关系表现

为 $\bar{x}<M_e<M_o$；如果数据是右偏分布（正偏分布）时，说明数据中存在极大值，受其影响，算术平均数最大、中位数其次、众数最小，表明一组数据中大多数的数值小于算术平均数，其关系表现为：$M_o<M_e<\bar{x}$。三者关系如图 3—1 所示。

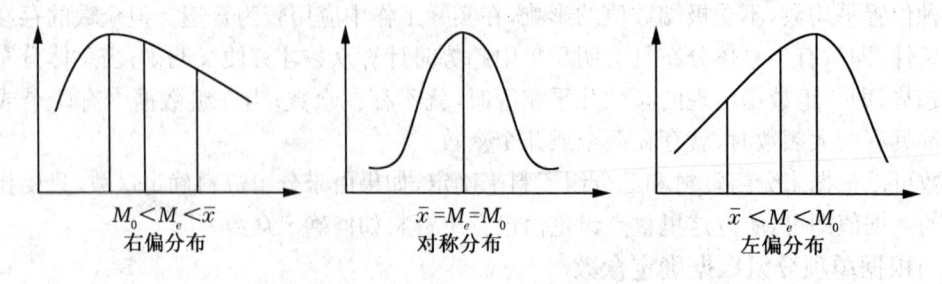

图 3—1 平均数、中位数和众数的关系

（二）算术平均数、中位数和众数的应用

算术平均数是根据全部数值计算的，具有综合所有数据信息的特点，是实际工作中应用最广泛的集中趋势度量值。例如，利用算术平均数的方法可以测算职工工资、工业企业的平均产量、超市的平均销售额等。但算术平均数的不足点是对每个数都很敏感，易受极端值的影响，当数据分布的偏态程度较大时，算术平均数的代表性较差，这时应该考虑利用中位数或众数作为数据集中趋势的代表值。

中位数作为一种位置的代表值，其特点是不受极端值的影响，它主要用于度量顺序数据和定量数据的集中趋势，但不适用于没有顺序意义的定类数据。当数据分布的偏度较大时，即数据中存在极端值时，中位数比算术平均数具有更高的代表性。因此，在实际应用中通常利用中位数反映收入、财产等数据的集中趋势。如我国从 2012 年 4 月份起，国家统计局在公布职工平均工资的同时还公布了工资的中位数。

众数是数据中出现频率最大的数值，同样具有不受极端值影响的特点，是定性数据集中趋势的常用度量值。比如人们经常购买的牙膏品牌，其观察值就是定性数据，此时，计算其中位数和算术平均数都没有实际意义，只有众数才能提供最有价值的信息。但是，当一组数据出现多个众数时，此时的众数对数据的描述没有多大的实际意义。

学习任务三　离中趋势的度量

前面所介绍的集中趋势度量值都是把各数据值之间的差异抽象化，从而展现出总体的一般水平和分布中心的状况。然而，这些度量值在反映数据集中趋势的同时且掩盖了数据的差异性或分散性。因此，我们还需要进一步度量数据的分散程度。数据的分散程度是数据分布的另一个重要特征，统计学中把一组数据远离其中心的程度称为离散程度或离中趋势。当一组数据的集中趋势较强时离中趋势就会相对较弱，反之，当一组数据的离中趋势较强时集中趋势相对较弱。

用来描述数据离中趋势的度量值主要有极差、四分位差、标准差和方差、标准差系数等。

一、极差

极差又称全距，是一组数据的最大值与最小值之差，记 R。其计算公式为：

$$R = X_{\max} - X_{\min}$$

【实例 3-11】 某航空公司各售票点 100 位顾客购票所花时间的样本数据,如表 3-8 所示。

表 3-8　　　　　　　　　100 位顾客购票所花时间数据资料　　　　　　　　单位:分钟

2.3	2.2	1.9	3.4	3.5	1.8	3.5	1.7	0.8	1.9
3.6	1.9	7.2	2.6	1.6	2.6	1.5	1.4	5.2	1.8
1.5	1.7	2.9	1.4	2.3	6.1	2.8	2.1	2.4	0.9
2.3	0.5	3.2	1.2	1.5	5.3	2.9	1.6	3.4	0.6
3.9	1.3	3.7	0.8	1.6	1.8	2.0	1.4	1.6	3.9
1.9	1.2	4.0	3.3	1.7	1.4	2.0	1.6	2.8	4.6
1.6	1.9	1.5	2.3	4.3	0.8	4.9	2.2	3.1	1.6
1.8	3.2	1.7	2.0	1.5	0.7	2.5	1.0	3.0	2.3
2.1	2.3	1.8	4.8	2.1	4.5	2.3	1.0	1.4	2.2
1.6	1.5	2.4	3.3	1.7	1.9	2.3	3.1	4.3	1.6

根据表 3-8 的数据,计算 100 位顾客购票所花时间的极差为:

$R = 7.2 - 0.5 = 6.7$(分钟)

R 的值越大,表明数据的离中趋势越强,集中趋势越弱,平均数的代表性就越小;反之,R 的值越小,则表明数据的离中趋势越弱,集中趋势越强,平均数的代表性就越大。

极差是描述数据离中趋势最简单的度量值,优点是计算简单、表达直观,在实际工作中时常会利用极差来检验某些数据的稳定性、均衡性或进行产品的质量控制等。但由于极差极易受一组数据极端值的影响,在描述所有数据的离中趋势时存在很大的局限性。

二、四分位差

四分位差也称内距,它是第三个四分位数与第一个四分位数之差,记作 Q_d,其计算公式为:

$$Q_d = Q_3 - Q_1$$

四分位数是通过三个点将全部数据等分为四个部分,其中每部分包含 25% 的数据,处在 25%、50% 和 75% 分位点上的数值就是四分位数,分别记为 Q_1, Q_2, Q_3。其中 Q_1 是第一个四分位数也称下四分位数,Q_2 是中间的四分位数即中位数,Q_3 是第三个四分位数也称上四分位数。

四分位数的计算如同中位数的计算方法,对于未分组资料,首先将数据进行排序,然后确定四分数所在的位置,最后确定四分位数的具体数值。各四分位可以根据下列公式计算:

$$Q_1 = x_{\frac{n+1}{4}} \quad Q_2 = x_{\frac{2(n+1)}{4}} \quad Q_3 = x_{\frac{3(n+1)}{4}}$$

上述 Q_1, Q_2, Q_3 的值往往不是整数形式,则要根据算得的小数与其前后位置的数进行比例推算。如根据表 3-7 中的数据,计算顾客购票所需时间的四分位数。

Q_1 的位置值 $= \frac{n+1}{4} = \frac{100+1}{4} = 25.25$,即 Q_1 在第 25 个数值(1.6)和第 26 个数值(1.6)之间的 0.25 的位置上,因此:

$Q_1 = 1.6 + 0.25 \times (1.6 - 1.6) = 1.6$(分钟)

Q_3 的位置值 $=\frac{3(n+1)}{4}=\frac{3\times(100+1)}{4}=75.75$，即 Q_3 在第 75 个数值(3.0)和第 76 个数值(3.1)之间的 0.75 的位置上，因此有：

$Q_3=3.0+0.75\times(3.1-3.0)=3.075$（分钟）

因此可以计算得到的四分位差

$Q_d=Q_3-Q_1=3.075-1.6=1.475$（分钟）

表明：这 100 位顾客购票所花时间居中 50% 数据的差异为 1.475 分钟。

四分位差反映了经过顺序排列的数据，剔除最大和最小占 1/4 部分后，中间 50% 数据的离中趋势，其数值越大，说明中间的数据越分散；数值越小，说明中间的数据越集中。四分位差具有不受极端值影响的特点，在一定程度上克服了用极差描述数据离中趋势的不足。

三、标准差和方差

标准差是一组数据的各个数值与其算术平均数的离差平方的算术平均数的平方根，它是度量定量数据离散程度或离中趋势的最主要方法。标准差的平方即为方差。对于未分组数据，其计算公式为：

$$\sigma=\sqrt{\frac{\sum(x-\bar{x})^2}{n}}$$

依此公式计算标准差的一般步骤是：①计算数据的算术平均值，②计算每个数值对平均值的离差，③将每个离差平方，④计算离差平方的算术平均数并开方。

【实例 3-12】 根据表 3-7 数据，计算顾客购票所花时间的标准差。

根据资料计算得到顾客购票所花时间的算术平均数为 2.385 分钟。则

$$\sigma=\sqrt{\frac{\sum(x-\bar{x})^2}{n}}=\sqrt{\frac{(0.5-2.385)^2+(0.6-2.385)^2+\cdots+(7.2-2.385)^2}{100}}$$

≈ 1.23（分钟）

即顾客购票所花时间的标准差为 1.23 分钟。

而对于分组数据，其计算公式为：

$$\sigma=\sqrt{\frac{\sum(x-\bar{x})^2 f}{\sum f}}$$

【实例 3-13】 根据表 3-9 数据，说明标准差的计算过程。

表 3-9　　　　　　　　　　顾客购票所花时间的标准差计算表

购票所花时间（分钟）	人数(f)	组中值(x)	xf	$(x-\bar{x})^2$	$(x-\bar{x})^2 f$
1 以下	7	0.5	3.5	3.5	24.48
1~2	40	1.5	60	0.77	30.28
2~3	27	2.5	67.5	0.02	0.46
3~4	15	3.5	52.5	1.28	19.15
4~5	7	4.5	31.5	4.54	31.76
5 以上	4	5.5	22	9.80	39.19
合计	100	—	237	—	145.32

$$\bar{x} = \frac{\sum xf}{\sum f} = \frac{237}{100} = 2.37(分钟)$$

$$\sigma = \sqrt{\frac{\sum (x-\bar{x})^2 f}{\sum f}} = \sqrt{\frac{145.32}{100}} = 1.21(分钟)$$

即顾客购票所花时间的标准差为 1.21 分钟。

与极差和四分位差不同的是,标准差或方差是根据全部数据计算的,它反映了每个数据至其算术平均数的平均距离,能准确地反映出全部数据的离中趋势,因此,标准差或方差是实际工作中应用最广泛的离中趋势度量值。

四、标准差系数

标准差系数是指一组数据的标准差与其相应的算术平均之比,是度量数据离中趋势的相对数,其计算公式为:

$$\nu = \frac{\sigma}{\bar{x}} \times 100\%$$

前面介绍的标准差是反映数据离中趋势的平均值,具有原数据相同的计量单位;另外,标准差的大小要受到原数据的平均数影响,这样在比较平均水平不同或计量单位不同的两组数据离中趋势时,使用标准差是不够准确的。因此,为了消除数据平均水平高低和计量单位不同对离中趋势度量值的影响,需要计算并比较标准差系数,即标准差系数越大,说明数据的离中趋势也越大,标准差系数越小,说明数据的离中趋势也越小。

【实例 3-14】 甲乙统计学考试的平均成绩和标准差如表 3-10 所示。

表 3-10　　　　　　　　甲乙两班统计学考试成绩分析表

班级	平均成绩 $\bar{x}$(分)	标准差 σ(分)	标准差系数 $\nu=\frac{\sigma}{\bar{x}}$(%)
甲班	78	11	14.11
乙班	66	10	15.16

结果表明,$\nu_甲 < \nu_乙$,即甲班统计学考试成绩的离中趋势小于乙班,又由于 $\bar{x}_甲 > \bar{x}_乙$,这说明,与乙班相比,甲班不仅平均成绩较高,而且成绩相对比较稳定。总体上看,甲班好于乙班。

学习任务四　数据偏度与峰度的度量

集中趋势与离中趋势是数据分布的两个重要特征,此外,数据分布还存在形状是否对称、偏斜的状况以及扁平程度等特征。因此,要全面地反映数据分布的特征,则需要进一步度量数据的偏度与峰度。

一、偏态

偏态是指一组数据分布的偏斜方向及程度。当一组数据呈现单峰型分布的时候,表现为对称分布或非对称分布。非对称分布又包括左偏分布和右偏分布两种形式,如图 3-2 所示。

在通常情况下,我们往往利用众数、中位数和算术平均数之间的关系,便可以判断出数据分布的形状,是对称分布还是左偏分布或是右偏分布。但要准确地描述数据偏斜的程度就需

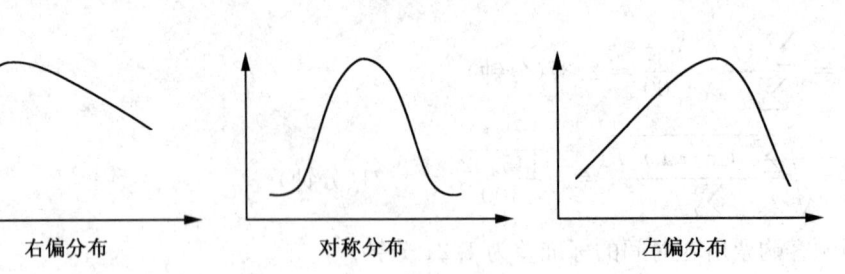

图 3—2 偏态分布的形状

要计算偏态系数。其计算公式为：

未分组数据的偏态系数：

$$\alpha = \frac{\sum_{i=1}^{n}(x_i - \bar{x})^3}{n\sigma^3}$$

已分组数据的偏态系数：

$$\alpha = \frac{\sum_{i=1}^{k}(x_i - \bar{x})^3 f_i}{(\sum_{i=1}^{k} f_i)s^3}$$

公式中，α 表示偏态系数，它是根据数据离差三次方的平均数再除以标准差的三次方而求得。当数据呈对称分布时正负离差刚好抵消，α 为 0；当数据分布不对称时，正负离差不能相互抵消，如果正离差数值较大，则 $\alpha > 0$，表示数据呈右偏分布；如果负离差数值较大，则 $\alpha < 0$，表示数据呈左偏分布。α 的绝对值越大，说明数据偏斜的程度越大。

二、峰度

峰度是指一组数据分布的尖峭程度。通常与正态分布的高峰相比较，若分布的形状又低又宽，称为平峰分布；若分布的形状又高又窄，则称为尖峰分布。可用图 3—3 表示。

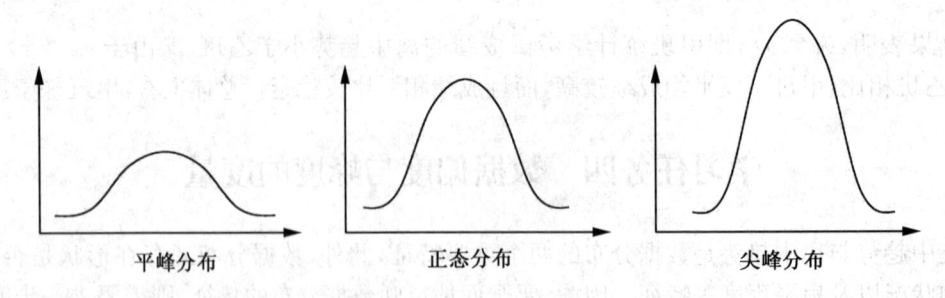

图 3—3 峰度分布的形状

对数据峰度程度的描述是需要通过计算峰度系数进行度量，其计算公式为：

未分组数据的峰度系数：

$$\beta = \frac{\sum_{i=1}^{n}(x_i - \bar{x})^4}{ns^4}$$

已分组数据的峰度系数：

$$\beta = \frac{\sum_{i=1}^{k}(x_i - \bar{x})^4 f_i}{(\sum_{i=1}^{k} f_i) s^4}$$

公式中 β 为峰度系数，显然它是根据离差四次方的平均数再除以标准差的四次方而计算得到。通过峰度系数来说明数据分布的尖峰和扁平程度，是通过与正态分布的峰度系数进行比较而言的。通常情况下，正态分布的峰度系数为3，所以当 $\beta > 3$ 时，数据为尖峰分布，当 $\beta < 3$ 时，数据为扁平分布。

对于未分组的数据，偏态系数和峰度系数的计算均可以应用SPSS方便地完成（见本项目技能实训）。

【实例3-15】 仍以表3-9数据资料为例，根据分组数据，来说明偏态系数和峰度系数的计算过程如表3-11所示。

表3-11　　　　　　　顾客购票所花时间的偏态系数与峰度系数计算表

购票所花时间(分钟)	人数(f)	组中值(x)	$x - \bar{x}$	$(x - \bar{x})^3 f$	$(x - \bar{x})^4 f$
1以下	7	0.5	-1.87	45.77	85.6
1~2	40	1.5	-0.87	26.34	22.92
2~3	27	2.5	0.13	0.06	0.01
3~4	15	3.5	1.13	21.64	24.46
4~5	7	4.5	2.13	67.65	144.08
5以上	4	5.5	3.13	122.66	383.92
合计	100	—	—	284.12	660.99

由上述计算得知
$\bar{x} = 2.37$（分钟）　　$\sigma = 1.21$（分钟）

$$\alpha = \frac{\sum_{i=1}^{k}(x_i - \bar{x})^3 f_i}{(\sum_{i=1}^{k} f_i)\sigma^3} = \frac{284.12}{100 \times 1.21^3} = 1.60$$

$$\beta = \frac{\sum_{i=1}^{k}(x_i - \bar{x})^4 f_i}{(\sum_{i=1}^{k} f_i)\sigma^4} = \frac{660.99}{100 \times 1.21^4} = 3.08$$

根据上述计算结果可以看出，顾客购票所花时间呈右偏分布，且分布曲线较为尖峭。

三、箱线图

前面介绍的各种统计度量值可以从不同的侧面反映数据分布的特征，此外，我们还可以借助一种图形，即箱线图来直观地显示数据分布的各种特征。

箱线图就是将一组数据的三个四分位数、最大值和最小值刻画在一条纵轴上，用于显示数据分布的集中、离中和偏斜态势的图形。

【实例3-16】 根据100位顾客购票所花时间数据（见表3-8），利用SPSS绘制的箱线图,如图3-4所示。

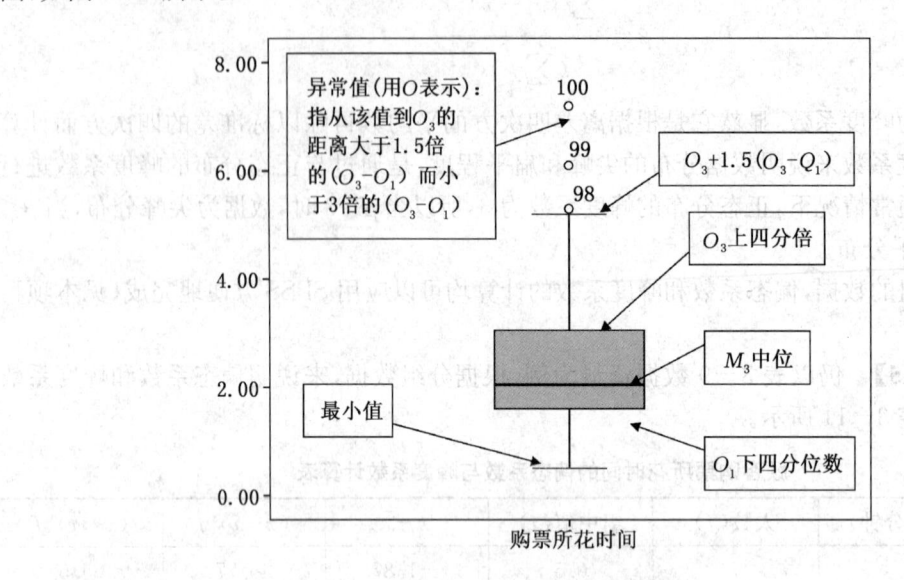

图3-4 购票所花时间箱线图

箱线图由一个窄长矩形和两端的线段组成,矩形的两端点分别表示下四分位数 Q_1 和上四分位数 Q_3,于是由矩形列示出占中间50%数据的离散范围;矩形内的间隔线即中位数 M_e,表示集中趋势的位置,结合中位数在矩形内所处的位置便可观察数据的偏态状况;再结合矩形外侧两线段外端的最大值、最小值和异常值(用"O"或"$*$"表示),便可以显示全部数据分布的基本特征。

技能训练 用 SPSS 对数据分布特征的描述

仍以某航空公司各售票点100位顾客购票所花时间的样本数据(表3-8)为例。
1. 对数据文件中顾客购票所花时间进行数据分布特征的描述。具体步骤如下:
第一步,打开数据文件——顾客购票所花时间。
第二步,点击"分析",选择"描述统计"—"频率",进入"频率"对话框。
第三步,把"顾客购票所花时间"变量选进"变量"框中。
第四步,点击"统计量"命令,进入"频率:统计量"对话框,选中需要描述的统计量,点击"继续"按钮,如图3-5所示。
第五步,再在"频率"对话框中点击图表,在"频率:图表"对话框中选中直方图,点击"继续",如图3-6所示。
第六步,点击"确定"命令,即可得到分布特征描述的输出结果,如表3-12和图3-7所示。

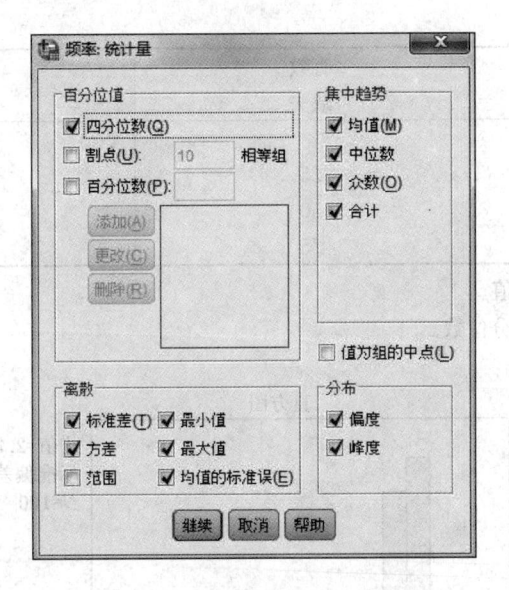

图 3-5 "频率:统计量"对话框

图 3-6 "频率图表"对话框

表 3-12　　　　　　　　　　　　　统计量

N	有效	100
	缺失	0
均值		2.385 0
中值		2.042 9[a]
众数		1.60
标准差		1.231 03
方差		1.515
偏度		1.329
偏度的标准误		0.241
峰度		2.136
峰度的标准误		0.478
极小值		0.50
极大值		7.20

续表

	有效	100
N	缺失	0
和		238.50
百分位数	25	1.592 3[b]
	50	2.042 9
	75	3.033 3

a. 利用分组数据计算中值。
b. 利用分组数据计算百分位数。

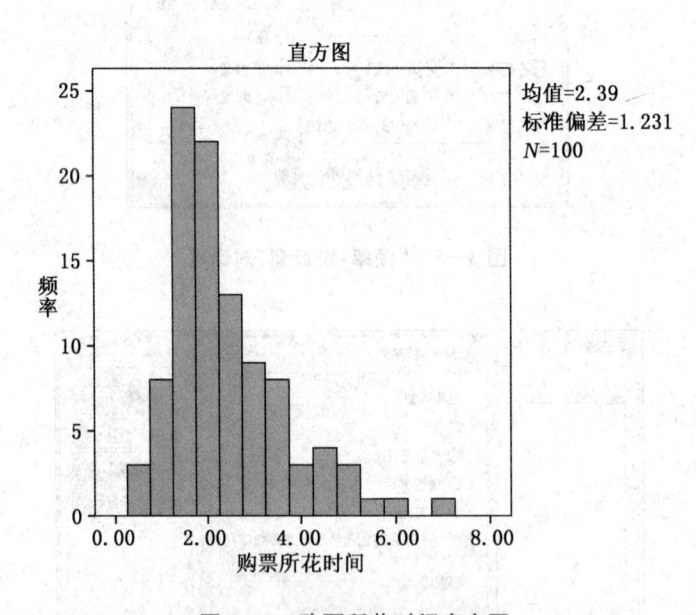

图 3－7　购票所花时间直方图

2. 对数据文件中顾客购票所花时间变量绘制箱图。具体步骤如下：
第一步，点击"分析"，选择"描述统计"—"探索"，进入"探索"对话框。
第二步，选择"购票所花时间"变量到"因变量列表"复选框中；输出选择"图"，如图 3－8 所示。

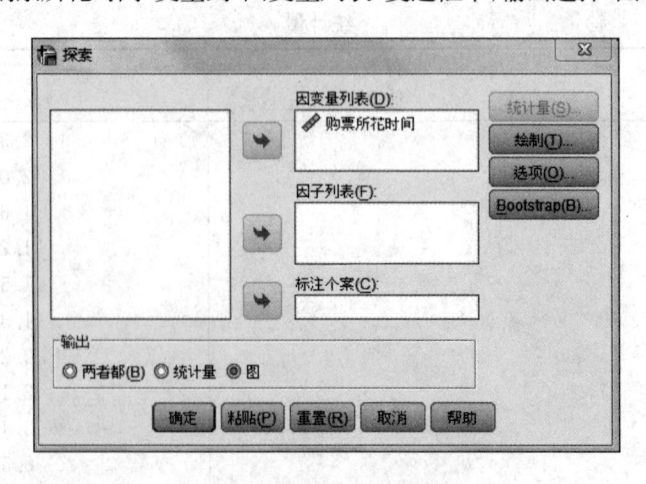

图 3－8　探索对话框操作图

第三步,点击"确定"按钮,即可获得箱线图,如图 3—9 所示。

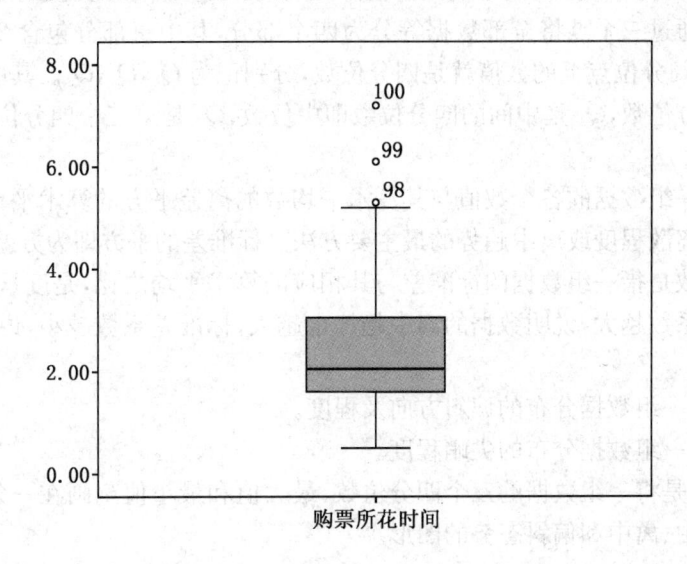

图 3—9 购票所花时间变量箱线图

知识回顾

1.统计相对数是两个有联系的统计数据对比得到的比值,用来反映现象数据数量特征和现象之间的数量关系。

2.各种相对数的含义、计算方法、作用和表现形式,如下表所示。

指标名称	计算方法	主要作用	表现形式
结构相对数	部分与总体比	研究总体内容结构与分布特征	百分数
比例相对数	部分与部分比	研究总体内部比例关系及其变化	连比(m∶n)
比较相对数	落后与先进比	研究现象之间的差异及发展潜力	倍数或百分数
动态相对数	报告期与基期比	研究现象增减变化的速度	百分数或倍数
强度相对数	与相关现象比	研究现象的强度、密度和普及程度	复名数或百分数、千分数
计划完成相对数	实际与计划比	研究计划执行的情况	百分数

3.算术平均数是一组数据大小相互抵消后的结果,是一组数据的代表值,是统计数据集中趋势的一个重要特征值或度量值。

4.中位数是一组数据按一定顺序排列后,处于中间位置上的变量值,是一种位置平均数,不受一组数据极端数值的影响。

5.众数是数据中出现频率最大的数值,同样具有不受极端值影响的特点,是定性数据集中趋势的常用度量值。

6.极差又称全距,是一组数据的最大值与最小值之差,反映一组数据差异最大范围。

7.四分位差也称内距,它是第三个四分位数与第一个四分位数之差,反映了经过顺序排列的数据,剔除最大和最小占 1/4 部分后,中间 50% 数据的离中趋势。其数值越大,说明中间的数据越分散;数值越小,说明中间的数据越集中。四分位差具有不受极端值影响的特点。

四分位数是通过三个点将全部数据等分为四个部分,其中每部分包含25%的数据,处在25%、50%、和75%分位点上的数值就是四分位数,分别记为Q_1,Q_2,Q_3。其中Q_1是第一个四分位数也称下四分位数,Q_2是中间的四分位数即中位数,Q_3是第三个四分位数也称上四分位数。

8. 标准差是一组数据的各个数值与其算术平均数的离差平方的算术平均数的平方根,它是度量定量数据离散程度或离中趋势的最主要方法。标准差的平方即为方差。

9. 标准差系数是指一组数据的标准差与其相应的算术平均之比,是度量数据离中趋势的相对数。标准差系数越大,说明数据的离中趋势也越大;标准差系数越小,说明数据的离中趋势也越小。

10. 偏态是指一组数据分布的偏斜方向及程度。

11. 峰度是指一组数据分布的尖峭程度。

12. 箱线图就是将一组数据的三个四分位数、最大值和最小值刻画在一条纵轴上,用于显示数据分布的集中、离中和偏斜态势的图形。

主要概念

相对数　　算术平均数　　中位数　　众数　　极差　　四分位差　　标准差　　标准差系数　　偏度　　峰度　　箱线图

思考与练习

思考题

1. 统计相对数有哪几种?各有何特点?
2. 强度相对数与平均数有何区别?
3. 计算和应用相对数应注意哪些问题?
4. 算术平均数的含义是什么?有何特点?
5. 简述算术平均数、中位数与众数的关系。
6. 简述极差、四分位差、标准差的适用场合。
7. 什么是标准差系数?它适用于什么场合?如何应用?
8. 测试数据偏态、峰度常用值是什么?怎么应用?
9. 如何利用SPSS进行数据的描述分析?

项目实训(一)

实训目标:在掌握数据度量基本理论和方法的基础上,能运用SPSS对统计数据进行描述性分析。通过训练,了解统计方法的实际应用,提高统计方法实际应用的技能水平。

背景资料:本项目任务导入——如何制订推销人员的销售目标?

实训内容:

1. 对公司2011年主要业务数据(表A)进行结构分析,并作简要文字说明。
2. 对(表B)数据进行分组(分十组、组距为3千元)、编码、录入,建立SPSS数据文件。

3. 利用 SPSS,计算有关统计量(均值、中位数、众数、四分位数、极差、四分位差、标准差、偏度和峰度),并绘制直方图和箱线图。

4. 根据 SPSS 计算得到的相关图表,回答下列问题。

(1)一般水平的销售额是多少?

(2)中间的销售额是多少?

(3)最多的销售额是多少?

(4)每一个销售人员的销售额与一般水平的销售额相差多少?

(5)这些销售资料属何种分布?

(6)你的销售目标是多少?为什么?

(7)公司将对销售额排名前15%的业务员进行表彰,请你确定这些业务员的最低业绩标准。

实训步骤:

1. 认真阅读背景资料,准确理解公司董事会议精神。

2. 对(表 B)数据进行分组、编码、录入至 SPSS。

3. 生成频数分布表、直方图和箱线图,并计算出算术平均数、中位数、众数、四分位数、极差、四分位差、标准差、偏度和峰度等统计量。

4. 根据数据的分布特征以及公司将要采取的奖惩办法来确定销售目标。

5. 利用 SPSS 对(表 B)数据进行排序,找出排名前15%的业务员的销售额。

项目实训(二)

实训目标:在掌握数据度量基本理论和方法的基础上,能运用 SPSS 对统计数据进行描述性分析。通过训练,了解统计方法的实际应用,从而提高统计方法实际应用的技能水平。

背景资料:宁波开发区一外贸企业近期需要人工组装一批产品出口。为了提高产量,赶船期,企业准备对现有的组装方法进行改进,现有三种可供选择的组装方法。为确定哪种方法更好,随机抽取 15 名工人,让他们分别用三种方法组装。下面是 15 名工人用三种方法在相同的时间内组装的产品数量(单位:个),如表 3—13 所示。

表 3—13　　　　　　　　三种不同组装方法的产品数量

方法 A	方法 B	方法 C
164	129	125
167	130	126
168	129	126
165	130	127
170	131	126
165	130	128
164	129	127
168	127	126
164	128	127
162	128	127

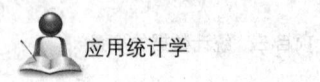

续表

方法 A	方法 B	方法 C
163	127	125
166	128	126
167	128	116
166	125	126
165	132	125

实训内容：

1. 对数据进行编码、录入，并建立数据文件。

2. 利用 SPSS 计算有关统计量，并回答下列问题：

(1)你准备采用什么方法来评价组装方法的优劣？

(2)如果让你选择一种方法，你会作出怎样的选择？试说明理由。

实训步骤：

1. 对数据进行编码、录入，并建立数据文件。

2. 利用 SPSS 计算出三种不同方法组装所得数据的算术平均数、中位数、众数、四分位数、极差、四分位差、标准差、偏度和峰度等统计量。

3. 分别计算方法 A、方法 B 和方法 C 的标准差系数。

4. 找出产量高又相对稳定的组装方法。

|项目四|
统计抽样与参数估计

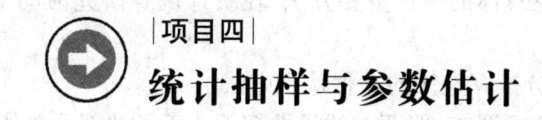

知识目标：

1. 理解统计抽样的有关基本概念和特点
2. 掌握抽样误差的含义及计算方法
3. 掌握区间估计的方法

技能目标：

1. 能利用 SPSS 统计软件进行区间估计
2. 能根据有关已知条件设计抽样方案

重点难点：

1. 抽样误差概念的理解及计算
2. 抽样方案设计

任务导入：

有几名大学生要对某地区 230 万居民的人均收入情况进行调查研究，据以估算出某种商品的需求量，但他们的经费只够对 500 人调查。他们打算随机抽取 500 人进行调查，并希望这 500 人的性别、年龄、收入、受教育程度、家庭成员数等方面对总体具有代表性。为此，他们找到了统计老师，征求了老师的意见，老师具体说明了随机样本数据与总体数据的关系，并给出了可行性建议。

又如，近期有多家超市接到顾客投诉，反映国内某品牌直饮净水器的使用寿命太短。国家规定该规格直饮净水器的平均使用寿命不低于 1 200 升。为了检验该产品的质量，超市随机抽取 100 件直饮净水器进行使用寿命的测试，测得其平均寿命为 1 190 升，低于国家标准，能否就此判断该产品质量不合格？

这些问题就需要我们通过统计抽样，从样本数据推断总体特征，达到了解总体的目的。

学习任务一 统计抽样概述

一、统计抽样的概念和特点

统计抽样又称抽样调查，是指依据随机原则从被研究现象的总体中抽取一部分单位进行调查,并根据调查结果对所研究现象总体的数量作出具有一定可靠性的估计和推断,从而认识该现象总体的一种调查方式。

统计抽样是认识现象总体的一种重要方法,在统计调查研究活动中广为应用。它具有以下特点:

1. 统计抽样是由部分推算整体的一种认识方法

统计抽样是一种非全面调查,但调查的目的却不在于了解部分单位的情况,它只是作为进一步推断的手段,目的仍在于要认识总体的数量特征。

2. 统计抽样是建立在随机取样的基础上的

随机原则就是总体中样本单位的中选或不中选,不受人的主观因素的影响,每一单位都有相等的中选可能性。

3. 参数估计的误差可以事先计算并加以控制

以样本指标估计相应的总体指标虽然存在一定的误差,但它与其他统计估算不同,抽样误差范围可以事先通过有关资料加以计算,并且可以采取必要的措施来控制这个误差范围,保证抽样推断的结果达到一定的可靠程度。也可以这样说,抽样调查就是根据事先给定的误差允许范围进行设计的,而参数估计则是具有一定可靠程度的估计和判断,这些都是其他估算方法办不到的。

二、统计抽样的作用

抽样调查是统计学最重要的内容之一,它广泛应用于物理、生物、气象、医学、农业、商业、金融、教育等各个领域。在社会主义市场经济条件下,它将发挥越来越重要的作用。抽样调查的应用之所以经久不衰,主要在于它具有明显的经济性、实用性和科学性。抽样调查的作用主要表现在以下几个方面。

1. 在实际工作中,由于受客观条件或环境的限制,往往不可能或没必要搜集总体的全面资料,只可能或只需要利用样本资料推断总体的数量特征或推算总体的总量指标,这样既可以提高工作效率,也可以节约工作成本和费用。对于无限总体,统计上无法进行全面调查了解,这要借助于参数估计的方法来认识总体的数量特征。

2. 许多产品的例行质量检测是带有破坏性的或消耗性的。如灯泡寿命试验要一直长期点亮直到烧毁,这是破坏性的试验;烟酒的质量品尝均属于消耗性质量检验。对这些总体都无法进行全面调查。

3. 对于某些现象,虽然可以进行全面调查,但需要花费大量的人力、财力、物力和时间,若采用抽样调查,可以达到事半功倍的效果。如要了解水库中的鱼苗数、森林的木材积蓄量、居民对主要耐用消耗品的需求量等,适宜采用抽样调查进行推断。

4. 对全面调查的资料进行评价与修正。如我国人口普查规定,在人口普查工作完毕后,还要按照规定的抽样方法抽取若干地区的人口进行复查。用抽样调查的资料,计算人口全面调查的差错率,再根据这个比率去修正普查数据,从而保证人口调查资料的质量,使调查资料更为准确,更接近于实际的数值。

5. 对工业生产过程进行质量控制。对于成批或大量连续生产的产品生产过程,通过抽样方法可以及时提供有关产品质量信息,分析各种可能的原因,以便采取措施,排除障碍使生产过程保持正常,从而起到对生产过程进行质量控制的作用。

三、统计抽样中的基本概念

(一)总体与样本

1. 总体也称全体,指所要认识的研究对象全体,它是由所研究范围内具有某种共同性质的全体单位所组成的集合体。总体的单位数通常都是很大的,甚至是无限的,这样才有必要组织抽样调查。一般用 N 来表示总体的单位数。在组织抽样调查时首先要弄清总体的范围、单位的含义,以及可实施的条件,以清单、名册、图表等形式编制抽样框作为抽样的母体。

2. 样本又称子体,它是从总体中随机抽取出来的,作为代表这一总体的那部分单位构成的集合体。样本的单位数总是有限的,相对来说它的数目比较小,一般用 n 来表示样本的单位数。

根据样本容量的大小,可将样本划分为大样本和小样本。一般来说,当 $n \geqslant 30$ 时,称为大样本;当 $n < 30$ 时,称为小样本。

作为推断对象的总体是确定,而且是唯一的。但作为观察对象的样本就不是这样。从一个总体可以抽取很多个样本,每次可能抽到的样本是不确定的,也是可变的。明白这一点对于理解参数估计原理很重要。

(二)抽样单元与抽样框

1. 抽样单元

为了便于实现随机抽样,常常将总体划分为有限个互不重叠的部分,每一部分都称为一个抽样单元。例如在宁波市城镇居民收入抽样调查中,可以把宁波市区分成若干个行政区作为一级抽样单元,把行政区进一步按街道划分为二级抽样单元,二级抽样单元还可以进一步划分下去。抽样时,给每一个抽样单元赋予一个被抽中的概率,这个概率可以相等也可以不等。

2. 抽样框

在抽样设计时,必须有一份全部抽样单元的资料,这份资料就称为抽样框。如人员名单、地图、电话簿、户口档案、企业名录等都可以作为抽样框。在抽样框中,每个抽样单元都应该有自己对应的位置或序号,这常常通过编号来实现。

(三)参数和统计量

1. 参数

参数通常是不知道的,但又是我们想要了解的总体的某种特征值,又称为总体指标或全及指标。包括总体均值 $\overline{X}$、总体方差 σ^2(总体标准差 σ)、总体成数 P 和总体成数的标准差 σ_P。参数是根据总体有关数值计算的。

2. 统计量

总体参数虽然是未知的,但可以利用样本信息来推断。例如,我们从上述研究地区随机抽取 500 人组成一个样本,根据这 500 人的平均收入推断该地区所有人口的平均收入。这里 500 人的平均收入就是一个统计量,它是根据样本数据计算的用于推断总体的某些量,是对样本特征的某个概括性度量。因此,统计量是样本的函数。由于样本具有随机性,由样本数据计算出的统计量也是随机的。但就一个已抽取的样本而言,统计量通常有样本平均数、样本方差和样本成数等,它们一般以小写字母表示。

参数与统计量的计算公式如表 4-1 所示。

表4—1　　　　　　　　　　参数与统计量的计算公式

总体参数及计算公式	统计量及计算公式
总体平均数　$\overline{X}=\dfrac{\sum X}{N}$	样本平均数　$\overline{x}=\dfrac{\sum x}{n}$
总体方差　$\sigma^2=\dfrac{\sum(X-\overline{X})^2}{N}$	样本方差　$s^2=\dfrac{\sum(x-\overline{x})^2}{n}$
总体标准差　$\sigma^2=\sqrt{\dfrac{\sum(X-\overline{X})^2}{N}}$	样本标准差　$s=\sqrt{\dfrac{\sum(x-\overline{x})^2}{n}}$
总体成数　$P=\dfrac{N_1}{N}$	样本成数　$p=\dfrac{n_1}{n}$
总体成数的标准差　$\sigma_P=\sqrt{P(1-P)}$	样本成数的标准差　$s_p=\sqrt{p(1-p)}$

注：有些社会经济现象只表现为两种性质上的差异。例如，产品的质量表现为合格或不合格，对某一电视节目，观众表现为收看或不收看，学生成绩表现为及格或不及格等，这些表现为是或否、有或无的标志称为交替标志，也称为是非标准。

总体成数。交替标志只有两种表现，我们把具有某种表现或不具有某种表现的单位数分别记为 N_1 和 N_0，总体成数 P 表示总体中具有某种性质的单位数在总体全部单位数中所占的比重，Q 表示总体中不具有某种性质的单位数在总体中所占的比重。

总体成数 $P=\dfrac{N_1}{N}$　　$Q=\dfrac{N_0}{N}$

同一总体两种成数之和等于1。用公式表示为：$P+Q=1$ 或 $Q=1-P$。

总体成数的平均数。交替标志表现了现象质的区别，因此计算其平均数首先需要将交替标志的两种表现进行量化处理。用"1"表示具有某种表现，用"0"表示不具有某种表现，则交替标志的平均数及标准差计算如表4—2所示。

表4—2　　　　　　　　　交替标志的平均数及标准差计算

	X	F	XF	$X-\overline{X}$	$(X-\overline{X})^2$	$(X-\overline{X})^2 F$
是	1	N_1	N_1	$1-P$	$(1-P)^2$	$(1-P)^2 N_1$
非	0	N_0	0	$0-P$	P^2	$P^2 N_0$
		N	N_1			

总体成数的平均数

$$\overline{X}_p=\dfrac{\sum XF}{\sum F}=\dfrac{N_1}{N}=P$$

总体成数的标准差

$$\sigma_P=\sqrt{\dfrac{\sum(X-\overline{X})^2 F}{\sum F}}=\sqrt{\dfrac{(1-P)^2 N_1+P^2 N_0}{N}}=\sqrt{Q^2 P+P^2 Q}=\sqrt{PQ}=\sqrt{P(1-P)}$$

由此可见，总体成数的平均数就是具有某种表现的总体单位数占全部总体单位数的比重 P，总体成数的标准差就是具有某种标志表现的成数 P 与不具有某种标志表现的成数 Q 两者乘积的平方根，即 $\sigma_p=\sqrt{P(1-P)}$。

(四)重复抽样和不重复抽样

从抽样的方法来看,抽样有重复抽样和不重复抽样两种。

重复抽样也称回置抽样。它是这样安排的,要从总体 N 个单位中随机抽取一个容量为 n 的样本,每次从总体中抽取一个单位,连续进行 n 次抽样构成一个样本,但每次抽取一个单位,把结果登记下来,又重新放回,参加下一次抽选。而不重复抽样有这样的特点:样本由 n 次连续抽取的结果构成,实质上等于一次同时从总体中抽出 n 个样本单位,连续抽取的结果不是相互独立的,每次抽取的结果都影响下一次抽取,每抽一次总体单位数就少一个,因而每个单位的中选机会在各次是不相同的。

从总体 N 个单位中,用不重复抽样的方法,抽取 n 个单位样本,全部可能抽取的样本数目为 $N(N-1)(N-2)\cdots(N-n+1)$。

【实例4-1】 总体有A、B、C、D四个单位,要从总体以重复抽样的方法抽取2个单位构成样本。先从4个单位中选取1个,共有4种取法。结果登记后再放回,然后再从相同的4个中取1个,也有4种取法。前后取两个构成一个样本,全部可能抽取的样本数目为 $4\times4=16$ 个,它们是 AA,AB,AC,AD,BA,BB,BC,BD,CA,CB,CC,CD,DA,DB,DC,DD。

上例中如果以不重复抽样的方法抽取2个单位构成样本。先从4个单位中抽取一个,共有4种取法;第二次再从留下的3个单位中抽取1个,共有3种取法。前后取2个构成一个样本,全部可能抽取的样本数目为 $4\times3=12$ 个,它们是 AB,AC,AD,BA,BC,BD,CA,CB,CD,DA,DB,DC。

从总体 N 个单位中抽取 n 个单位,用重复抽样组成的样本,可能得到的样本总数为 Nn;用不重复抽样组成的样本,可能得到的样本总数为 $m=\dfrac{N!}{(N-n)!}$。

四、参数估计的主要内容

参数估计的目的并不在于了解样本的数量特征,而是借助样本的数量特征,来估计和检验总体分布的数量特征及某些未知因素。其主要内容包括参数估计和假设检验。

(一)参数估计

根据随机抽取的部分单位的特征来对总体的数字特征等进行推测估算的过程。它是推断统计的中心内容,其基本思想是对不同的估计问题构造不同的函数,来反映部分单位与整体之间的主要关系信息,以此对总体作出推算和分析。

(二)假设检验

假设检验也称显著性检验,即根据经验或认识,提出某一假设,并判断该假设正确性的过程。它是在对总体的有关分布函数、分布参数或数字特征等信息作出某种假设的前提下,为了确定该假设的正确性,在总体中随机抽取部分单位,并利用部分与整体之间的关系对所提出的假设作出判断,以决定是否接受该假设。

学习任务二 抽样误差

一、抽样误差的含义

抽样误差是统计抽样理论的一个重要概念,在说明抽样误差之前我们先介绍统计误差。

统计误差是指在统计调查中,调查资料与实际情况间的偏差。即统计量与相应的总体参数之差。例如,样本平均数与总体平均数之差、样本成数与总体成数之差等。在统计推断中,误差的来源是多方面的,统计误差按产生的来源分类,有登记误差和代表性误差。

登记性误差是指在搜集数据和汇总数据过程中,由于观察、测量、登记、录入、计算等方面的差错或指标含义不清、统计口径不同以及被调查者提供虚假资料而造成的误差。任何一种统计调查都有可能产生登记性误差。调查的范围越广,规模越大,内容越复杂,产生登记误差的可能性就越大。

代表性误差是指在统计抽样中,由于样本结构情况不足以代表总体的状况,而用样本数据去推断总体相关数据而产生的误差。代表性误差的产生具体有以下两种情况:一种是由于违反了统计抽样的随机原则。例如,有意多选好的或较差的单位进行调查而造成的系统性误差。可见,只要遵循了随机原则就可以避免产生系统误差,系统误差和登记误差一样,都是抽样组织工作造成的,应该采取措施预防误差产生或将其减小到最低程度;另一种情况是指遵循了随机原则,可能抽到各种不同的样本而产生的随机性误差,随机性误差在统计抽样中是不可避免的,是偶然的代表性误差。

抽样误差是指在遵循了随机原则的条件下,不包括登记误差和系统误差在内的,用样本指标来代表总体指标而产生的不可避免的误差。由于总体平均数、总体成数是唯一确定的,而样本平均数、样本成数是随机变量,因而抽样误差也是一个随机变量。抽样误差越小,说明样本的代表性越高;反之,样本的代表性越低。同时抽样误差还说明样本指标与总体指标的相关范围,因此,它是推断总体指标的依据。

二、影响抽样误差的因素

抽样误差在参数估计中虽然不可避免,但是可以根据需要对其加以控制,以便使之达到要求的精确程度。为了有针对性地解决问题,达到预期的目的,首先应了解哪些因素会引起抽样误差。

1. 总体被研究标志变异程度的大小。在其他条件不变的情况下,所研究总体的标志变异程度越小,说明总体各单位标志值之间的差异越小,则抽样指标与总体指标之间的误差也就越小。假如总体各单位标志值之间没有差异,则抽样指标和总体指标就会相等,因而也就不存在抽样误差了。抽样误差与总体标志的变异程度成正比变化。

2. 样本单位数的多少。根据大数定律和参数估计的一致性要求,抽样误差的大小与样本容量成反方向变化。抽样单位数越多,抽样误差就越小;反之,抽样单位数越小,则抽样误差就越大。这是因为随着样本单位数的扩大,样本的结构就越能反映总体的结构,样本指标就越能代替总体相应的数量特征。如果进一步把抽样单位数扩大到接近于总体,那么,此时的抽样调查也就近于全面调查了,抽样误差就会缩小到几乎完全消失的程度。

3. 抽样方法。在同一总体和相同样本容量的要求下,不重复抽样比重复抽样所产生的误差要小些。这是因为在不重复抽样时,避免了总体单位的重复选中,因而更能反映总体结构,故抽样误差会较小些。

4. 统计抽样的组织形式。抽样调查可以有不同的组织形式,所抽出的样本对于总体的代表性也不相同,因此抽样组织方式影响抽样误差的大小。

三、抽样平均误差

(一)抽样平均误差的含义

抽样误差有抽样实际误差和抽样平均误差两种。抽样实际误差是指某一次抽样结果所得到的样本指标与总体指标数值之差。统计抽样的目的是推断总体指标。由于总体参数是未知的,因而抽样实际误差也是很难确知的。同时,抽样实际误差仅是一系列抽样结果可能出现的误差数值之一,带有偶然性,有的可能是正差,有的可能是负差,有的绝对值可能小些,有的绝对值可能大些。此外,在进行抽样时,抽取的样本不确定,由此抽样实际误差不能用来概括一系列抽样结果可能产生的所有误差。因此,为了用样本指标去推断总体指标就需要计算这些误差的平均数,即抽样平均误差,用它来反映抽样误差的平均水平。

抽样平均误差指所有可能出现的样本指标(平均数或成数)的标准差,也可以理解为一个抽样方案的所有可能样本的某统计量与总体相应指标的离差的平均值,用以反映抽样误差的一般水平。抽样平均误差的计算与抽样方法和抽样组织形式有着直接的关系,不同的抽样方法和抽样组织形式计算抽样平均误差的公式是不同的。

(二)抽样平均误差的计算

抽样平均误差是指以全部可能样本指标为变量,以总体指标为平均数计算得到的标准差,以符号 μ 表示,通常以 $\mu_{\bar{x}}$ 代表平均数的抽样平均误差,以 μ_p 代表成数的抽样平均误差,以 M 代表可能组成的样本总数。

1. 计算抽样平均误差的理论公式

根据抽样平均误差的概念可得一般计算公式为:

$$\mu = \sqrt{\frac{\sum (样本指标-总体指标)^2}{可能组成的样本数目}}$$

抽样平均数的平均误差:

$$\mu_{\bar{x}} = \sqrt{\frac{\sum (x-\bar{X})^2}{M}}$$

抽样成数的平均误差:

$$\mu_p = \sqrt{\frac{\sum (p-P)^2}{M}}$$

为了加深对抽样平均误差概念的理解,举一个较为简单的例子。

【实例 4—2】 假设有 A、B、C 三名工人,其每日产量为 3,5,7 件,从中随机抽取两个工人为样本,求抽样平均误差。

解:根据已知的数据计算总体平均数:

$$\bar{X} = \frac{\sum X}{N} = \frac{3+5+7}{3} = 5(件)$$

若采取重复抽样法,可能组成的样本数目及相应指标的计算如表 4—3 所示。

表 4—3　　　　　　　　　　　　重复抽样的抽样平均误差计算

样本序号	样本代号	样本变量 (x)	样本平均数 ($\bar{x}$)	离差 $\bar{x}-\bar{X}$	离差平方 $(\bar{x}-\bar{X})^2$
1	AA	3,3	3	−2	4
2	AB	3,3	4	−1	1
3	AC	3,7	5	0	0
4	BA	5,3	4	−1	1
5	BB	5,5	5	0	0
6	BC	5,7	6	1	1
7	CA	7,3	5	0	0
8	CB	7,5	6	1	1
9	CC	7,7	7	2	4
			45	0	12

全部可能组成的样本平均数($\bar{x}$)的平均数会等于总体平均数($\bar{X}$)，可得：

$$\bar{\bar{x}} = \frac{\sum \bar{x}_i}{M} = \frac{45}{9} = 5(件) = \bar{X}$$

全部可能组成的样本的标准差为：

$$\mu_{\bar{x}} = \sqrt{\frac{\sum (\bar{x}-\bar{X})^2}{M}} = \sqrt{\frac{12}{9}} = 1.15(件)$$

1.15 件是 9 个可能配合的样本平均数的标准差，称为抽样平均误差。

若采用不重复抽样法，可能配合的样本数及相应的计算如表 4—4 所示。

表 4—4　　　　　　　　　　　　不重复抽样的抽样平均误差计算

样本序号	样本代号	样本变量 (x)	样本平均数 ($\bar{x}$)	离差 $\bar{x}-\bar{X}$	离差平方 $(\bar{x}-\bar{X})^2$
1	AB	3,3	4	−1	1
2	AC	3,7	5	0	0
3	BA	5,3	4	−1	1
4	BC	5,7	6	1	1
5	CA	7,3	5	0	0
6	CB	7,5	6	1	1
			30	0	4

$$\bar{\bar{x}} = \frac{\sum \bar{x}_i}{M} = \frac{30}{6} = 5(件) = \bar{X}$$

$$\mu_{\bar{x}} = \sqrt{\frac{\sum (\bar{x}-\bar{X})^2}{M}} = \sqrt{\frac{4}{6}} = 0.82(件)$$

0.82件是6个可能配合的样本平均数的标准差,即抽样平均误差。它比重复抽样的平均误差要小。

上式只表明了抽样平均误差的含义,并不能作为计算公式。

因为在现实的抽样中,我们只能取得一个样本,不可能也没必要获得全部所有可能样本,所以抽样平均误差也不可能通过所有样本来直接计算。但从统计量的分布规律中我们已经知道,统计量是以总体相应指标为期望值,抽样平均误差实质上就是该统计量在其概率分布中的标准差。

2. 抽样平均误差的计算

数理统计证明,在纯随机抽样方式下,抽样平均误差可以采用下面的公式计算(见表4—5)。

表4—5　　　　　　　　　　抽样平均误差的计算公式

	重复抽样	不重复抽样
平均数的抽样平均误差	$\mu_{\bar{x}} = \sqrt{\dfrac{\sigma^2}{n}} = \dfrac{\sigma}{\sqrt{n}}$	$\mu_{\bar{x}} = \sqrt{\dfrac{\sigma^2}{n}\left(1-\dfrac{n}{N}\right)}$
成数的抽样平均误差	$\mu_p = \sqrt{\dfrac{P(1-P)}{n}}$	$\mu_p = \sqrt{\dfrac{P(1-P)}{n}\left(1-\dfrac{n}{N}\right)}$

值得注意的是,当总体方差和总体成数未知时,可用下列方法解决:

第一,用样本方差来代替总体方差。即用 S^2 代替 σ^2;用样本成数 $p(1-p)$ 代替总体成数 $P(1-P)$。

第二,可用过去的调查资料代替。如果有多个不同的材料,则应选择方差数值较大的。

第三,用估计资料代替。

【实例4—3】　随机抽选某校学生100人,调查他们的体重。得到他们的平均体重为58千克,标准差为10千克。问抽样平均误差是多少?

解:已知:$n=100, \bar{x}=58, S=10$

则:$\mu_{\bar{x}} = \dfrac{S}{\sqrt{n}} = \dfrac{10}{\sqrt{100}} = 1$(千克)

即当根据样本学生的平均体重估计全部学生的平均体重时,抽样平均误差为1千克。

【实例4—4】　某灯泡厂对10 000个产品进行使用寿命检验,随机抽取2%作为样本进行检查,所得资料如表4—6所示。

表4—6　　　　　　　　　　抽样产品使用寿命资料

使用寿命(小时)	抽样检查电灯泡数(个)	使用时间(小时)	抽样检查电灯泡数(个)
900以下	2	1 050~1 100	84
900~950	4	1 100~1 150	18
950~1 000	11	1 150~1 200	7
1 000~1 050	71	1 200以上	3
		合　计	200

按照质量规定,电灯泡使用寿命在1 000小时以上为合格品,可按以上资料计算抽样平均

误差。

解：电灯泡平均使用寿命 $\bar{x}=1\,057$ 小时

电灯泡合格率 $p=91.5\%$

电灯泡平均使用时间标准差 $S=53.65$ 小时

电灯泡使用时间抽样平均误差：

重复抽样：$\mu_{\bar{x}}=\sqrt{\dfrac{\sigma^2}{n}}=\dfrac{\sigma}{\sqrt{n}}=\dfrac{S}{\sqrt{n}}=\dfrac{53.63}{\sqrt{200}}=\pm 3.792\,2$（小时）

不重复抽样：

$\mu_{\bar{x}}=\sqrt{\dfrac{\sigma^2}{n}\left(1-\dfrac{n}{N}\right)}=\sqrt{\dfrac{S^2}{n}\left(1-\dfrac{n}{N}\right)}=\sqrt{\dfrac{(53.63)^2}{200}\times\left(1-\dfrac{200}{10\,000}\right)}=3.754\,1$（小时）

灯泡合格率的抽样平均误差：

重复抽样：$\mu_p=\sqrt{\dfrac{P(1-P)}{n}}=\sqrt{\dfrac{p(1-p)}{n}}=\sqrt{\dfrac{0.915\times 0.085}{200}}=1.972\%$

不重复抽样：$\mu_p=\sqrt{\dfrac{P(1-P)}{n}\left(1-\dfrac{n}{N}\right)}=\sqrt{\dfrac{0.915\times 0.085}{200}\times\left(1-\dfrac{200}{10\,000}\right)}=1.952\%$

【实例 4—5】 某市调查 10 万名学生近视率，随机抽取 100 名，近视 15 人，求抽样误差。

解：$p=\dfrac{15}{100}=0.15$ $\sigma^2=p(1-p)=0.15\times 0.85=0.127\,5$

重复抽样：$\mu_p=\sqrt{\dfrac{0.127\,5}{100}}=0.035\,7$

不重复抽样：$\mu_p=\sqrt{\dfrac{0.127\,5}{100}\times\left(1-\dfrac{100}{100\,000}\right)}=0.035\,7$

四、抽样极限误差（允许误差）

抽样极限误差是从另一个角度考虑抽样误差问题。以样本的抽样指标来估计总体指标。要达到完全准确毫无误差，这几乎是不可能的。所以在估计总体指标的同时就必须同时考虑估计误差的大小。我们不希望误差太大，误差越大，则样本的价值越小。但也不是误差越小越好，因为在一定限度之后减少抽样误差势必增加很多费用。所以在做抽样估计时应该根据所研究对象的变异程度和分析任务的要求确定可允许的误差范围，在这个范围内的数字都是有限的。我们把这种可允许的误差范围称为抽样极限误差。它等于样本指标可允许变动的上限或下限总体指标之差的绝对值。

设 $\Delta_{\bar{x}}$ 和 Δ_p 分别表示抽样平均数极限误差和抽样成数极限误差。则允许误差的计算公式为：$|\bar{x}-X|\leqslant\Delta_{\bar{x}}$，$|p-P|\leqslant\Delta_p$。

上面的不等式可以变换为下列不等式关系：

$$\bar{x}-\Delta_{\bar{x}}\leqslant X\leqslant\bar{x}+\Delta_{\bar{x}} \qquad p-\Delta_p\leqslant P\leqslant p+\Delta_p$$

上面第一个不等式表示被估计的总体平均数以抽样平均数为中心，被包含在 $\bar{x}-\Delta_{\bar{x}}$ 至 $\bar{x}+\Delta_{\bar{x}}$ 之间，区间 $(\bar{x}-\Delta_{\bar{x}},\bar{x}+\Delta_{\bar{x}})$ 称为平均数的估计区间或称平均数的置信区间。同样，区间 $(p-\Delta_p,p+\Delta_p)$ 称为成数的估计区间或称成数的置信区间。

五、抽样误差的概率度

由于抽样指标值随样本的变动而变动，它本身是个随机变量，因而抽样指标和总体指标的

误差仍然是个随机变量,并不能保证误差不超过一定范围是必然的,而只能给予一定程度的概率保证。抽样估计的概率度也称参数估计的置信度,就是表明抽样指标和总体指标的误差不超过一定范围的概率保证程度。

所谓概率,就是指在对随机事件进行的大量试验中,某种事件出现的可能性大小,它通常可以用某种事件出现的频率来表示。抽样估计要求的保证程度就是指抽样误差不超过一定范围的概率大小。

抽样极限误差是指参数估计中依一定概率保证下的误差的最大范围,所以也称为允许误差(记住 Δ)。极限误差表现为某置信度的临界值乘以抽样平均误差。即:

$$极限误差=临界值×抽样平均误差$$

即:
$$\Delta = z\mu$$

这里的临界值因统计量的分布不同而有区别,它用符号 z 表示。z 表示误差范围为抽样平均误差的若干倍,是测量估计可靠程度的一个参数,称为抽样平均极限误差的概率度。用公式表示:$z = \dfrac{\Delta}{\mu}$。

概率度 z 的大小要根据对推断结果要求的把握程度来确定,即根据概率保证程度的大小来确定。概率论和数理统计证明,概率度 z 与概率保证程度 $F(z)$ 之间存在着一定的函数关系。给定 z 值,就可以计算出 $F(z)$;相反,给出一定的概率保证程度 $F(z)$,则可根据总体的分布,获得对应的 z 值。在实际应用中,因为我们所研究的总体大部分为正态总体,对于正态总体而言,为了应用的方便,编有《正态分布概率表》。根据《正态分布概率表》,已知概率度 z 可查得相应的概率保证程度 $F(z)$;相反,已知概率保证程度 $F(z)$ 也可查得相应的概率度 z。现将几个常用的对应值列于表 4-7 中。

表 4-7　　　　　　　　　　常用概率度与概率保证程度

概率度 z	概率保证程度 $F(z)$(%)
1.00	68.27
2.00	95.45
3.00	99.73
1.64	90.00
1.96	95.00
2.58	99.00

从抽样极限误差的计算公式来看,抽样极限误差 Δ 与概率度 z 和抽样平均误差 μ 三者之间存在如下关系。

1. 在 μ 保持不变的情况下,增大 z 值,抽样极限误差 Δ 也随之扩大,这时估计的精确度将降低;反之,要提高估计的精确度,就要缩小 z 值,此时概率保证程度也会相应降低。

2. 在 z 保持不变的情况下,如果 μ 小,则抽样极限误差 Δ 就小,估计的精确度就高;反之如果 Δ 值大,抽样极限误差 Δ 就大,估计的精确度就低。

由此可见,估计的精确度与概率保证程度是一对矛盾,进行抽样估计必须在两者之间进行慎重选择。

学习任务三　参数估计的方法

参数估计是指利用实际调查计算的样本指标值来估计相应的总体指标的数值,即总体平均数 $\bar{X}$、总体成数 P 的推断估计。总体参数估计有点估计和区间估计两种,以下分别加以介绍。

一、点估计

点估计也称定值估计,直接把抽样指标视为总体指标的估计值,如以样本平均数的实际值作为相应总体平均数的估计值,以样本成数的实际值作为相应总体成数的估计值等。

【实例4—6】　在某校学生体重的调查中,获知抽取的 400 名学生的平均体重为 58 千克,则该校 8 000 名学生的平均体重也是 58 千克。这种推断就是对总体平均数作了点估计。

点估计的优点是原理直观、计算简便,在实际工作中经常采用。例如,推销部门对某种产品估计出全年销售额数值,并分出每月销售额,便可传递给生产部门作为制订生产计划的依据,而生产部门又可将每月产量计划传递给采购部门作为制订原材料采购计划的依据等。点估计也有不足之处,它没有考虑到抽样估计误差,更没有指明误差在一定范围内的概率保证程度。因此,当抽样误差较小,或抽样误差即使较大也不妨碍对问题的认识和判断时,才可以使用这种方法。

二、区间估计

(一)区间估计的概念

区间估计的基本特点是,根据给定的概率保证程度 $F(z)$ 的要求,利用实际样本资料,给出总体指标估计值的上限和下限,即指出可能覆盖总体指标的区间范围。也就是说,区间估计要解决两个问题:

1. 根据样本指标和误差范围估计出一个可能包括总体指标的区间,即确定出估计区间的上限和下限。

2. 确定出估计区间覆盖总体未知参数的概率保证程度。

总体参数区间估计必须同时具备统计量、抽样误差范围和概率保证程度三要素。区间估计的内容包括总体平均数和总体成数的估计,以及在此基础上对总量指标的估计。

一般来说,对总体平均数进行区间估计的公式为:$\bar{x} \pm \Delta_{\bar{x}}$。

即 $\bar{X}$ 置信区间为:$\bar{x} - z\mu_{\bar{x}} \leqslant \bar{X} \leqslant \bar{x} + z\mu_{\bar{x}}$。同理,对总体成数进行区间估计的公式为:$p \pm \Delta_p$,即 P 的置信区间为 $p - z\mu_p \leqslant P \leqslant p + z\mu_p$。

(二)参数估计的两种模式

在进行区间估计时,根据所给定条件的不同,总体平均数和总体成数的估计有两套模式可供选择使用。

1. 根据给定的概率保证程度,估计抽样极限误差的可能范围,并进行区间估计区间。

参数估计的具体步骤如下:

(1)计算统计量;

(2)计算抽样平均误差;

(3)给定概率保证程度,查表得概率度;
(4)计算抽样极限误差;
(5)估计总体参数的区间。

【实例4-7】 某农村进行小麦产量抽样调查,小麦播种总面积为1万亩,采用不重复简单随机抽样,从中选取了100亩作为样本进行实割实测,测得样本平均亩产400斤,方差144斤。试以95%的可靠性推断该农场小麦平均亩产可能在多少斤之间?

解:已知 $N=10\,000, n=100$
$\bar{x}=400, S^2=144, F(z)=95\%$

① 计算抽样平均误差:

$$\mu_{\bar{x}}=\sqrt{\frac{\sigma^2}{n}\left(1-\frac{n}{N}\right)}=\sqrt{\frac{144}{100}\left(1-\frac{100}{10\,000}\right)}=1.19(斤)$$

② $F(z)=95\%$,查表得 $z=1.96$。

③ 计算抽样极限误差:
$\Delta_{\bar{x}}=z\mu_{\bar{x}}=1.96\times1.19=2.33(斤)$

④ 计算总体平均数的置信区间::
上限:$\bar{x}+\Delta_{\bar{x}}=400+2.33=402.33(斤)$
下限:$\bar{x}-\Delta_{\bar{x}}=400-2.33=397.67(斤)$
即以95%的可靠性估计该农场小麦平均亩产量在397.67~402.33斤。

【实例4-8】 某乡有10 000户农户,按随机原则从中抽取100户,测得户均月收入3 000元,标准差为400元,其中有20户的月收入在6 000元以上。若以95.45%的概率保证程度,用不重复抽样分别估计该乡:
(1)全部农户均月收入的范围;
(2)全部农户中,户均月收入在6 000元以上的户数所占比重的范围。

解:已知 $N=10\,000$ 户, $n=100$ 户, $\bar{x}=3\,000$ 元, $S=400$ 元, $F(z)=95.45\%$

(1)① 计算抽样平均误差:

$$\mu_{\bar{x}}=\frac{\sigma}{\sqrt{n}}\sqrt{\left(1-\frac{n}{N}\right)}=\frac{400}{\sqrt{100}}\times\sqrt{1-\frac{100}{10\,000}}=39.80(元)$$

② $F(z)=95.45\%$,查表可得 $z=2$。
③ 计算抽样极限误差:$\Delta_{\bar{x}}=z\times\mu_{\bar{x}}=2\times39.80=79.6(元)$
④ 计算总体平均数的置信区间:
$$\bar{x}-z\mu_{\bar{x}}\leqslant\bar{X}\leqslant\bar{x}+z\mu_{\bar{x}}$$
上限:$3\,000+79.6=3\,079.6(元)$
下限:$3\,000-79.6=2\,920.4(元)$

(2)① 计算抽样平均误差:
$p=\dfrac{n_1}{n}=\dfrac{20}{100}\times100\%=20\%$

$$\mu_p=\sqrt{\frac{p(1-n)}{n}\left(1-\frac{n}{N}\right)}=\sqrt{\frac{20\%(1-20\%)}{100}\left(1-\frac{100}{10\,000}\right)}\times100\%=3.98\%$$

② 计算抽样极限误差:$\Delta_p=z\times\mu_{\bar{x}}=2\times3.98\%=7.96\%$
③ 计算总体成数的置信区间:$p-z\mu_p\leqslant P\leqslant p+z\mu_p$

下限：20%－7.96%＝12.04%
上限：20%＋7.96%＝27.96%

即以95.45%的可靠性估计全部农户户均月收入在2 029.4～3 079.6元,全部农户中,户均月收入在6 000元以上的户数所占比重在12.04%～27.96%。

2.根据给定的抽样极限误差范围Δ,求出概率保证程度,并进行区间估计。

参数估计的具体步骤如下：

(1)计算抽样平均误差；

(2)根据给定的抽样极限误差,估计总体指标的上限和下限；

(3)将抽样极限误差除以抽样平均误差,求出概率度t,再根据t值查"正态分布概率表",求出相应的概率保证程度。

【实例4－9】 对某批型号的电子产品进行耐用性能检测,用重复抽样方法选取其中100件产品进行检验,其结果如下：平均耐用时数$\bar{x}=1\,050$小时,标准差$\sigma=50$小时。要求耐用时数的误差范围不超过10小时,估计这批产品的平均耐用时数的区间。

解：①计算平均数的平均误差$\mu_{\bar{x}}=\sqrt{\dfrac{\sigma^2}{n}}=\sqrt{\dfrac{50^2}{100}}=5$(小时)

②估计总体指标的区间。

根据给定的抽样极限误差$\Delta_{\bar{x}}=10$小时,计算总体平均数的上下限：

下限＝1 050－10＝1 040(小时)

上限＝1 050＋10＝1 060(小时)

③求概率度：$z=\dfrac{\Delta_{\bar{x}}}{\mu_{\bar{x}}}=\dfrac{10}{5}=2$

根据概率度差别得概率保证程度$F(z)=95.45\%$。

计算结果表明,该批电子产品的平均耐用时数在1 040～1 060小时,其概率保证程度为95.45%。

【实例4－10】 从某校学生中,随机重复抽取100名学生,其中戴眼镜者48人。要求误差范围不超过5%,估计该校学生中戴眼镜者所占比重的区间。

解：①计算样本比例和平均误差：

$$p=\dfrac{n_1}{n}=\dfrac{48}{100}\times 100\%=48\%$$

$$\mu_p=\sqrt{\dfrac{P(1-P)}{n}}=\sqrt{\dfrac{0.48\times(1-0.48)}{100}}\times 100\%=5\%$$

②估计总体指标的区间：

下限＝48%－5%＝43%

上限＝48%＋5%＝53%

③求概率度：$z=\dfrac{\Delta_{\bar{x}}}{\mu_{\bar{x}}}=\dfrac{5\%}{5\%}=1$

根据概率度查表得概率保证程度$F(z)=68.27\%$。

计算结果表明,该校学生中戴眼镜者所占的比重在43%～53%,其概率保证程度为68.27%。

学习任务四　抽样设计与组织方式

一、抽样方案设计的基本原则

1.抽样方案的设计包括如何从总体中抽取样本,说明调查要取得的项目资料内容、资料取得方法、资料精确程度的要求和必要的样本单位数目的确定等。还可以包括调查人员的培训计划、调查的问卷或调查表的设计、调查项目的编码以及汇总表等附件的格式。

2.抽样设计应遵循两项基本原则:

(1)保证实现样本随机性原则(常见的问题是按随机原则确定了样本,但实际调查的时候因为样本数值、地理位置或难以调查的原因而发生样本更换的情况)。

(2)保证实现最大的抽样效果原则(以合理的费用达到合理的精度)。

二、必要的样本单位数目的确定

必要的样本容量是指既能够满足参数估计精确性和可靠性的要求,又不会造成过于浪费的样本单位数目。

根据有关原理,样本容量越大,抽样误差越小,用样本指标推断总体指标的可靠程度高。但是样本容量过大,就会造成不必要的浪费,降低参数估计的优越性;而样本容量过小,则会造成抽样误差过大或概率保证程度过低,推断结果无法保证足够的精确性和可靠性,会降低参数估计的应用价值。因此,在实际抽样之前,必须确定一个必要的样本容量。

(一)影响必要样本容量的主要因素

影响必要样本容量的因素主要有以下几种:

1.总体中各单位标志变异的程度,即总体方差 σ^2 和 $P(1-P)$ 的大小。满足同样的估计精度和可靠程度,总体方差大,抽样的样本单位数目就要多一些;总体方差小,抽样的样本单位数目就可以少一些。

2.允许的误差范围,即 Δ 值的大小。在其他条件和要求相同的情况下,允许误差范围大,可以少抽一些样本单位;允许误差范围小,则要多抽一些样本单位。

3.要求的概率保证程度。在其他条件和要求相同的情况下,对推断结果的可靠性要求高,就需要多抽一些样本单位;反之,则可少抽一些样本单位。

4.抽样方法和抽样组织方式。在同样的条件和要求下,采用重复抽样,样本容量要大些;采用不重复抽样,样本容量要小些。高效率的抽样组织方式使必要的样本容量可以小些,反之,低效率的抽样组织方式需要的样本容量就大些。

(二)必要的样本容量的计算公式(见表4—8所示)

表4—8　　　　　　　　　必要的样本容量的计算公式

	重复抽样	不重复抽样
平均数抽样	$n=\dfrac{z^2\sigma^2}{\Delta_{\bar{x}}^2}$	$n=\dfrac{z^2 N\sigma^2}{\Delta_{\bar{x}}^2 N+z^2\sigma^2}$
成数抽样	$n=\dfrac{z^2 P(1-P)}{\Delta p^2}$	$n=\dfrac{z^2 N(1-p)}{\Delta_p^2 N+z^2 p(1-p)}$

【**实例 4—11**】 某市拟对职工家庭收入状况进行参数估计,根据历史资料,已知本市职工家庭平均每月生活费收入的标准差为 100 元,若要求推断的可靠程度为 0.954 5,允许误差范围为 10 元,则需抽取的样本单位数为:

已知 $\sigma=100, z=2, \Delta_{\bar{x}}=10$

$$n=\frac{z^2\sigma^2}{\Delta_{\bar{x}}^2}=\frac{2^2\times 100^2}{10^2}=400(\text{户})$$

【**实例 4—12**】 某公司欲对一批产品抽样检验其合格率,已知其过去的合格品率曾有过 99%、97% 和 95% 三种情况,现在要求推断的极限误差不超过 1%,把握程度为 95%,则需要检验的产品数量为:

已知 $P(1-P)=0.95\times 0.05=0.047\,5$(取按三种合格品率分别计算方差的最大值)

$\Delta_p=0.01 \quad z=1.96$

$$n=\frac{z^2 P(1-P)}{\Delta p^2}=\frac{1.96^3\times 0.047\,5}{0.01^2}=1\,825(\text{件})$$

三、随机抽样的组织方式

(一)简单随机抽样

简单随机抽样又称纯随机抽样,是最简单、最普遍的抽样组织方式。它是按照随机性原则直接从总体的全部单位中,抽取若干单位作为样本单位,保证总体中每个单位在抽取中都有同等被抽中的机会。简单随机抽样在理论上是最符合随机抽样原则的。随机抽选样本单位的具体做法有以下两种:

1. 抽签法。根据抽样框,每个单位都编有 1~N 的唯一的编号。我们可以做 N 个完全一样的分别标上 1~N 的标签,充分地拌匀后逐渐地抽出 n 个标签,然后根据抽样框找到相应的样本单位进行现场调查,从而得到一个简单随机样本。

2. 随机数表。随机数表是供抽样使用的、由 0~9 这 10 个数码随机排列组成的多位数字表。在使用前,先将总体的全部单位编号,并根据编号的位数确定使用表中数字的列数;然后,从任意一行、任意一列、任意方向开始数,遇到编号范围内的数字就作为样本单位,超过编号范围内的数字就跳过去,直至抽够样本单位数目为止。

(二)分层抽样

分层抽样又称类型抽样或分类抽样,它将总体各单位按照某个标志分成若干组,然后在各组中采用简单随机抽样,抽取样本单位。例如,在企业利润调查中,先按经济类型分类,分为公有和非公有,然后在公有中再分为国有和集体等,再按所需研究的问题,抽选样本单位。在农产量调查中,可按地形条件的不同,将调查单位分为平原、丘陵、山区 3 种类型,然后抽取样本单位。

分层抽样实际上是分组法和抽样原理的结合。通过分组把性质比较接近的各个单位归入同一组内,使各组内调查变量的标志值差异缩小,从而减少抽样误差,提高抽样结果的代表性。特别是当总体各单位标志值差异悬殊时,划分类型后,缩小了各类型组内的方差。

另外,在各类型组内,都有一定的单位选入样本,可以取得较好的抽样效果,能用较少的抽样单位数获得较精确的推断结果。

经过划类分组后,确定各类型组抽样单位数,一般有以下两种方法。

1. 各类型组所抽选单位数,按各类型组标志变动程度来确定,变动程度大的多抽一些,变动程度小的少抽一些,没有统一分类的比例关系。这种方法称为类型适宜抽样或一般类型抽样,也称不等比例抽样。

2. 不考虑各类型组标志变动程度,按统一的比例确定各类型组应抽选的单位数。这种方法称为类型比例抽样。

(三)等距抽样

等距抽样又称机械抽样或系统抽样。其方法是将总体各单位按某一标志顺序排列,然后按照一定的间隔抽取样本单位。

设总体共有 N 个单位,现在需要抽选容量为 n 的样本。将总体 N 个单位除以样本单位数 n,求得 $K=\dfrac{N}{n}$ 个单位,再每隔 k 单位抽一个,直到抽满 n 个单位为止。这种相邻样本单位的间隔相等的抽样方法称为等距抽样法。

等距抽样按照排队时所依据的标志不同,可分为按无关标志排队和按有关标志排队。例如,研究工人的平均收入水平时,将工人按照姓氏笔画排列,就是按照无关标志排队。所谓按有关标志排队,是指用来排队的标志与调查研究的目的有关。例如,研究职工工资收入时按职工平均工资排队。按无关标志排队和按有关标志排队的等距抽样,都是不重复抽样。按无关标志排队其性质接近于简单随机抽样。而按有关标志排队的等距抽样,具有类型抽样的性质。所抽取的样本单位已经不是随机任意抽取的,而是将总体划分为相等的层,从每层中抽取一个单位,抽样构成的样本将优于按无关标志排队的等距抽样。

等距抽样的优点是抽取方式简单,容易实施,所以这种方式在实际工作中常被采用。

由于等距抽样抽出的样本均匀地分布在总体中,因此调查的精确度高于简单随机抽样。按有关标志排队接近于类型抽样,也常用类型抽样的公式来计算等距抽样的误差,但计算出来的误差可能比实际存在的误差小,不利于参数估计置信度的提高。用简单抽样的公式来计算等距抽样(包括按无关标志排队和按有关标志排队)的误差,计算出来的误差比实际存在的误差大,有利于参数估计置信度的提高。所以在实际工作中常用简单抽样的误差公式和推断程度,对等距抽样的误差和估计量进行推断。等距抽样没有专门的误差计算公式。

需要注意的是,等距抽样的第一个样本单位位置确定以后,其余单位的样本位置也就确定了。因此,要避免由抽样间隔和现象本身的周期性节奏相重合而引起的系统性影响。例如,对农产量调查时,农作物的抽样间隔不宜和垄的长度相等;对工业产品质量检查时,产品抽取时间不要和上下班的时间相一致,以防止发生系统性误差。

(四)整群抽样

整群抽样就是将总体各单位按一定的标志或要求分成若干群,然后以群为单位,随机抽取几个群,对被抽中的群进行全面调查。这种抽样方式称为整群抽样。

进行整群抽样时,可以按随机抽样方式进行抽选,也可按等距抽样方式进行抽选。由于整群抽样是在各群之间进行抽样调查,而被抽中群的内部是全面调查,所以整群抽样的误差大小取决于群间方差的大小和抽样数目的多少。各群间的平均变异程度越小,则抽样结果就越趋精确。而群内方差是不会影响整群抽样的误差的。进行整群抽样将总体进行分解时,必须遵循"群内差异大,群间差异小"的原则。这两点刚好与类型抽样相反。

整群抽样的优点是抽选的单位比较集中,调查较为方便,可以节省人力、物力和财力,尤其是当总体中包括的单位数很多、且缺乏可靠的登记资料时,直接对这些单位进行抽样调查将有很大困难。例如,对农民的人均收入进行调查,不容易获得可靠的登记资料,在这种情况下,可以将总体按某种标志分为许多群,如农村的乡、村、户等,然后进行整群抽样。所以整群抽样一般适宜在总体单位缺少可以利用的表册和名单的场合,有的虽可编造名册,但由于费用太高或不宜编出名册的场合,以及有一些小的抽样单位,因界限不易区分,容易造成偏误推算的场合应用。

四、非随机抽样

除了前面介绍的随机抽样外,许多市场调查(一般是较小规模的研究)也采用非随机抽样。与随机抽样相比较,非随机抽样的主要优点是:省时、省力、省钱、抽样过程比较简单。不足的是:调查对象被抽取的概率是未知的,样本的代表性较差,抽样误差比较大,利用调查结果推断总体的情况风险较大。

常用的非随机抽样包括以下四种:

(一)任意抽样

任意抽样也称方便抽样,是由调查人员按最方便的途径来选择样本单位,如可以在医院门口选择访问对象,也可以在学生食堂选择学生进行访问。抽样时,样本一个一个抽取,直至满足样本量要求为止。这种抽样方式比较节省时间和经费,实施方便,速度也快。但是抽样误差很大,结果可靠性差,利用价值十分有限,一般只适用于探测性或预备性的调查研究。

(二)判断抽样

判断抽样是研究者依据自己的经验和判断,从调查对象中选取那些最适合于调查目的的样本。判断抽样的样本通常带有典型性。例如,为了了解消费者对红酒的口感评价,可以选择经常饮用红酒的消费者为访问对象。判断抽样的优点是研究人员可运用自己的技能、知识和经验去选择样本单位,抽样过程简单,但容易因研究人员的主观判断偏差而导致严重的误差。该方法一般适合样本较小的情况。

(三)配额抽样

配额抽样也称定额抽样,与随机抽样中的分类抽样对应,实质上是一种分层判断抽样。即先根据一定标准规定各群体样本配额,然后再按各群内的配额数由调查人员主观抽样。

配额抽样实施过程分为以下几个步骤:

第一,选择"控制特征"作为细分群体的标准。为了提高样本的代表性,所选择的"控制特征"要与调查内容有紧密的联系。如在女性化妆品消费调查中,年龄与化妆品消费有紧密的联系,应当作为"控制特征"。

第二,将总体按"控制特征"进行分类,使其形成若干子总体。

第三,确定各子总体的样本量,即配额数。各子总体的配额数通常是依据"控制特征"对所研究内容的影响程度按比例确定的。

第四,制作配额控制表,以便于抽样实施。

第五,按配额控制表的要求,从各子总体中采用判断抽样抽取样本单位。

【实例4—13】 在一项服装市场调查中,调查对象为18周岁以上的成年人,需要抽取样本量为200人的样本。由于消费者的性别、年龄、收入和居住地都是影响服装消费的重要因素,所以,均可作为"控制特征"。但消费者的收入,事先我们是很难判断的,因此确定消费者的性别、年龄和居住地作为服装市场调查的"控制特征"。并根据这些"控制特征"对服装消费的影响程度赋予不同的权数。具体分配如表4—9所示。

表 4—9　　　　　　　　　　　配额抽样控制表

年　龄	市　区		乡　村		合　计
	男	女	男	女	
18～25	18	42	12	28	100
25～35	23	53	15	35	125
35～55	27	63	18	42	150
55 以上	22	52	15	35	125
合　计	90	210	60	140	500

由于配额抽样实施较为简单,控制表中各类型的配额是按照"控制特征"对研究情形的影响程度确定,在一定程度上提高了样本的代表性。因此,在市场调查中被广泛运用。如果每一个子总体中的配额数是按随机原则抽取的,那么该方法也可以计算其抽样误差,进行区间估计。

(四)滚雪球抽样

滚雪球抽样是指在对个别符合要求的受调查者进行调查的基础上,根据他们提供的信息,进一步对其他相关对象进行调查,直到满足样本量要求为止。在市场调查中,有时往往会遇到需要调查的对象难以寻找,无法建立抽样框。如大学生 IPED 的使用情况调查,此时就需要采用滚雪球抽样的方式进行。

滚雪球抽样的具体操作过程包括以下几个步骤(见图 4—1)。

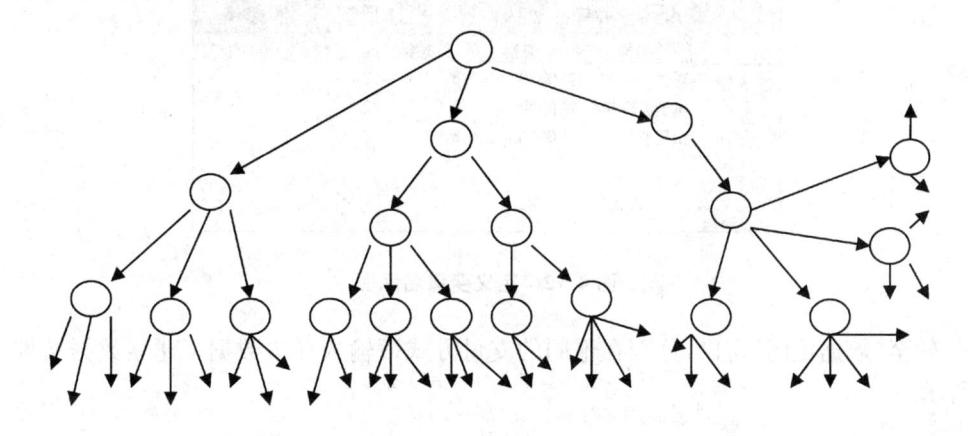

图 4—1　滚雪球抽样示意图

第一步,认定并访问一个或几个目标受访者,依据他们所提供的情况,再寻找其他受访者;
第二步,访问第一批受访者提供的第二批受访者,并让他们引荐下一批受访者;
第三步,重复第二步的过程。如此类推,越找越多,直到满足样本量要求为止。

技能训练　用 SPSS 统计软件进行区间估计

现仍以项目二中(见表 2—7)双节日期间 100 位顾客(有效数为 99 位顾客)的相关数据为例,在 95% 的概率保证下,估计消费者平均每人在不同支付方式下的消费金额区间范围。

先将样本资料整理成表 4—10 所示。

表 4—10　　　　　　　99 名随机顾客不同支付方式下的购买金额

支付方式	购买金额(元)										
现金	129	46	64	285	380	330	102	59	52	88	152	86
	108	86	123	62	286	430	130	80	126	32	108	210
	189	130	230	77	68	330	126	58	86			
电子消费卡	208	1 586	1 486	320	583	202	261	258	365	202	279
	249	204	320	209	320	463	89	430	210	329	439
	210	218	210	389	218	2 688	530	377	199	233	102
信用卡	399	568	989	62	389	1 020	281	520	365	502	865
	89	64	87	107	120	588	58	386	54	1 032	90	64
	568	320	82	660	65	100	67	99	68	86	

区间估计的步骤如下：

1.打开 SPSS 数据编辑器，在"变量视图"窗口中定义变量名，度量标准均选择"度量"。如图 4—2 所示。（因为此案例三个变量的观测值个数相等，如果观测值的个数不等，则必须单独在一个"变量视图"窗口中定义变量名。）

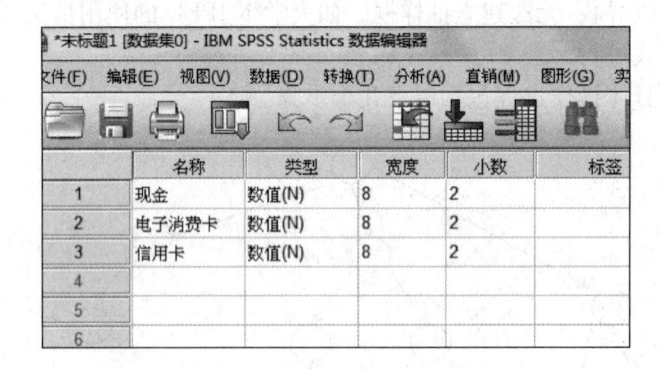

图 4—2　定义变量名示图

2.转至"数据视图"窗口，分别在不同的支付方式下输入样本数据。建立数据文件，如图 4—3 所示。

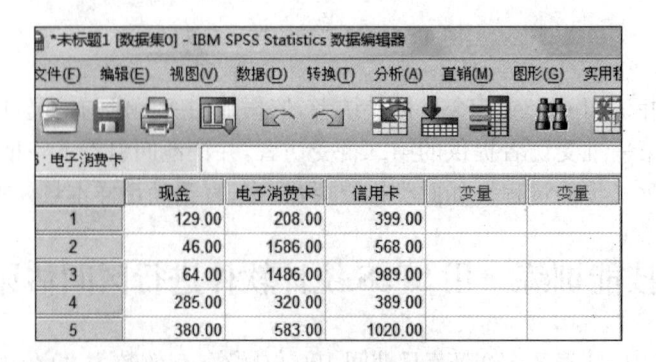

图 4—3　数据编辑示图

3. 单击"分析",选择"描述统计"—"探索",进入"探索"对话框;分别选中"现金"、"电子消费卡"、"信用卡"变量,并分别通过 ➡ 按钮,将其选到"因变量列表"对话框中,如图 4—4 所示。

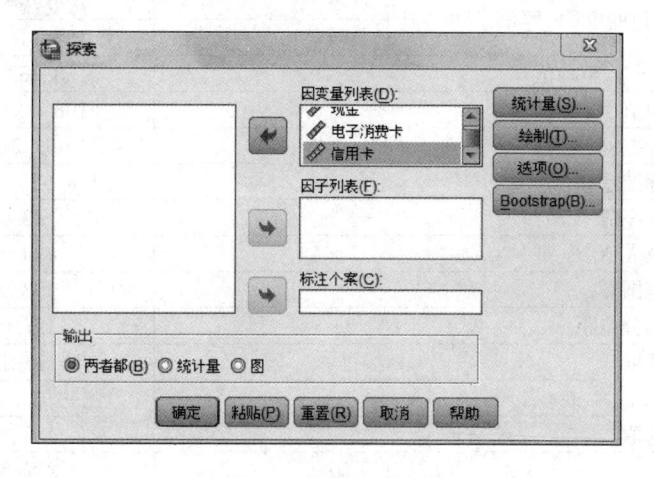

图 4—4 探索对话框示图

4. 单击"统计量"按钮,进入到"探索:统计量"对话框中,该对话框中,"描述性"一栏默认被选中,其置信区间为 95%,用户可根据自己的实际需要进行设置(如将置信区间设置为 90%等),如图 4—5 所示。

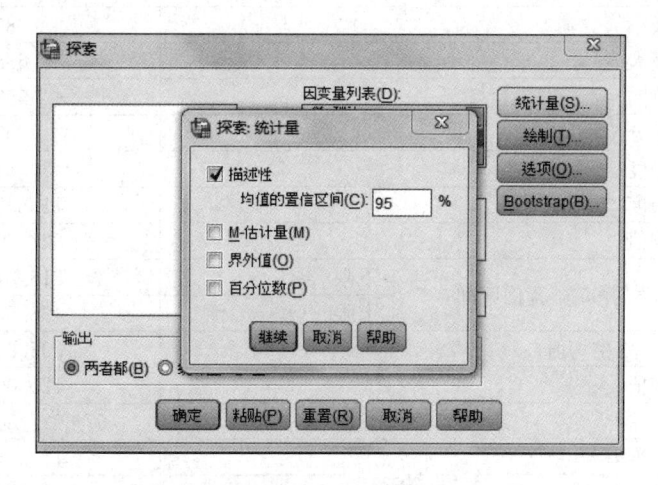

图 4—5 探索:统计量对话框示图

5. 单击"继续"按钮,回到"探索"对话框中,在"输出"框内选中"统计量",点击"确认",即可得到参数区间估计的结果,如表 4—11 所示。

表 4—11　　　　　　　　　不同支付方式下的消费额置信区间

支付方式			统计量	标准误
现金	均值		146.909 1	18.265 16
	均值的 95% 置信区间	下限	109.704 2	
		上限	184.114 0	
	5% 修整均值		138.353 5	
	中值		108.000 0	
	方差		11 009.335	
	标准差		104.925 38	
	极小值		32.00	
	极大值		430.00	
	范围		398.00	
	四分位距		127.00	
	偏度		1.314	0.409
	峰度		0.788	0.798
电子消费卡	均值		435.94	90.016
	均值的 95% 置信区间	下限	252.58	
		上限	619.30	
	5% 修整均值		353.93	
	中值		261.00	
	方差		267 395.809	
	标准差		517.103	
	极小值		89	
	极大值		2 688	
	范围		2 599	
	四分位距		200	
	偏度		3.334	0.409
	峰度		11.857	0.798
信用卡	均值		327.70	54.409
	均值的 95% 置信区间	下限	216.87	
		上限	438.53	
	5% 修整均值		303.95	
	中值		120.00	
	方差		97 692.780	
	标准差		312.558	
	极小值		54	
	极大值		1 032	
	范围		978	
	四分位距		469	
	偏度		1.044	0.409
	峰度		0.024	0.798

即在 95% 的概率保证下,顾客以现金支付方式平均购买商品金额的置信区间为 109.70 元~184.11 元;顾客以电子消费卡支付方式购买商品金额的置信区间为 252.58 元~619.30 元;顾客以信用卡支付方式购买商品金额的置信区间为 216.87 元~438.53 元。

从表 4—11 中,我们还可清楚地看出,以现金支付的商品购买金额的标准差为 104.93 元,而以电子消费卡支付的商品购买金额的标准差为517.31元,是前者的近5倍之多。说明了顾客用现金购买商品时较为理性,而用电子消费卡购买商品时相对要感性得多。为了刺激顾客消费,商家向顾客大力推广电子消费卡消费肯定是明智之举。

知识回顾

1. 统计抽样又称抽样调查,是指依据随机原则从被研究现象的总体中抽取一部分单位进行调查,并根据调查结果对所研究现象总体的数量作出具有一定可靠性的估计和推断,从而认识该现象总体的一种调查方式。

2. 抽样误差是指在遵循了随机原则的条件下,不包括登记误差和系统误差在内的,用样本指标来代表总体指标而产生的不可避免的误差。

3. 参数估计就是指利用实际调查计算的样本指标值来估计相应的总体指标的数值,有点估计和区间估计两种。点估计是直接把抽样指标视为总体指标的估计值,如以样本平均数的实际值作为相应总体平均数的估计值,以样本成数的实际值作为相应总体成数的估计值;区间估计是根据样本指标和误差范围估计出一个可能包括总体指标的区间范围,并确定出估计区间覆盖总体未知参数的概率保证程度。

4. 必要的样本容量是指既能够满足参数估计精确性和可靠性的要求,又不会造成过于浪费的样本单位数目。

5. 统计抽样的组织方式有简单随机抽样、分类抽样、等距抽样、整群抽样等。

主要概念

统计抽样　　随机原则　　总体参数　　统计量　　重复抽样　　不重复抽样　　抽样误差　　抽样平均误差　　抽样极限误差　　概率度　　参数估计　　点估计　　区间估计　　置信区间　　样本容量

思考与练习

思考题

1. 什么是统计抽样?有何特点?主要适用于哪些场合?
2. 什么是总体参数?什么是统计量?两者有何异同?
3. 什么是抽样平均误差?影响因素有哪些?
4. 如何进行区间估计?需要具备哪些要素?
5. 影响必要样本容量的因素有哪些?
6. 在抽样设计中,如何确定抽样的方式、方法?

练习题

一、单项选择题

1.抽样平均误差是(　　)。

A. 抽样指标的标准差　　　　　　　　B. 总体参数的标准差

C. 样本变量的函数　　　　　　　　D. 总体变量的函数
　2. 抽样调查所必须遵循的基本原则是(　　)。
　　A. 准确性原则　　B. 随机性原则　　C. 可靠性原则　　D. 灵活性原则
　3. 在简单随机重复抽样条件下, 当抽样平均误差缩小为原来的 1/2 时, 则样本单位数为原来的(　　)。
　　A. 2 倍　　　　　B. 3 倍　　　　　C. 4 倍　　　　　D. 1/4 倍
　4. 按随机原则直接从总体 N 个单位中抽取 n 个单位作为样本, 这种抽样组织形式是(　　)。
　　A. 简单随机抽样　　B. 类型抽样　　C. 等距抽样　　D. 整群抽样
　5. 事先将总体各单位按某一标志排列, 然后依排列顺序和按相同的间隔来抽选调查单位的抽样称为(　　)。
　　A. 简单随机抽样　　B. 类型抽样　　C. 等距抽样　　D. 整群抽样
　6. 反映样本指标与总体指标之间的平均误差程度的指标是(　　)。
　　A. 平均数离差　　B. 概率度　　C. 抽样平均误差　　D. 抽样极限误差
　7. 在其他条件不变的情况下, 提高估计的概率保证程度, 其估计的精确程度(　　)。
　　A. 随之扩大　　B. 随之缩小　　C. 保持不变　　D. 无法确定
　8. 对某种连续生产的产品进行质量检验, 要求每隔 1 小时抽出 10 分钟的产品进行检验, 这种抽出方式是(　　)。
　　A. 简单随机抽样　　B. 类型抽样　　C. 等距抽样　　D. 整群抽样
　9. 按地理区域进行划片, 并以片为单位进行的抽样属于(　　)。
　　A. 简单随机抽样　　B. 类型抽样　　C. 等距抽样　　D. 整群抽样
　10. 抽样误差是指(　　)。
　　A. 调查中所产生的登记性误差　　B. 调查中所产生的系统性误差
　　C. 随机的代表性误差　　　　　　D. 计算过程中产生的误差

二、多项选择题

　1. 抽样推断的特点是(　　)。
　　A. 由推算认识总体的一种认识方法　　B. 按随机原则抽取样本单位
　　C. 运用概率估计的方法　　　　　　　D. 可以计算, 但不能控制抽样误差
　　E. 可以计算并控制抽样误差
　2. 抽样估计中的抽样误差(　　)。
　　A. 是不可避免要产生的　　　　　　B. 是可以通过改进调查方式来消除的
　　C. 是可以事先计算出来的　　　　　D. 只能在调查结束后才能计算的
　　E. 其大小是可能控制的
　3. 总体参数区间估计必须具备的三个要素是(　　)。
　　A. 样本单位数　　B. 样本指标　　C. 全及指标　　D. 抽样误差范围
　　E. 抽样估计的置信度
　4. 要增大抽样估计的概率保证程度, 可采用的方法有(　　)。
　　A. 增加样本容量　　　　　　　　B. 缩小抽样误差范围
　　C. 扩大抽样误差范围　　　　　　D. 提高估计精度

E. 降低估计精度

5. 简单随机抽样(　　)。

A. 适用于总体各单位呈均匀分布的总体

B. 适用于总体各单位标志变异较大的总体

C. 在抽样之前要求对总体各单位加以编号

D. 最符合随机原则

E. 是各种抽样组织形式中最基本、最简单的一种形式

项目实训一

实训目标：通过实训，掌握利用SPSS统计软件进行区间估计的基本步骤。

背景资料：有几位大学生组成的调查组，为了解他们所在地区居民的收入情况，作为匡算某种商品需求量的依据之一，从该地区230万居民中随机抽取了500人进行调查，取得有关收入数据如表4－12所示。

表4－12　　　　　　　　　　　　　样本数据　　　　　　　　　　　　　单位：万元

3.12	4.00	2.15	2.67	2.89	6.22	3.62	4.04	5.21	6.12	3.25	4.24	3.55
1.88	2.60	2.60	2.88	2.42	3.58	2.11	2.92	4.23	4.38	3.33	2.54	4.80
2.13	1.35	1.80	1.95	2.90	4.33	2.57	2.13	2.16	3.22	2.33	2.32	2.67
2.11	1.80	1.90	1.49	1.54	2.87	2.84	2.61	3.44	3.68	3.24	2.22	4.21
3.21	2.90	1.80	2.45	1.11	1.68	2.12	3.51	2.99	3.82	2.62	3.44	3.67
0.90	2.20	0.95	2.66	2.60	2.44	2.40	2.83	3.65	3.41	2.79	3.66	4.30
1.67	2.30	0.75	1.78	2.80	2.57	2.80	3.16	3.94	2.77	3.09	2.11	5.90
2.45	1.50	1.48	2.75	3.20	2.83	2.69	1.92	3.71	2.09	1.88	2.09	5.69
3.50	1.10	1.60	3.35	3.33	2.91	2.15	2.93	2.17	3.07	3.44	5.31	2.76
2.87	0.90	2.50	3.40	4.11	1.71	1.76	3.82	3.77	1.45	3.07	2.65	2.84
1.66	1.50	2.30	1.50	4.00	1.41	1.55	3.51	2.46	3.22	3.54	3.51	2.38
1.89	2.60	2.60	2.80	2.68	2.86	2.99	2.87	2.76	1.54	2.80	3.80	3.78
2.50	2.30	2.55	2.40	1.80	3.96	3.56	2.49	3.57	3.41	2.58	3.40	3.65
3.26	2.40	2.45	1.90	2.35	3.11	3.22	1.66	3.47	3.76	3.90	2.60	3.90
2.36	1.15	1.65	2.66	2.20	4.05	3.10	2.60	3.71	2.45	3.40	1.90	4.85
1.76	0.70	1.8	2.70	1.50	2.66	1.56	3.03	3.04	2.97	3.21	2.57	5.12
0.68	2.70	2.66	1.66	3.80	2.10	2.01	2.59	2.74	2.93	2.42	3.12	5.09
0.88	1.30	2.35	2.22	2.40	1.66	3.04	2.33	2.34	2.56	2.85	3.33	3.44
0.75	1.20	2.44	2.9	2.30	2.31	2.20	1.09	3.23	2.12	3.59	2.76	3.12
2.44	1.50	1.88	3.5	3.90	2.97	2.87	0.68	1.69	3.42	3.21	2.58	3.32
2.50	2.60	3.25	2.77	4.10	2.95	3.44	1.22	2.18	3.61	2.77	2.65	3.99
3.20	2.50	3.85	3.42	5.90	1.10	2.11	0.69	2.46	3.14	2.38	1.57	4.78
1.60	2.50	1.35	2.75	3.55	2.22	2.54	3.26	3.33	3.15	2.86	4.44	4.32
1.30	1.15	2.15	1.89	4.22	1.22	3.44	3.21	3.87	3.23	2.47	3.89	4.12
2.10	2.13	2.60	1.45	2.83	3.13	2.1	3.88	3.25	3.22	3.21	3.76	4.44
2.15	2.50	1.90	3.12	1.25	3.41	3.65	2.56	3.17	2.44	3.24	4.21	4.00

续表

2.80	1.90	2.66	3.33	1.88	2.54	3.22	4.34	3.22	2.70	3.44	5.72	5.12
2.50	1.40	2.49	2.69	2.31	2.87	2.16	2.68	3.09	3.10	2.12	3.89	5.35
3.10	0.75	4.10	1.58	0.84	1.66	2.88	2.10	2.99	3.40	2.76	3.90	3.66
0.60	0.85	2.58	2.58	1.60	3.44	2.09	3.81	2.79	3.54	2.88	3.56	3.19
1.10	1.70	1.98	1.86	0.90	3.16	3.07	3.26	2.48	1.67	2.45	3.11	3.76
2.10	1.60	1.25	2.85	3.88	2.77	2.17	4.35	3.24	0.96	3.45	3.28	3.66
2.61	2.40	3.12	3.55	3.21	2.37	3.04	5.11	1.76	4.11	3.17	1.80	3.34
1.46	2.10	2.11	3.19	2.86	2.14	2.09	3.99	3.21	4.21	2.51	3.54	4.09
0.92	3.10	3.00	3.78	2.30	2.09	1.08	2.18	2.45	3.56	2.78	3.21	5.80
4.20	2.69	4.32	3.77	3.10	5.20	2.74	2.69	3.45	3.18	2.33	3.51	3.61
3.65	3.34	5.80	2.99	2.90	3.21	3.63	2.25	1.54	3.11	4.12	2.02	3.06
1.32	3.88	1.55	2.08	3.40	3.66	3.45	3.37	1.27	2.81	3.43	4.09	3.44
3.39	2.66	2.18	3.03	4.18	2.95							

实训内容：

1. 利用SPSS统计软件，在95%概率保证下，估计该地区全部居民人均收入的置信区间。
2. 如果估计的误差不超过1.2万元，在同样的置信度下应该抽取多少人进行调查。

项目实训二

实训目标：

背景资料：近期有多家超市接到顾客投诉，反映国内某品牌直饮净水器的使用寿命太短。国家规定该规格直饮净水器的平均使用寿命不低于1 200升。为了检验该产品的质量，超市随机抽取100件该品牌直饮净水器进行使用寿命的测试，测得结果如表4—13所示。

表4—13　　　　　　　　　　　样本数据　　　　　　　　　　　　单位：升

1 112	1 131	1 132	1 220	1 086	1 141	1 266	1 259	1 220	1 220
1 187	1 275	1 250	1 210	1 249	1 244	1 244	1 236	1 210	1 209
1 210	1 240	1 245	1 230	1 265	1 217	1 269	1 210	1 280	1 204
803	1 270	1 300	1 319	1 256	1 215	1 156	1 201	1 250	1 237
1 196	1 220	1 240	1 183	1 202	1 182	1 170	1 284	1 249	1 206
1 197	1 229	1 249	1 297	1 260	1 170	1 182	1 189	1 180	1 216
1 131	1 094	1 139	1 078	1 156	1 199	1 160	1 109	1 137	1 219
1 191	1 195	1 198	1 195	1 199	1 140	1 147	1 210	1 220	1 209
1 170	1 172	1 253	1 181	1 192	1 231	1 190	1 198	1 204	1 201
990	1 106	1 116	1 230	1 225	1 160	1 193	1 200	1 209	1 194

实训内容：

1. 利用SPSS统计软件，对该直饮净水器的平均使用寿命（出水量）进行区间估计，要求推断的把握程度为95%。

2. 结合直方图或正态分布图及箱线图对顾客提出的意见加以分析说明。

项目实训三

实训目标：通过实训，增强抽样理论的实际应用能力，能根据调查研究的目的、要求和调查对象的特征，界定抽样单元，确定抽样框、样本容量及抽样的方式、方法等。

背景资料：当代大学生的消费状况，不仅被许多家长所关注，同样也引起不少商家的关注，甚至有不少学者把当代大学生的消费状况作为课题来研究。为此，根据你所在地区的实际情况，设计一份抽样计划。从本地区大学生中随机抽取一定数量大学生进行调查，以了解全地区大学生的消费状况。从以往的调查资料得知，大学生平均每人每月消费数额的标准差约为350元。本次调查要求在95.45%的置信度下，估计误差不超过50元。

实训内容：

1. 撰写一份抽样计划。内容包括：确定抽样单元和抽样框；确定样本容量；确定抽样方式和方法；确定抽样的实施步骤。

2. 为了提高样本的代表性，根据已确定的样本容量设计一张配额抽样分布表。在设计时要充分考虑被调查者的性别、年级和学校类型（本科类还是高职类）的差异对调查结果的影响。

3. 实施抽样调查，并对调查结果用SPSS统计软件进行处理。并在95%的概率保证下，(1)推断全地区大学生人均月消费额的置信区间；(2)分别推断不同性别、不同年级、不同学校类型的大学生人均月消费额的置信区间。

4. 对抽样推断结果作出说明和评价。

|项目五|
相关与回归分析

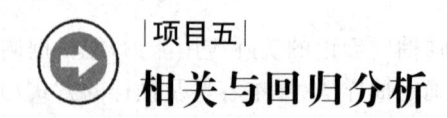

知识目标:

1. 正确理解相关分析与回归分析
2. 正确理解相关系数、回归系数和判定系数
3. 掌握简单线性回归模型的构建和评价

技能目标:

1. 能正确判断现象之间的相关关系
2. 能利用 SPSS 软件建立简单线性回归方程,并进行回归分析和预测

重点难点:

1. 相关分析与回归分析的关系
2. 相关分析与回归分析的实际应用

任务导入:

一家汽车销售商的经理认为,汽车的销售量与投入的广告费用有着密切的关系。为研究它们之间的关系,这位经理搜集了过去10年的数据(见表5—1),散点图如图5—1所示。

表 5—1　　　　　　　　2001~2002 年汽车销售量与广告费用资料

年　份	汽车销售量（辆）	广告费用（万元）	年　份	汽车销售量（辆）	广告费用（万元）
2001	1 100	385	2006	1 500	602
2002	1 250	420	2007	1 720	651
2003	1 280	406	2008	1 800	735
2004	1 360	490	2009	1 890	721
2005	1 480	525	2010	2 100	840

据此,请回答:

1. 你认为汽车销售量与广告费相关吗?
2. 根据散点图判断,你认为汽车销售量与广告费是什么关系?

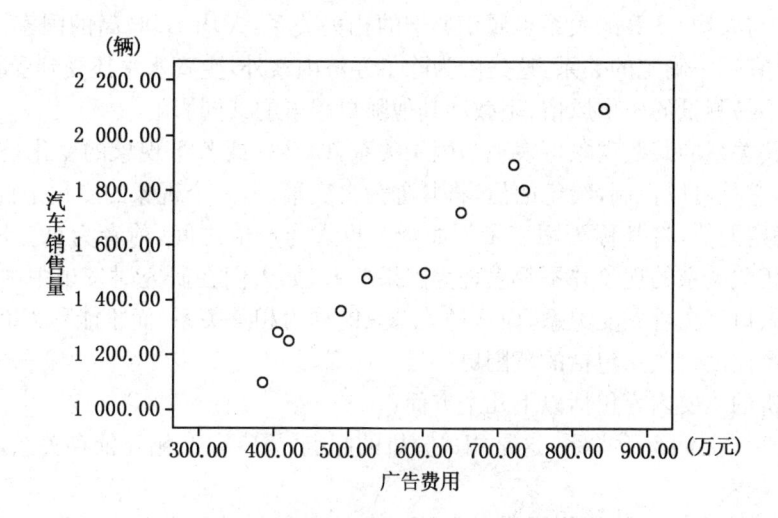

图 5—1　汽车销售量与广告费散点图

3. 若2011年广告费用投入1 000万元,汽车销售量可能为多少辆?

　　社会现象、经济现象和各种自然、生态现象都是在互相联系、互相制约中存在并不断发展变化的。一个现象的存在和发展,往往影响其他现象的发生和发展;众多事物此消彼长的变化,又会影响一些事物特定的发展变化。现象整体的发展,受制于整体内部各个因素的彼此关联与变化推动,也受到整体外部环境及相关条件的制约与影响,这已是众所周知的事实。相关与回归分析,正是研究和解释现象与现象、事物与事物彼此之间依存度、关联度和因果关系的统计方法。

学习任务一　相关分析

一、相关关系的概念

　　现实世界中的各种现象之间互相联系、互相制约、互相依存,某些现象发生变化时,另一现象也随之发生变化。如商品价格的变化会刺激或抑制商品销售量的变化;劳动力素质的高低会影响企业的效益;直接材料、直接人工的价格变化对产品销售成本有直接的影响,居民收入的高低会影响对该企业产品的需求量等。研究这些现象之间的依存关系,找出它们之间的变化规律,是对经搜集、整理过的统计数据进行数据分析,为客观、科学地统计提供数据。

　　现象间的依存关系大致可以分成两种类型:一类是函数关系,另一类是相关关系。

　　1. 函数关系。函数是指变量之间客观存在的确定性的数量对应关系。在函数关系中,当一变量取一定值时,与之相对应的另一变量也随之确定。例如,银行的1年期存款利率为年息3.25%,存入的本金用 x 表示,到期本息用 y 表示,则 $y=x+3.25\%x$。

　　2. 相关关系。相关关系是指客观现象之间确实存在的,但数量上不是严格对应的依存关系。在这种关系中,对于某一现象的每一数值,可以有另一现象的若干数值与之相对应。例如成本的高低与利润的多少有密切关系,但某一确定的成本与相对应的利润却是不确定的。这是因为影响利润的因素除了成本外,还有价格、供求平衡、消费嗜好等因素以及其他偶然因素;

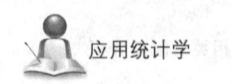

再如,生育率与人均 GDP 的关系也属于典型的相关关系:人均 GDP 高的国家,生育率往往较低,但二者没有唯一确定的关系,这是因为除了经济因素外,生育水平还受到受教育水平、城市化水平以及不易测量的民俗风俗、宗教和其他随机因素的共同影响。

具有相关关系的某些现象可表现为因果关系,即某一或若干现象的变化是引起另一现象变化的原因,它是可以控制、给定的值,将其称为自变量;另一个现象的变化是自变量变化的结果,它是不确定的值,将其称为因变量。如资金投入与产值之间,前者为自变量,后者为因变量。但具有相关关系的现象并不都表现为因果关系,如人们在研究时发现中国的经济增长速度与印度的人口存在着共变关系,而这种关系只能称为相关关系,而不能称为因果关系。这是由于相关关系比因果关系包括的范围更广泛。

相关分析的主要内容包括以下几个方面:

1. 确定现象之间有无关系,这是相关分析的起点,只有存在相互依存关系,才有必要作进一步的分析。

2. 确定相关关系的表现形式,才能运用相应的回归分析方法进一步分析现象之间的数量依存关系,如果把曲线相关误认为是直线相关,按直线相关来分析,便会出现认识上的错误,导致错误的结论。

3. 测定相关关系的密切程度。现象之间的相关关系是一种不严格的依存关系,因此给人的感觉是较松散的。相关分析就是要从这种松散的数量关系中,判断其相关关系的密切程度。

二、相关关系的类型

现象之间的相关关系从不同的角度可以区分为不同的类型。

(一)按照相关关系的因素变量的多少分为单相关和复相关

1. 单相关。是指两个变量之间的相关关系,如广告费支出与产品销售量之间的相关关系,劳动生产率与工资水平的关系等。

2. 复相关。是指三个或三个以上变量之间的相关关系,即因素变量不止一个,而是有两个或两个以上,研究一个因变量与多个自变量之间的相关关系。如商品销售额与居民收入、商品价格之间的相关关系。

(二)按照相关形式不同分为线性相关和非线性相关

1. 线性相关。线性相关,又称直线相关,是指当一个变量变动时,另一变量随之发生大致均等的变动,从图形上看,其观察点的分布近似地表现为一条直线。例如,人均消费水平与人均收入水平通常呈线性关系。

2. 非线性相关。非线性相关是指一个变量变动时,另一变量也随之发生变动,但这种变动不是均等的,从图形上看,其观察点的分布近似地表现为一条曲线,如抛物线、指数曲线等,因此也称曲线相关。例如,施肥量与农作物产量的关系,当施肥量在一定数量界限内,产量增加,但一旦超过一定限度,产量反而可能下降,这就是一种非线性关系。

(三)按照相关的方向不同分为正相关和负相关

1. 正相关。正相关是指当一个变量的值增加或减少时,另一个变量的值也随之增加或减少。如工人劳动生产率提高,产品产量也随之增加;居民的消费水平随个人所支配收入的增加而增加。

2. 负相关。负相关是指当一个变量的值增加或减少时,另一变量的值反而减少或增加。如商品流转额越大,商品流通费用越低;利润随单位成本的降低而增加。

(四)按相关程度分为完全相关、不相关和不完全相关

1. 完全相关。当一个变量的数量完全由另一个变量的数量变化所确定时,二者之间即为完全相关。例如,在价格不变的条件下,销售额与销售量之间的正比例函数关系即为完全相关,此时相关关系便成为函数关系,因此也可以说函数关系是相关关系的一个特例。

2. 不相关。当变量之间彼此互不影响,其数量变化各自独立时,则变量之间为不相关。例如,某一天股票价格的高低与当天气温的高低一般情况下是不相关的。

3. 不完全相关。如果两个变量的关系介于完全相关和不相关之间,称为不完全相关。由于完全相关和不相关的数量关系是确定的或相互独立的,因此统计学中的相关分析的主要研究对象是不完全相关。

相关关系分类示意图如图5—2所示。

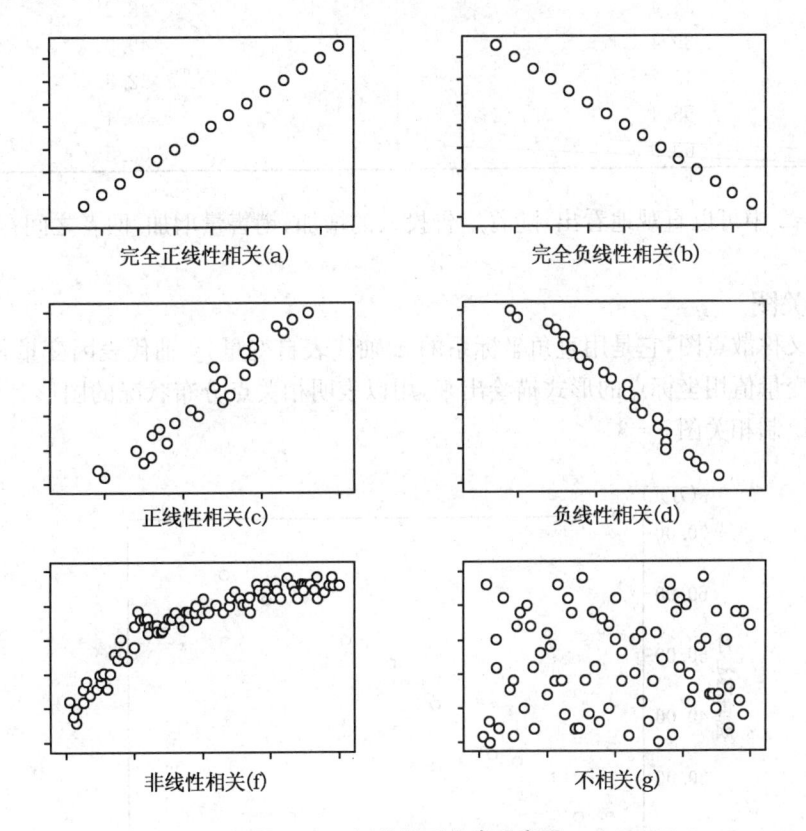

图5—2 相关关系分类示意图

三、相关关系的测定方法

要判别现象之间有无相关关系,我们可以进行定性分析和定量分析。定性分析是依据研究者的理论知识、专业知识和实践经验,对客观现象之间是否存在相关关系,以及有何种相关关系作出判断。并可在定性认识的基础上,编制相关表、绘制相关图,以便直观地判断现象之间相关的方向、形态及大致的密切程度。

(一)相关表

相关表是一种统计表。它是直接根据现象之间的原始资料,将一变量的若干变量值按从小到大的顺序排列,并将另一变量的值与之对应排列形成的统计表。

【实例 5-1】 某财务软件公司在全国有许多家代理商,为研究它的财务软件产品的广告投入与销售额的关系,统计人员随机选择 10 家代理商进行观察,搜集到年广告投入费和月平均销售额的数据,并编成相关表 5-2。

表 5-2　　　　　　　　　　年广告费与月平均销售额相关情况　　　　　　　　　　单位:万元

年广告费投入	月均销售额
12.5	21.2
15.3	23.9
23.2	32.9
26.4	34.1
33.5	42.5
34.4	43.2
39.4	49.0
45.2	52.8
55.4	59.4
60.9	63.5

从表 5-2 中可以直观地看出,随着广告投入的增加,销售量增加,两者之间存在一定的正相关关系。

(二)相关图

相关图又称散点图,它是用直角坐标系的 x 轴代表自变量,y 轴代表因变量,将两个变量间相对应的变量值用坐标点的形式描绘出来,用以表明相关点分布状况的图形。根据表 5-2 的资料可以绘制相关图 5-3。

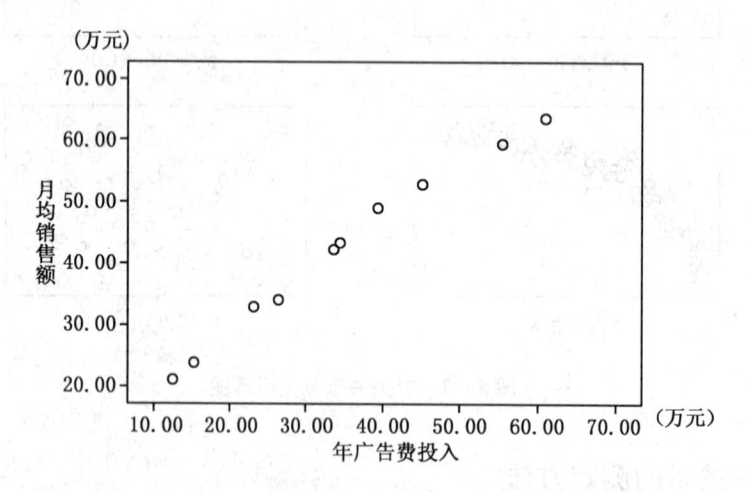

图 5-3　广告投入与销售额的相关图

从相关图可以直接地看出,年广告费投入与月平均销售额之间相关关系密切,且有线性正相关关系。

(三)相关系数

相关表和相关图虽然能够直观展现变量之间的相关关系、相关程度,但不很精确,无法确切地表明两个变量之间相关的程度。相关系数是用以反映两个定量变量 x 与 y 之间线性相关关系密切程度的量,如人均可支配收入与消费支出的相关程度、身高与体重之间的相关程度等。

相关系数用 r 表示，它的基本公式为：

$$r = \frac{\sum(x-\bar{x})(y-\bar{y})}{\sqrt{\sum(x-\bar{x})^2 \cdot \sum(y-\bar{y})^2}}$$

相关系数的值介于 -1 与 $+1$ 之间，即 $-1 \leqslant r \leqslant +1$。其性质如下：

1. 当 $r>0$ 时，表示两变量正相关；当 $r<0$ 时，表示两变量负相关。
2. 当 $|r|=1$ 时，表示两变量为完全线性相关，即为函数关系。
3. 当 $r=0$ 时，表示两变量间无线性相关关系。
4. 当 $0<|r|<1$ 时，表示两变量存在一定程度的线性相关。$|r|$ 越接近 1，表示两变量的线性相关越强；$|r|$ 越接近 0，表示两变量的线性相关越弱（见图 5—4）。
5. 一般可按三级划分：$|r|<0.4$ 为低度线性相关；$0.4 \leqslant |r| < 0.8$ 为显著线性相关；$0.8 \leqslant |r| < 1$ 为高度线性相关。

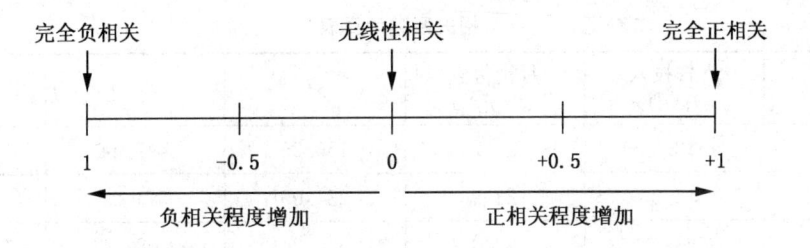

图 5—4 相关程度示意图

【实例 5—2】 根据表 5—2 的资料，计算相关系数。

解：根据资料，列出表 5—3。

表 5—3　　　　　　　　　　相关系数计算

序号	年广告费投入 x	月均销售额 y	$x-\bar{x}$	$(x-\bar{x})^2$	$y-\bar{y}$	$(y-\bar{y})^2$	$(x-\bar{x})(y-\bar{y})$
1	12.5	21.2	−22.12	489.294 4	−21.05	443.102 5	465.626
2	15.3	23.9	−19.32	373.262 4	−18.35	336.722 5	354.522
3	23.2	32.9	−11.42	130.416 4	−9.35	87.422 5	106.777
4	26.4	34.1	−8.22	67.568 4	−8.15	66.422 5	66.993
5	33.5	42.5	−1.12	1.254 4	0.25	0.062 5	−0.28
6	34.4	43.2	−0.22	0.048 4	0.95	0.902 5	−0.209
7	39.4	49	4.78	22.848 4	6.75	45.562 5	32.265
8	45.2	52.8	10.58	111.936 4	10.55	111.302 5	111.619
9	55.4	59.4	20.78	431.808 4	17.15	294.122 5	356.377
10	60.9	63.5	26.28	690.638 4	21.25	451.562 5	558.45
合计	346.2	422.5	0	2 319.076	0	1 837.185	2 052.14

$$\bar{x}=\frac{346.2}{10}=34.62 \qquad \bar{y}=\frac{422.5}{10}=42.25$$

$$r=\frac{\sum(x-\bar{x})(y-\bar{y})}{\sqrt{\sum(x-\bar{x})^2 \cdot \sum(y-\bar{y})^2}}$$

$$=\frac{2\,052.14}{\sqrt{2\,319.076 \times 1\,837.185}}=0.994\,2$$

相关系数为 0.994 2，说明广告投入费与月平均销售额之间有高度的线性正相关关系。

注意：上式 r 的计算有以下的简化公式：

$$r=\frac{n\sum xy - \sum x \sum y}{\sqrt{n\sum x^2 - (\sum x)^2}\sqrt{n\sum y^2 - (\sum y)^2}}$$

【实例 5-3】 根据表 5-2 的资料，运用上述简化公式计算相关系数。

解：根据资料，列出表 5-4。

表 5-4　　　　　　　　　　　　相关系数计算表

序号	广告投入（万元）x	月销售额（万元）y	x^2	y^2	xy
1	12.5	21.2	156.25	449.44	265.00
2	15.3	23.9	234.09	571.21	365.67
3	23.2	32.9	538.24	1 082.41	763.28
4	26.4	34.1	696.96	1 162.81	900.24
5	33.5	42.5	1 122.25	1 806.25	1 423.75
6	34.4	43.2	1 183.36	1 866.24	1 486.08
7	39.4	49.0	1 552.36	2 401.00	1 930.60
8	45.2	52.8	2 043.04	2 787.84	2 386.56
9	55.4	59.4	3 069.16	3 528.36	3 290.76
10	60.9	63.5	3 708.81	4 032.25	3 867.15
合计	346.2	422.5	14 034.52	19 687.81	16 679.09

$$r=\frac{n\sum xy - \sum x \sum y}{\sqrt{n\sum x^2 - (\sum x)^2}\sqrt{n\sum y^2 - (\sum y)^2}}$$

$$=\frac{10 \times 16\,679.09 - 346.2 \times 422.5}{\sqrt{10 \times 14\,304.52 - 346.2^2}\sqrt{10 \times 19\,687.81 - 422.5^2}}$$

$$=0.994\,2$$

相关系数为 0.994 2，说明广告投入费与月平均销售额之间有高度的线性正相关关系。

四、相关分析中应注意的问题

(一)相关系数不能解释两变量间的因果关系

相关系数只是表明两个变量间互相影响的程度和方向，它并不能说明两变量间是否有因果关系,以及何为因、何为果,即使是在相关系数非常大时,也并不意味着两变量间具有显著的因果关系。例如,根据一些人的研究,发现抽烟与学习成绩有负相关关系,但不能由此推断是抽烟导致了成绩差。

因与果在很多情况下是可以互换的。如研究发现收入水平与股票的持有额正相关,并且可以用收入水平作为解释股票持有额的因素,但是否存在这样的情况:你赚的钱越多,买的股票也越多,而买的股票越多,赚的钱也就越多,何为因?何为果?众所周知,经济增长与人口增长相关,可是究竟是经济增长引起人口增长,还是人口增长引起经济增长呢?不能从相关系数中得出结论。

(二)警惕虚假相关导致的错误结论

有时两变量之间并不存在相关关系,但却可能出现较高的相关系数。

如存在另一个共同影响两变量的因素。在时间序列资料中往往就会出现这种情况,有人曾对教师薪金的提高和酒价的上涨作了相关分析,计算得到一个较大的相关系数,这是否表明教师薪金提高导致酒的消费量增加,从而导致酒价上涨呢?经分析,事实是由于经济繁荣导致教师薪金和酒价的上涨,而教师薪金增长与酒价之间并没有什么直接关系。

原因的混杂也可能导致错误的结论。如有人做过计算,发现在美国经济学学位越高的人,收入越低,笼统地计算学位与收入之间的相关系数会得到负值。但分别对大学、政府机构、企业各类别计算学位与收入之间的相关系数得到的是正值,即对同一行业而言,学位高,收入也高。

另外,注意不要在相关关系据以成立的数据范围以外,推论这种相关关系仍然保持。雨下得多,农作物长得好,在缺水地区,干旱季节雨是一种福音,但雨量太大,却可能损坏庄稼。又如,广告投入多,销售额上涨,利润增加,但盲目加大广告投入,却未必使销售额再增长,利润还可能减少。正相关达到某个极限,就可能变成负相关。这个道理似乎人人都明白,但在分析问题时却容易忽视。

学习任务二　回归分析

一、回归分析的概念和类型

(一)回归分析的概念

通过相关分析,可以判定变量之间是否存在相关关系以及相关的密切程度,但它不能根据一个变量的值,估计推算出另一个变量的值。也就是说,它不能说明两个变量之间的一般数量关系。而回归分析的基本思想恰恰是:虽然自变量和因变量之间没有严格的、确定性的函数关系,但可以设法找出最能代表它们之间关系的数学表达形式。

回归分析是指对具有相关关系的两个或多个变量之间的数量变化进行数量测定,配合一定的数学方程(模型),以便由自变量的数值对因变量的可能值进行估计或预测的一种统计分析方法。根据数学模型绘出的几何图称为回归线,根据回归分析方法得出的数学表达式称为回归方程。

在回归分析中,变量之间存在一定的数量关系,但又不呈现函数关系,即观察值不是全落在回归线上,而是散布在回归线周围。离回归线越近,观察值越多;偏离较远的则观察值极少。

(二)回归分析的类型

1. 一元回归和多元回归

根据自变量的个数不同,可将回归分析分为一元回归分析和多元回归分析。只有一个自变量的回归分析称为一元回归分析,又称简单回归。有两个或两个以上自变量的回归分析称为多元回归分析,或称复回归。

2. 线性回归和非线性回归

根据回归线的形状不同,可将回归分析分为线性回归分析和非线性回归分析。线性回归分析是指变量之间关系的形态呈直线趋势,故可用直线方程来描述它们之间的数量关系。若变量之间是非线性相关关系,可通过建立非线性回归方程来反映它们之间的数量关系,即非线性回归分析。

将以上两种分类方式结合起来,就会有一元线性回归分析和多元线性回归分析、一元非线性回归分析和多元非线性回归分析。本项目将重点介绍一元线性回归分析。

二、回归分析的基本内容

(一)确定相关关系的数学表达式

为了测定相关现象之间数量变化的一般关系,可以通过建立函数关系的近似表达式即回归方程,作为相关关系的数学表达式。如果现象之间表现为直线相关,则可以用配合直线方程的方法;如果表现为曲线相关,则采用配合曲线方程的方法。这是进行预测的依据。

(二)依据回归方程进行回归估计或预测

由于回归方程反映了变量之间的一般性数量关系,因此当自变量数值发生变化后,可依据回归方程估计出因变量可能发生相应变化的数值。因变量的回归估计值,虽然不是一个必然的对应值,但它至少可以从一般性角度或平均意义角度反映因变量可能发生的数量变化。

(三)确定因变量估计误差的程度

用配合直线或曲线方程的方法,可以求得反映变量之间数量变化的关系式,从而计算出许多因变量的估计值。但是,根据这个直线或曲线方程而得到的因变量的估计值与实际值是有差异的。这就要计算反映因变量估计值与观察值之间差异程度的指标——估计标准误差。差异小表示估计值比较准确,差异大说明估计值不够准确。统计预测需要掌握这一准确度的大小。

三、回归分析与相关分析的关系

回归分析和相关分析是研究变量之间相关关系的两种统计方法,对两个变量间的关系进行完整的分析应该包含这两种方法。它们既有密切的联系又有区别。

(一)联系

1. 相关分析是回归分析的基础和前提。如果缺少相关分析,没有从定性上证明现象间是否具有相关关系,没有对相关关系的密切程度作出判断,就不能进行回归分析。即使勉强进行了回归分析,也毫无意义。

2. 回归分析是相关分析的深入和继续。相关分析需要回归分析来表明现象数量关系的具体形式。因此,只有进行回归分析,拟合了回归方程,才可能进行有关分析和预测,相关分析才有实际意义。

(二)区别

1. 相关分析所研究的两个变量是对等关系,即不必确定两个变量中哪个是自变量,哪个是因变量,改变两个变量的地位并不影响相关系数的数值。回归分析所研究的两个变量之间的关系是不对等的,必须根据研究的目的,确定哪个是自变量,哪个是因变量。

2. 对两个变量 x 和 y 来说,相关分析只能计算出一个反映两个变量之间密切程度的相关系数。在存在互为因果关系的条件下,相关系数也只有一个,不影响相关系数的数值。回归分析可根据研究目的的不同分别建立两个不同的回归方程:一个是以 x 为自变量,y 为因变量,可以得出 y 对 x 的回归方程;另一个是以 y 为自变量,x 为因变量,可以得出 x 对 y 的回归方程。若要画出图来,是两条斜率不同的回归直线。

3. 相关分析计算的相关系数是一个绝对值在 0~1 的抽象系数,其系数大小反映变量之间相关关系的程度。回归分析建立的回归方程,反映的是变量之间变动的内在联系和比例关系,不是抽象系数。根据回归方程,利用自变量的给定值,可以估计或推算因变量的数值,估计出来的参数都是有实际经济含义的数值。

4. 相关分析对资料的要求是,两个变量都必须是随机变量,各自接受随机因素的影响。而回归分析对资料的要求是,因变量是随机的,而自变量则可以不是随机的,是给定的数值。

四、一元线性回归分析

(一)建立回归方程

一元线性回归分析又称简单线性回归分析。它是一种对具有显著直线相关的两个变量间数量变化进行分析,确定回归方程,以预测估计因变量数值的方法。分析时所建立的回归方程称为一元线性回归方程,又称直线方程。它是分析一个自变量 x 与一个因变量 y 之间线性关系的数学方程。其回归方程的基本形式是:

$$y_c = a + bx$$

式中,y_c 表示因变量 y 的估计值,或称回归值、理论值。a 表示直线与纵轴的交点,数学上称为截距,即当自变量等于零时,因变量的起点值。b 表示直线与横轴间夹角的正切值,数学上称为斜率,回归分析中称为回归系数,即自变量 x 每变动一个单位时,因变量 y 的平均变动量。当 b 的符号为正时,自变量和因变量按相同方向变动;当 b 的符号为负时,自变量和因变量按相反方向变动。

(二)回归方程中的参数估计

a 和 b 是回归方程中的两个待定参数,而它们一旦被确定,这条直线便被唯一确定了。但用于描述这 n 组数据的直线有许多条,究竟用哪条直线来代表两个变量之间的关系,则需要有一个明确的原则。必须选择距离各散点最近的一条直线来表示变量 x 与 y 之间的关系。根据这一思想确定直线中未知常数 a、b 的方法称为最小平方法(最小二乘法)。利用这种方法得到的直线方程,可以使得推算的估计值 y_c 与实际值 y 的离差平方和达到最小。用公式表示为:

$$\sum (y - y_c)^2 = \sum (y - a - bx)^2 = 最小值$$

设 $Q = \sum (y - y_c)^2$,则 Q 是两个待定参数 a 和 b 的函数。根据微积分学中求极值的原理,需分别对 a 和 b 求偏导数,并令其等于零。经过整理,得到由下列两个方程式组成的标准方程组:

$$\begin{cases} \sum y = na + b\sum x \\ \sum xy = a\sum x + b\sum x^2 \end{cases}$$

解这个方程组得

$$b = \frac{\sum(x-\bar{x})(y-\bar{y})}{\sum(x-\bar{x})^2} = \frac{n\sum xy - \sum x \sum y}{n\sum x^2 - (\sum x)^2}$$

$$a = \frac{\sum y}{n} - b\frac{\sum x}{n} = \bar{y} - b\bar{x}$$

a、b 的值确定后,即可求出 y 关于 x 的回归方程 $y=a+bx$。

配合线性回归方程的前提条件是,两个变量之间确实存在显著的直线相关关系。否则,配合直线回归方程将毫无意义。因此,在进行回归分析之前,可以通过相关图及计算相关系数的方法,在确定其相关程度显著的条件下,再配合直线回归方程。

【实例 5-4】 某医院于 2010 年对医用设备的使用年限和维修费支出情况进行调查,调查结果如表 5-5 所示,要求建立医用设备的使用年限与年维修费用的线性回归方程。

表 5-5　　　　　　　　　医用设备使用年限与维修费资料

序号	设备使用年限(年)	年维修费(元)	序号	设备使用年限(年)	年维修费(元)
1	2	400	7	5	800
2	2	540	8	6	700
3	3	520	9	6	760
4	4	640	10	6	900
5	4	740	11	8	840
6	5	600	12	9	1 080

解:通过计算可得相关系数为 0.891 3(见表 5-6),已知设备使用年限 x 和年维修费 y 这两个变量有高度的线性相关关系。虽然各散点并不在一条直线上(如图 5-5),但可配合一条直线,近似地表达现象变动的一般规律。

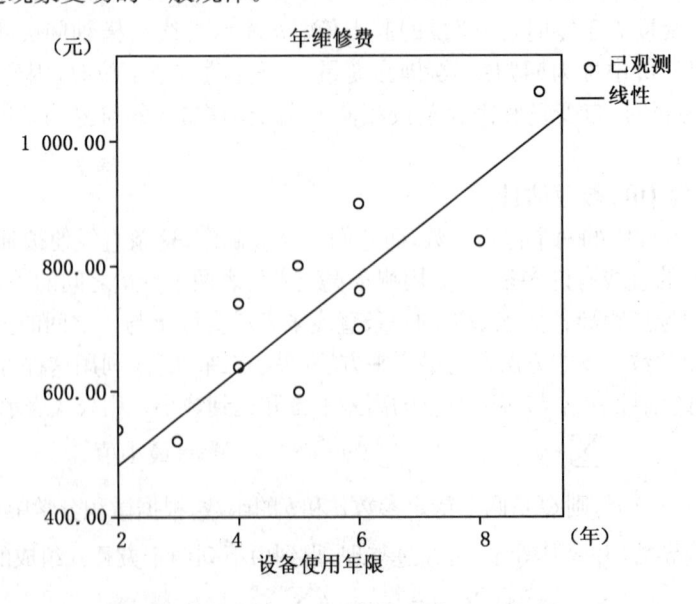

图 5-5　设备使用年限与维修费的相关图

表 5－6　　　　　　　　　　医用设备使用年限与维修费回归参数计算

序号	年限 x	年维修费 y	x^2	y^2	xy
1	2	400	4	160 000	800
2	2	540	4	291 600	1 080
3	3	520	9	270 400	1 560
4	4	640	16	409 600	2 560
5	4	740	16	547 600	2 960
6	5	600	25	360 000	3 000
7	5	800	25	640 000	4 000
8	6	700	36	490 000	4 200
9	6	760	36	577 600	4 560
10	6	900	36	810 000	5 400
11	8	840	64	705 600	6 720
12	9	1 080	81	1 166 400	9 720
合计	60	8 520	352	6 428 800	46 560

从表 5－6 可知：

$\sum x = 60, \sum y = 80, n = 112, \sum x^2 = 352, \sum y^2 = 6\,428\,800, \sum xy = 46\,560$

将表 5－6 中的资料代入回归方程式标准方程，得

$$b = \frac{\sum (x-\bar{x})(y-\bar{y})}{\sum (x-\bar{x})^2} = \frac{n\sum xy - \sum x \sum y}{n\sum x^2 - (\sum x)^2} = \frac{12 \times 46\,560 - 60 \times 8\,520}{12 \times 352 - 60^2} \approx 76.15$$

$$a = \frac{\sum y}{n} - b\frac{\sum x}{n} = \bar{y} - b\bar{x} = \frac{8\,520}{12} - 76.15 \times \frac{60}{12} \approx 329.25$$

将 a 和 b 的数值代入方程式 $y_c = a + bx$，求得直线回归方程为：

$y_c = 329.25 + 76.15x$

(三)回归系数的含义

在上面计算得到的回归方程中，$a = 329.25$ 是回归直线在 y 轴上的截距，表示年维修费用的理论起点值；回归系数 $b = 76.15$ 表示设备使用年限每增加一年，年维修费用平均增加 76.15 元。

(四)回归方程的评价与检验

当我们得到一个实际的回归方程后，还不能马上就进行回归分析与预测等应用，在应用前还需要运用统计方法对回归方程进行评价与检验。进行评价与检验主要基于以下理由：第一，在利用样本数据估计回归模型时，首先是假设变量 y 与 x 之间存在着线性关系，但这种假设是否存在需要进行检验；第二，估计的回归方程是否真的描述了变量 y 与 x 之间的统计规律性，y 的变化能否通过模型中的解释变量 x 去解释需要进行检验等等。一般进行的评价与检验主要有：

1. 对回归方程经济意义的检验

所谓经济意义检验就是利用相关的经济学原理及我们所积累的丰富经验,对所估计回归方程的回归系数进行分析与判断,看其是否能得到合理的解释。对回归方程进行检验,首先要进行的就是经济意义的检验。假如我们以医用设备使用年限为变量,以医用设备维修费用为因变量,建立的一元线性回归方程为:

$y_c = 369 - 39.67x$

回归系数 -39.67 的含义是使用年限每增加一年,则医用设备的维修费将平均减少 39.67 元,很明显这是不合理的经济解释,与经济理论、与实际情况不相符合,如果无合理的原因进行解释,该方程无法应用。

2. 对回归方程的统计检验

回归方程的统计检验包括两个方面:一是对回归方程的显著性检验,即检验两个变量之间是否存在着线性关系;二是对回归系数的检验,即检验两个变量的线性效果是否显著。

(1)线性回归方程的显著性检验

虽然本教材没有关于统计检验的方法介绍,但我们可以从根据伴随概率进行简单判断:如果伴随概率(Sig.值)小于我们事先确定的显著水平(一般为默认值 0.05)时,则认为回归方程的线性关系是存在的;否则回归方程不存在线性关系。例如根据表 5-5 数据,用 SPSS 计算得到的回归分析中的方差分析结果如表 5-7 所示。

表 5-7　　　　　　　　　　方差分析结果输出

模 型		平方和	df	均方	F	Sig.
1	回归	301 569.231	1	301 569.231	38.647	0.000[a]
	残差	78 030.769	10	7 803.077		
	总计	379 600.000	11			

a. 预测变量:(常量),设备使用年限。
b. 因变量:设备维修费用。

表 5-7 为医用设备使用年限和设备维修费用的方差分析表,由于 $F = 38.647$,伴随概率 Sig. $= 0.000 < 0.05$,因此,回归方程 $y_c = 329.25 + 76.15x$ 的线性关系是存在的。

(2)回归系数的显著性检验

回归系数的显著性检验就是检验自变量 x 对因变量 y 的线性效果是否显著。

同样,我们可以根据伴随概率进行判断:如果伴随概率(Sig.值)小于我们事先确定的显著水平(一般为默认值 0.05)时,则认为自变量 x 对因变量 y 的线性效果显著;否则,认为自变量 x 对因变量 y 的线性效果不显著。仍用医用设备使用年限与维修费用回归分析的 SPSS 输出(表 5-8),可以看出,截距项和回归系数的 t 值分别为 4.96 和 6.21,其 Sig. 值均小于 0.05,因此可以认为医用设备使用年限与维修费用的线性效果是显著的。

表 5-8　　　　　　　　　　回归分析中的参数输出表

模 型		非标准化系数		标准系数	t	Sig.	B 的 95.0%置信区间	
		B	标准误差	试用版			下限	上限
1	(常量)	329.2	66.34		4.96	0.001	181.40	477.0
	设备使用年限	76.15	12.25	0.891	6.21	0.000	48.859	103.4

a. 因变量:设备维修费用。

3. 对回归方程的评价——拟合程度分析

回归方程在一定程度上描述了变量 x 与 y 之间的内在规律，根据这一方程，我们可以由自变量的取值来估计因变量的取值。但估计的精确程度如何，将取决于回归方程对观测数据的拟合程度。回归方程的拟合程度分析最常用的度量值是判定系数，此外还可以用估计标准误差进行分析。

(1) 判定系数 R^2

判定系数即为相关系数的平方，是用来说明回归方程对观测数据拟合程度的一个度量值。各观测数据的值越紧密围绕回归线，说明回归方程对观测数据的拟合程度越好，判定系数越大；反之则越差，判定系数越小。

判定系数 R^2 的取值范围在 $[0,1]$，$R^2=1$ 时，表明回归直线与观测值完全拟合；$R^2=0$，则表明变量 x 与 y 之间不存在线性关系。可见，R^2 越接近于 1，表明回归直线与各观测值越接近，回归直线的拟合程度就越好；反之，R^2 越接近于 0，回归直线的拟合程度越差。

(2) 估计标准误差

估计标准误差是指因变量的实际值 y 与估计值 y_c 的平均离差，是用来说明回归方程代表性大小的一个度量值，同时也可用来构造估计值的置信区间。其计算公式为：

$$S_y = \sqrt{\frac{\sum(y-y_c)^2}{n-2}}$$

式中，S_y 表示估计标准误差；y 表示因变量实际观察值；y_c 表示根据回归方程推算出的因变量的估计值；$n-2$ 表示自由度。

S_y 数值的大小，说明回归估计值的准确程度和回归方程的代表性的大小。S_y 值越大，说明估计值的准确程度越低，回归方程的代表性越小；S_y 值越小，说明回归方程的代表性越大，根据回归方程进行预测也就越准确。若 $S_y=0$，说明实际观测值 y 与估计值 y_c 没有差异，也就是说，变量之间的关系就是回归方程所表现出来的那种函数关系，相关图中显示实际观测值全部落在直线上。可见，S_y 也从另一个角度说明了回归直线的拟合程度。

【实例 5-5】 下面仍以表 5-6 的资料及其所建立的设备使用年限和维修费用的回归方程为例，通过列表来说明估计标准误差的计算过程（见表 5-9）。

表 5-9　　　　　　　　　　估计标准误差计算表

序号	年限 x	年维修费 y	y_c	$y-y_c$	$(y-y_c)^2$
1	2	400	481.55	−81.55	6 650.402 5
2	2	540	481.55	58.45	3 416.402 5
3	3	520	557.7	−37.7	1 421.29
4	4	640	633.85	6.15	37.822 5
5	4	740	633.85	106.15	11 627.822 5
6	5	600	710	−110	12 100
7	5	800	710	90	8 100
8	6	700	786.15	−86.15	7 421.822 5
9	6	760	786.15	−26.15	683.822 5
10	6	900	786.15	113.85	12 961.822 5
11	8	840	938.45	−98.45	9 692.402 5
12	9	1 080	1 014.6	65.4	4 277.16
合计	60	8 520	8 520	—	78 030.77

将表 5-9 中的有关计算结果代入计算公式,得到：

$$S_y = \sqrt{\frac{\sum(y-y_c)^2}{n-2}} = \sqrt{\frac{78\,030.77}{12-2}} = 88.335$$

计算结果表明,维修费用的实际值与估计值的平均差距为 88.335 元。为了判断估计标准误差所表明的平均离差的大小,可计算离散系数：

$$v = \frac{S_y}{\bar{y}} = \frac{88.335}{710} = 0.124\,4$$

这表明回归直线与所给点 (x,y) 间的配合精度相当高,以回归值 y_c 来估计相应的实际值 y 误差相当小。只有在估计标准误差较小的情况下,用回归方程作估计或预测才具有实用价值。

实际工作中,使用定义公式计算估计标准误差比较麻烦。为了直接利用计算相关系数的有关数据,根据已经建立的回归方程 $y_c = a + bx$,可采用简捷法计算估计标准误差。其计算公式为：

$$S_y = \sqrt{\frac{\sum y^2 - a\sum y - b\sum xy}{n-2}}$$

下面根据表 5-6 的资料及其所建立的设备使用年限和维修费用的回归方程,用简捷法计算估计标准误差,结果为：

$$S_y = \sqrt{\frac{6\,428\,800 - 329.25 \times 8\,520 - 76.15 \times 46\,560}{12-2}} \approx 88.344$$

用定义公式和简捷公式计算估计标准误差,从理论上讲,其计算结果应该是相等的。两个式子的计算结果相差 0.009 元,这是由参数值计算过程中四舍五入所引起的,对我们分析问题影响不大。

上述资料如果由 SPSS 计算并输出得表 5-10。

表 5-10 模型汇总

模型	R	R 方	调整 R 方	标准估计的误差
1	0.891[a]	0.794	0.774	88.335 03

a. 预测变量：(常量),设备使用年限。

(五)利用回归方程进行预测

1. 点预测

点预测就是利用所求的回归方程,只需把自变量的值代入所建立的回归直线方程,就可以得到对应的因变量的预测值。在【实例 5-4】中,当使用年限 $x=8$ 年时,年维修费用的估计值为：

$$y_c = 329.25 + 76.15 \times 8 = 938.45(元)$$

通过回归方程不仅可以推出已知值的估计值,而且可以预测超出现有数据范围的未知值。例如,当使用年限 $x=10$ 年时,年维修费用的估计值为：

$$y_c = 329.25 + 76.15 \times 10 = 1\,090.75(元)$$

2. 区间预测

区间预测与区间估计类似,也需要有三个条件,即：点估计值、概率度和估计标准误差。

在一定的置信水平下的预测区间近似地为：

$$(y_c-ZS_y, y_c+ZS_y)$$

例如,在95%概率保证下,当使用年限为8年时,维修费用的预测区间为:
$$(938.45-1.96\times88.34, 938.45+1.96\times88.34)$$
即　　765.30~1 111.60元。

在95%概率保证下,当使用年限为10年时,维修费用的预测区间为:
$$(1\,090.75-1.96\times88.34, 1\,090.75+1.96\times88.34)$$
即:　　917.60~1 263.90元。

技能训练一　用SPSS统计软件计算相关系数

以下表5-11是1991~2010年我国国内生产总值(按当年价计算)和城镇居民家庭人均可支配收入统计资料。

表5-11　　1991~2010我国国内生产总值和城镇居民家庭人均可支配收入统计资料

年份	国内生产总值(亿元)	城镇居民家庭人均可支配收入(元)
1991	21 781.50	1 700.60
1992	26 923.50	2 026.60
1993	35 333.90	2 577.40
1994	48 197.90	3 496.20
1995	60 793.70	4 283.00
1996	71 176.60	4 838.90
1997	78 973.00	5 160.30
1998	84 402.30	5 425.10
1999	89 677.10	5 854.00
2000	99 214.60	6 280.00
2001	109 655.20	6 859.60
2002	120 332.70	7 702.80
2003	135 822.80	8 472.20
2004	159 878.30	9 421.60
2005	184 937.40	10 493.00
2006	216 314.40	11 759.50
2007	265 810.30	13 785.80
2008	314 045.40	15 780.80
2009	340 902.80	17 174.70
2010	401 202.00	19 109.40

资料来源:《中国统计年鉴(2011)》。

根据上表,利用SPSS软件计算国内生产总值与城镇居民家庭人均可支配收入的相关系数并绘制相关图。

计算相关系数具体步骤如下:

1.新建文件:单击"文件",选择"新建"—"数据",分别定义变量名为"国内生产总值"、"城镇居民家庭人均可支配收入",并将数据手工录入到对应变量名下的内容栏里。

2.定义时间:单击"数据",选择"定义日期",弹出"定义日期"对话框,在"个案为"对话框中,选择时间序列的时间间隔,本例中选定为"年份",在"第一个个案为"对话框中"年"栏中填入数据初始年份为"1991",单击"确定"按钮,即可生成时间序列。

3.单击"分析",选择"相关"—"双变量",弹出"双变量相关"对话框,将"国内生产总值"、"城镇居民家庭人均可支配收入"两个变量选进"变量"框中,相关系数默认为"Pearson",显著性检验默认为"双侧检验",如图5-6所示。

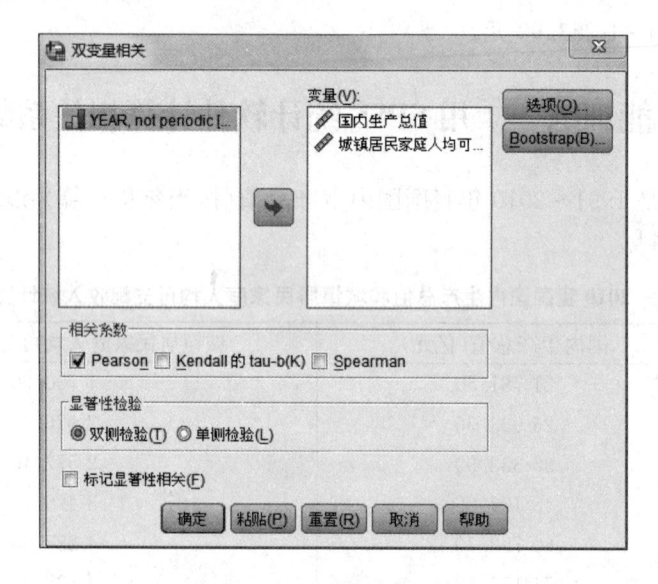

图5-6 双变量相关对话框

4.单击"确定",即可得到输出结果。国内生产总值与城镇居民家庭人均可支配收入的相关系数分析结果见表5-12所示。

表5-12　　　　　　国内生产总值与城镇居民家庭人均可支配收入相关系数表

		国内生产总值	城镇居民家庭人均可支配收入
国内生产总值	Pearson 相关性	1	0.996
	显著性(双侧)		0.000
	N	20	20
城镇居民家庭人均可支配收入	Pearson 相关性	0.996	1
	显著性(双侧)	0.000	
	N	20	20

从表中可以看出,我国国内生产总值和城镇居民家庭人均可支配收入之间相关系数为0.996,表明两者的相关关系为正的高度相关。

如果想计算多个变量之间的两两相关系数,只要将多个变量一并选进"变量"框中,点击"确定",即可得到相关系数矩阵。比如,根据我国国内生产总值、城镇居民家庭人均可支配收入、居民人均消费支出、进出口总额、能源消费总额、铁路客运量等计算得到的相关系数。如表5-13所示。

表 5-13　　　　　　　　　　　　　　相关系数矩阵

		居民消费支出	人均可支配收入	进出口总额	能源	国内生产总值	铁路客运量
居民消费支出	Pearson 相关性	1	0.999	0.966	0.982	0.993	0.911
	显著性(双侧)		0.000	0.000	0.000	0.000	0.000
	N	20	20	20	20	20	20
人均可支配收入	Pearson 相关性	0.999	1	0.973	0.987	0.996	0.920
	显著性(双侧)	0.000		0.000	0.000	0.000	0.000
	N	20	20	20	20	20	20
进出口总额	Pearson 相关性	0.966	0.973	1	0.986	0.981	0.944
	显著性(双侧)	0.000	0.000		0.000	0.000	0.000
	N	20	20	20	20	20	20
能源	Pearson 相关性	0.982	0.987	0.986	1	0.985	0.922
	显著性(双侧)	0.000	0.000	0.000		0.000	0.000
	N	20	20	20	20	20	20
国内生产总值	Pearson 相关性	0.993	0.996	0.981	0.985	1	9.46
	显著性(双侧)	0.000	0.000	0.000	0.000		0.000
	N	20	20	20	20	20	20
铁路客运量	Pearson 相关性	0.911	0.920	0.944	0.922	0.946	1
	显著性(双侧)	0.000	0.000	0.000	0.000	0.000	
	N	20	20	20	20	20	20

绘制相关图具体步骤如下：

1. 打开数据文件。

2. 单击"图形"，选择"旧对话框(L)"，选择并单击"散点/点状(S)"，进入"散点图/点图"对话框，选中"简单分布"。如图 5-7 所示。

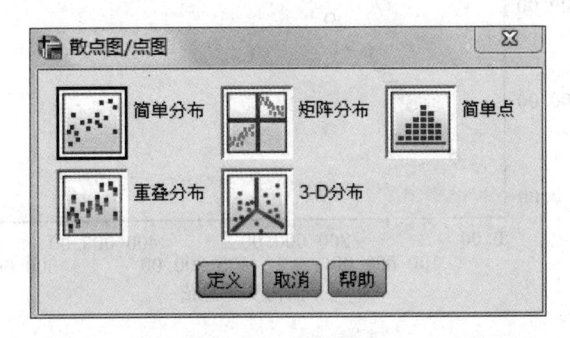

图 5-7　散点图/点图对话框

3. 点击"定义"，弹出"简单散点"对话框，将"国内生产总值"、"城镇居民家庭人均可支配收入"两个变量分别选进"X 轴"和"Y 轴"中。如图 5-8 所示。

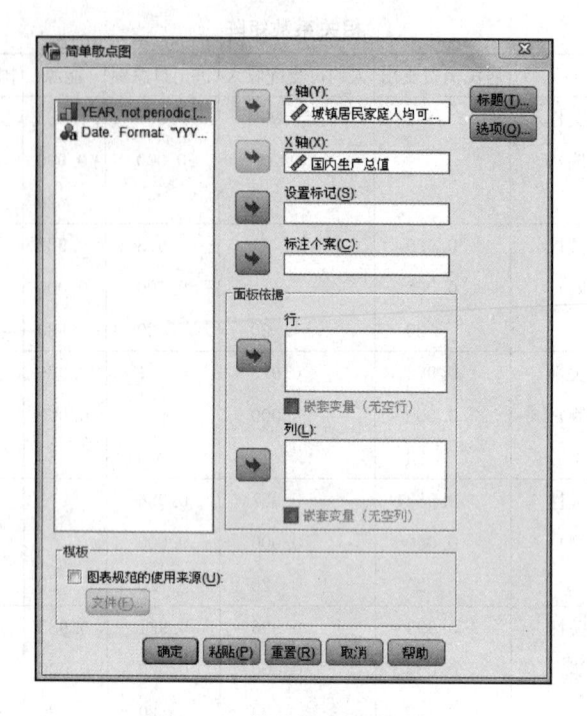

图 5-8　简单散点图对话框

4. 点击"确定",即可得到输出结果。如图 5-9 所示。

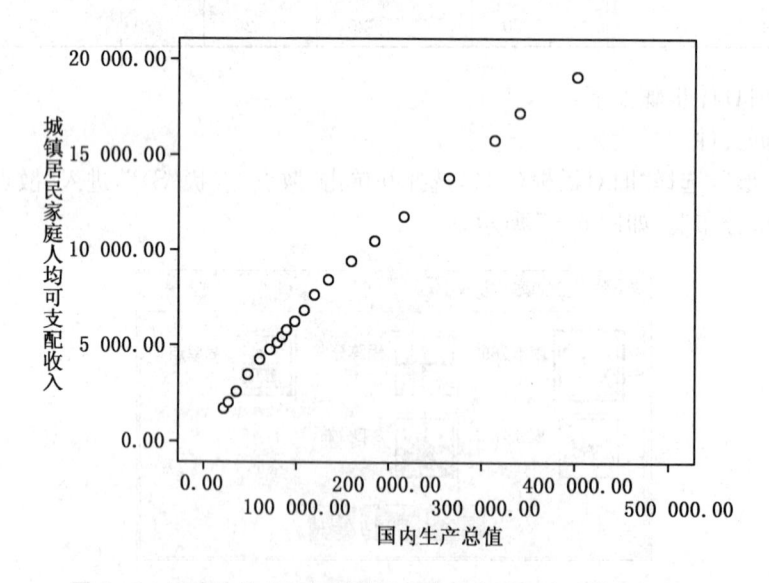

图 5-9　国内生产总值与城镇居民家庭人均可支配收入相关图

技能训练二　用 SPSS 建立简单线性回归方程并进行回归分析和预测

根据表 5-1,试建立我国国内生总值与城镇居民家庭人均可支配收入的简单线性回归方程;对回归方程的系数进行显著性检验;对回归方程拟合的效果进行评价;当国内生产总值达到 550 000 亿元时,对城镇居民家庭人均可支配收入做区间估计(置信水平为 95%)。

具体步骤：

1. 单击"分析"，选择"回归"—"线性"，弹出"线性回归"对话框；

2. 分别将"城镇居民家庭人均可支配收入"和"国内生产总值"两变量选到"因变量"和"自变量"框中，如图5—10所示；

3. 点"确定"按钮，即可输出结果如表5—14、表5—15和表5—16所示。

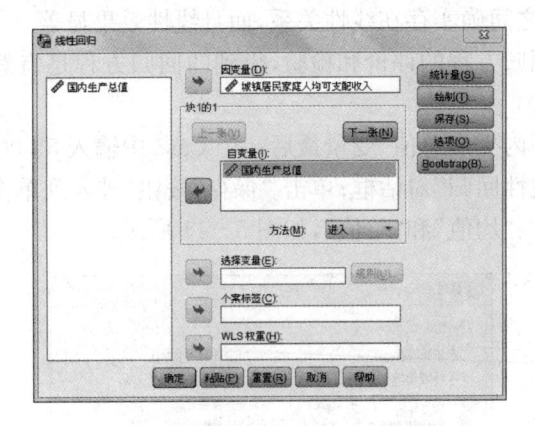

图5—10 线性回归对话框

表5—14　　　　　　　　　　　　　　模型汇总

模型	R	R方	调整R方	标准估计的误差
1	0.996[a]	0.992	0.991	475.225 45

a. 预测变量：(常量)，国内生产总值。

表5—15　　　　　　　　　　　　　方差分析结果输出

模型		平方和	df	均方	F	Sig.
1	回归	4.924E-8	1	4.924E-8	2 180.328	0.000[a]
	残差	4 065 106.063	18	225 839.226		
	总计	4.965E-8	19			

a. 预测变量：(常量)，国内生产总值。
b. 因变量：城镇居民家庭人均可支配收入。

表5—16　　　　　　　　　　　　　　回归系数输出

模型	非标准化系数 B	非标准化系数 标准误差	标准系数 试用版	t	Sig.
1　(常量)	1 512.895	176.787		8.558	0.000
国内生产总值	0.046	0.001	0.996	46.694	0.000

a. 因变量：城镇居民家庭人均可支配收入。

由表5—16得到国内生产总值与城镇居民家庭人均可支配收入的回归方程为

$y_c = 1\,512.895 + 0.046x$

对回归方程的检验：由表5—14看出，相关系数$R=0.996$，判定系数$R^2=0.992$，估计标

准误差 $S_y=475.22545(元)$，说明用回归直线来拟合国内生产总值与城镇居民家庭人均可支配收入各观测值的拟合程度非常好。换句话说，在城镇居民家庭人均可支配收入的变动中，有 99.2% 可以由国内生产总值的变动来解释。

由表 5—15 方差分析表看到，$F=2180.328$，对应的伴随概率 Sig.$=0.000<0.05$；由表 5—16 得到 t 值为 46.694 时对应的 Sig. 值为 $0.000<0.05$。可以判断，国内生产总值与城镇居民家庭人均可支配收入之间确实存在线性关系，而且线性效果显著。

因此，综合上述对回归方程的评价和检验，得到的回归方程是有意义的，可以进行回归分析和预测。

4. 在数据文件的"国内生产总值"变量最后一个 Case 中输入 55 000，单击"分析"，选择"回归"—"线性"，仍回到"线性回归"对话框；单击"保存"按钮，进入到单击"线性回归：保存"对话框，确定选项"未标准化"、"均值"和"单值"，如图 5—11 所示。

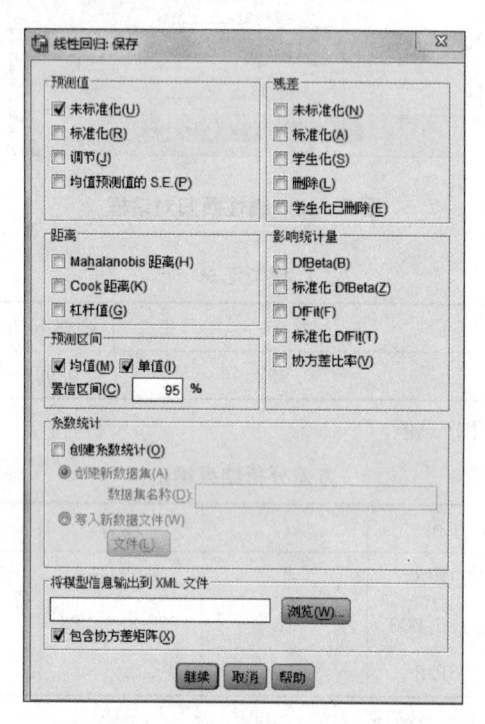

图 5—11 线性回归：保存对话框

5. 单击"继续"按钮，回到"线性回归"对话框，点击"确定"，即得到当国内生产总值达到 550 000 亿元时，我国城镇居民家庭人均可支配收入的置信区间（置信水平为 95%），如表 5—17 所示。

在 95% 的置信水平下，当国内生产总值达到 550 000 亿元时，我国城镇居民家庭人均可支配收入的点估计值为 26 839.06 元；区间估计值为 25 967.31 亿元～27 710.81 亿元。经调整后的区间估计为 25 513.63 亿元～28 164.50 亿元。

表 5-17　　　　　　　　城镇居民家庭人均可支配收入的点估计值和区间估计值

国内生产总值	城镇居民家庭人均可支配收入	PRE_1	LMCI_1	UMCI_1	LICI_1	UICI_1
21781.50	1700.60	2515.88075	2179.43587	2852.32564	1462.30545	3569.45605
26923.50	2026.60	2752.65739	2424.10648	3081.20829	1701.57630	3803.73847
35333.90	2577.40	3139.93592	2823.94733	3455.92451	2092.71362	4187.15822
48197.90	3496.20	3732.29193	3434.56884	4030.01502	2690.43551	4774.14835
60793.70	4283.00	4312.29798	4031.15825	4593.43771	3275.05871	5349.53725
71176.60	4838.90	4790.40535	4521.79656	5059.01415	3756.49219	5824.31852
78973.00	5160.30	5149.41067	4889.43701	5409.38433	4117.70720	6181.11415
84402.30	5425.10	5399.41677	5145.02344	5653.81010	4369.10531	6429.72824
89677.10	5854.00	5642.30853	5392.97005	5891.64700	4613.23349	6671.38356
99214.60	6280.00	6081.48728	5840.29841	6322.67614	5054.35641	7108.61815
109655.20	6859.60	6562.25160	6328.38993	6796.11326	5536.81655	7587.68664
120332.70	7702.80	7053.92458	6825.67161	7282.17756	6029.75410	8078.09507
135822.80	8472.20	7767.20613	7543.42214	7990.99013	6744.02236	8790.38991
159878.30	9421.60	8874.90359	8649.01536	9100.79182	7851.25753	9898.54964
184937.40	10493.00	10028.81439	9789.45217	10268.17660	9002.11091	11055.51786
216314.40	11759.50	11473.64917	11203.93692	11743.36141	10439.44878	12507.84956
265810.30	13785.80	13752.81536	13414.73328	14090.89744	12698.71610	14806.91462
314045.40	15780.80	15973.92478	15555.55776	16392.29179	14891.40147	17056.44808
340902.80	17174.70	17210.64293	16744.27028	17677.01559	16108.67687	18312.60900
401202.00	19109.40	19987.27490	19408.12013	20566.42967	18833.04529	21141.50452
550000.00		26839.06205	25967.30924	27710.81486	25513.62676	28164.49735

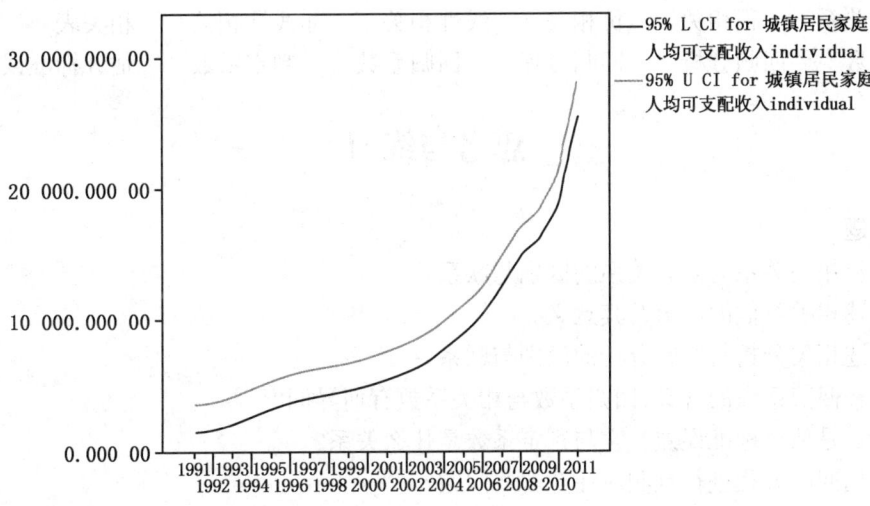

图 5-12　城镇居民家庭人均可支配收入区间估计示意图

知识回顾

1. 相关关系是指客观现象之间确实存在的,但在数量上不是严格对应的依存关系。在这种关系中,对于某一现象的每一个数值,可以有另一现象的若干数值与之相对应。

2. 相关表是一种统计表。它是直接根据现象之间的原始资料,将一变量的若干变量值按从小到大排列,并将另一变量的值与之对应排列形成的统计表。从相关表中可以判断变量之间相关的方向,但无法判断相关的形式和相关关系的密切程度。

3. 相关图又称散点图,它是用直角坐标系的 X 轴代表自变量,Y 轴代表因变量,将两个变量间对应的变量值用坐标点的形式描绘出来,用来表明相关点分布状况的图形。从相关图中可以判断变量之间相关的方向和相关的形式,也可大致判断出相关关系的密切程度。

4. 相关系数是用来反映两个相关变量在线性相关情况下相关关系密切程度的度量值。

5. 回归分析是指对具有相关关系的两个或多个变量之间的数量变化进行数量测定,配合一定的数学方程式(模型),以便由自变量的值对因变量的可能值进行估计或预测的一种统计分析方法。根据数学模型绘出的几何图称为回归线,根据回归分析得到的数学表达式称为回归方程。

6. 一元线性回归分析又称简单线性回归分析。它是一种对具有显著直线相关的两个变量间数量变化进行分析,确定回归方程并经过评价和检验,以预测估计因变量数值的方法。

7. 估计标准误差是指因变量的实际值 y 与估计值 y_c 的平均离差,是用来说明回归方程代表性大小的一个度量值,同时也可用来构造估计值的置信区间。

主要概念

相关关系   正相关   负相关   线性相关   非线性相关   相关表   相关图
相关系数   回归分析   回归方程   回归系数   判定系数   估计标准误差

思考与练习

思考题

1. 解释相关关系与函数关系的区别与联系。
2. 简述相关系数的取值及其意义。
3. 简述相关分析与回归分析的区别与联系。
4. 解释回归系数的含义,回归系数与相关系数有何异同?
5. 什么是估计标准误差?它与判定系数是什么关系?
6. 利用回归方程进行预测应注意哪些问题?

练习题

一、单项选择题

1. 当自变量的数值确定后,因变量的数值也随之完全确定,这种关系属于(　　)。
   A. 相关关系　　　B. 函数关系　　　C. 回归关系　　　D. 随机关系

2. 现象之间的相互关系可以归纳为两种类型,即( )。
   A. 相关关系和函数关系　　　　　B. 相关关系和因果关系
   C. 相关关系和随机关系　　　　　D. 函数关系和因果关系
3. 相关关系的取值范围是( )。
   A. $0 < r < 1$　　B. $-1 < r < 1$　　C. $-1 \leqslant r \leqslant 1$　　D. $-1 \leqslant r \leqslant 0$
4. 现象之间线性依存关系的程度越低,则相关系数( )。
   A. 越接近于-1　　B. 越接近于 1　　C. 越接近于 0　　D. 在 $0.5 \sim 0.8$
5. 若物价上涨商品的需求量相应减少,则物价与商品需求量之间的关系为( )。
   A. 不相关　　　　B. 负相关　　　　C. 正相关　　　　D. 复相关
6. 现象之间线性相关关系的程度越高,则相关系数( )。
   A. 越接近于 0　　B. 越接近于 1　　C. 越接近于-1　　D. 越接近于$+1$或-1
7. 如果变量 x 和变量 y 之间的相关系数为± 1,说明两变量之间( )。
   A. 不存在相关关系　　　　　　　B. 相关程度很低
   C. 相关程度显著　　　　　　　　D. 完全相关
8. 如果变量 x 和变量 y 之间随之下降,那么变量 x 与变量 y 之间存在着( )。
   A. 直线相关关系　　　　　　　　B. 正相关关系
   C. 负相关关系　　　　　　　　　D. 曲线相关关系
9. 下列两个变量之间相关程度高的是( )。
   A. 商品销售额和商品销售量的相关系数是 0.9
   B. 商品销售额和商业利润率的相关系数是 0.84
   C. 平均流通费用率与商业利润率的相关系数是-0.94
   D. 商品销售价格与销售量的相关系数是-0.91
10. 回归分析中的两个变量( )。
    A. 都是随机变量　　　　　　　　B. 关系式对等的
    C. 都是给定的量　　　　　　　　D. 一个是自变量,一个是因变量

二、多项选择题

1. 测定现象之间有无相关关系的方法有( )。
   A. 对现象做定性分析　　　　　　B. 编制相关表
   C. 绘制相关图　　　　　　　　　D. 计算相关系数
   E. 计算估计标准误差
2. 下列属于正相关的现象有( )。
   A. 家庭收入越多,其消费支出也越多
   B. 某产品产量随工人劳动生产率的提高而增加
   C. 流通费用率随商品销售额的增加而减少
   D. 生产单位产品所耗工时随劳动生产率的提高而减少
   E. 总生产费用随产品产量的增加而增加
3. 下列属于负相关的现象有( )。
   A. 商品流转的规模越大,流通费用水平越低
   B. 流通费用率随商品销售额的增加而减少

C. 国内生产总值随投资额的增加而增长
D. 生产单位产品所耗工时随劳动生产率的提高而减少
E. 产品产量随工人劳动生产率的提高而增加

4. 变量 x 值按一定数增加，变量 y 也按一定数量随之增加，反之亦然，则 x 和 y 之间存在（　　）。

  A. 正相关关系　　　B. 直线相关关系　　　C. 负相关关系　　　D. 曲线相关关系
  E. 非线性相关关系

5. 设产品的单位成本（元）对产量（百件）的直线回归方程为 $y_c = 76 - 1.85x$，这表示（　　）。

  A. 产量每增加 100 件，单位成本平均下降 1.85 元
  B. 产量每减少 100 件，单位成本平均下降 1.85 元
  C. 产量与单位成本按相反方向变动
  D. 产量与单位成本按相同方向变动
  E. 当产量为 200 件时，单位成本为 72.3 元

项目实训一

实训目标：理解相关分析和回归分析的主要内容，熟悉 SPSS 软件在回归分析中的应用。
背景资料：以本项目的任务导入所举的例子作为实训的背景资料。
实训内容：

1. 你认为汽车销售量与广告费相关吗？
2. 用 SPSS 软件绘制散点图，根据散点图判断，你认为汽车销售量与广告费是什么关系？并选择合适的回归模型。
3. 用 SPSS 软件计算汽车销售量与广告费的回归方程，并说明汽车销售量与广告费之间的数量变动比率，即回归系数的含义。
4. 若 2011 年和 2012 年广告费用投入分别为 1 000 万元和 1 250 万元，汽车销售量可能为多少？

项目实训二

实训目标：通过实训使学生在理解相关分析与回归分析基本理论的基础上，能熟练运用 SPSS 统计软件进行相关与回归分析。
背景资料：投资、消费、出口是拉动经济增长的三驾马车，以下是 1991～2011 年我国固定资产投资额和国内生产总值统计资料：

表 5—18　　　　1991～2011 年我国固定资产投资额和国内生产总值统计资料

年　份	序　号	固定资产投资额（亿元）	国内生产总值（亿元）
1991	1	5 278.00	21 781.50
1992	2	7 582.00	26 923.50
1993	3	11 829.00	35 333.90
1994	4	15 926.00	48 197.90
1995	5	19 445.00	60 793.70

续表

年　份	序　号	固定资产投资额(亿元)	国内生产总值(亿元)
1996	6	23 660.00	71 176.60
1997	7	25 300.00	78 973.00
1998	8	28 406.00	84 402.30
1999	9	29 855.00	89 677.10
2000	10	32 918.00	99 214.60
2001	11	37 213.00	109 655.20
2002	12	43 500.00	120 332.70
2003	13	55 567.00	135 822.80
2004	14	70 477.00	159 878.30
2005	15	88 774.00	184 937.40
2006	16	109 998.00	216 314.40
2007	17	137 324.00	265 810.30
2008	18	172 828.00	314 045.40
2009	19	224 599.00	340 902.80
2010	20	278 122.00	401 202.00
2011	21	311 022.00	471 564.00

资料来源：《中国统计年鉴(2011)》、2011年全国年度统计公报。

实训内容：

1. 用SPSS软件，通过绘制相关图和计算相关系数，对我国固定资产投资额与国内生产总值进行相关分析。

2. 利用SPSS软件建立我国固定资产投资额与国内生产总值的回归方程，并说明我国固定资产投资额与国内生产总值两者的数量变动比率。

3. 根据SPSS输出结果，对所建立的回归方程进行评价和检验。

4. 用SPSS软件选择合适的趋势方程，计算2012年和2013年我国固定资产投资额的趋势值。

5. 根据计算得到的趋势值，用SPSS软件预测2012年和2013年我国内生产总值的置信区间，要求置信水平为95%。

项目六
统计数据的动态分析

知识目标：

1. 了解动态数列的意义、种类及编制原则
2. 理解和掌握各种动态分析指标的含义及计算
3. 掌握动态数列影响因素的分析方法

技能目标：

1. 能利用动态分析指标对动态数列进行分析
2. 利用 SPSS 对现象进行长期趋势分析和季节变动的测定

重点难点：

1. 各种动态分析指标的含义、计算和应用
2. 长期趋势、季节变动的测定与分析

任务导入：

中共十八大报告提出："实现国内生产总值和城乡居民人均收入比 2010 年翻一番。"确保到 2020 年实现全面建成小康社会的目标。为千方百计增加居民收入，报告还提出了"两个同步"，即：居民收入增长和经济发展同步、劳动报酬增长和劳动生产率提高同步。表 6—1 是 2001 年至 2010 年中国国内生产总值、城镇居民家庭人均可支配收入、农村居民家庭人均可支配收入、全国人均消费水平、年底总人口数、出生率的统计数据。

表 6—1　　　　　　　　　　2001～2010 年我国主要经济指标

年份	国内生产总值（当年价）（亿元）	城镇居民家庭人均可支配收入（元）	农村居民家庭人均可支配收入（元）	全国人均消费水平（当年价）（元）	年底总人口数（万人）	出生率（‰）
2001	109 655.2	6 859.6	2 366.4	3 887	127 627	13.38
2002	120 332.7	7 702.8	2 475.6	4 144	128 453	12.86
2003	135 822.8	8 472.2	2 622.2	4 475	129 227	12.41
2004	159 878.3	9 421.6	2 936.4	5 032	129 988	12.29
2005	184 937.4	10 493.0	3 254.9	5 573	130 756	12.40
2006	216 314.4	11 759.5	3 587.0	6 263	131 448	12.09

续表

年份	国内生产总值（当年价）(亿元)	城镇居民家庭人均可支配收入（元）	农村居民家庭人均可支配收入（元）	全国人均消费水平（当年价）（元）	年底总人口数（万人）	出生率（‰）
2007	265 810.3	13 785.8	4 140.4	7 255	132 129	12.10
2008	314 045.4	15 780.8	4 760.6	8 349	132 802	12.14
2009	340 902.8	17 174.7	5 153.2	9 098	133 450	11.95
2010	401 202.0	19 109.4	5 919.0	9 968	134 091	11.90

资料来源：《中国统计年鉴(2011)》。

任何事物的发展、变化都可以从三个方面来反映：过去、现在和未来。通过前面所学章节，我们基本掌握了用不同的数据反映现象的不同状态。例如，用绝对数反映总规模、总水平，用相对数反映总体内部结构、现象之间比例、增长状况，用平均数反映一般水平等。如果想了解这些事物发展的历史或者运行轨迹，可以将数据按时间变化排列起来（见表6—1）。从这张表上可以看出我国国内生产总值、城乡居民家庭人均可支配收入、人均消费水平、人口总数等方面的变化方向大致都呈逐年递增趋势，而人口的增长率呈逐年递减趋势。按照这种趋势，至2020年，能否实现十八大提出的"国内生产总值和城乡居民人均收入比2010年翻一番"的目标？这就需要我们对动态数列的一系列问题进行学习和讨论。

学习任务一　动态数列概述

一、动态数列的概念

动态数列就是将某一现象在不同时间上的观测值，按时间先后顺序排列而成的数列，又称为动态数列或时间数列，如表6—1所示。

动态数列一般由两个基本要素构成：一是时间要素，它主要表明客观现象的观测值所属的时间及其长度；二是与时间对应的观察值要素，表明客观现象在某一时间上发展变化的状态和结果。一般用 t 表示时间，用 Y_t 表示观测值（指标值）。

对统计数据进行动态分析的主要目的在于：了解某一现象过去的发展、变动过程及规律；评价当前的状况；探索现象未来发展、变化的趋势，为制订未来的决策方案提供依据。

二、动态数列的种类

动态数列可以分为绝对数动态数列、相对数动态数列和平均数动态数列。其中：绝对数动态数列是基本数列，相对数（或平均数）动态数列可看作是绝对数动态数列的派生数列。

(一)绝对数动态数列

如果动态数列中不同时间的观测值是绝对数，这样的数列就称为绝对数动态数列。在绝对数动态数列中，根据观测值所属的时间状况不同，又可分为时期数列和时点数列。

1．时期数列。在绝对数动态数列中，若各观测值反映的是现象在一段时间内发展过程的总量，就是时期数列。表6—1所列2001～2010年的年国内生产总值数列就是时期数列。时期数列有如下三个特点：①数列中的每个观测值一般通过经常性的调查（或登记）取得。②数列中各期数值可以连续相加，其总和数表示现象在更长时间内的发展总量。③数列中数值的大小与其对应时期的长短有直接关系。

2. 时点数列。在绝对数动态数列中,若各观测值反映的是现象在某一时点上所处的水平,就是时点数列。表6-1所列2001~2010年的年末总人口数数列就是时点数列。时点数列也有三个特点:①数列中的每个观测值一般通过一次性调查(或登记)取得。②数列中各个时点的数值连续累加没有实际的经济意义。③数列中各个数值的大小与其对应时点的间隔长短没有直接关系。

(二)相对数动态数列

如果动态数列中的观测值是相对数,这样的数列就称为相对数动态数列。它可以反映社会经济现象数量对比关系的发展过程。如表6-1所列2001~2010年人口出生率数列就是相对数动态数列。相对数动态数列包括以下三种类型:

1. 由两个时期数列对比所形成

由两个时期数列对比形成的相对数动态数列,如表6-2中的第四行数字,就是相对数动态数列,它是由服装销售额和商品销售总额这两个时期数列的相应观测值对比求得的。

表6-2　　　　某商厦2007~2011年服装与商品销售总额及比重

年　份	2007	2008	2009	2010	2011
(1)服装销售额(亿元)	43	56	89	102	134
(2)商品销售总额(亿元)	4	6	11	18	24
(3)服装销售额占销售总额的比重(%)	9.3	10.71	12.36	17.65	17.91

2. 由两个时点数列对比所形成

在表6-3中,生产工人占全部职工总数的比重是由两个时点数列对比形成的相对数动态数列,它的各项相对数值是由生产工人数和职工总数这两个动态数列的相应观测值对比求得的。

表6-3　　　　2012年上半年各月末公司职工人数

月　份	1	2	3	4	5	6
职工总数	123	156	176	166	189	213
其中:生产工人数	78	89	98	94	102	111
生产工人占职工总数的比重(%)	63	57	56	57	54	52

3. 由一个时期数列和一个时点数列对比所形成

如表6-4所示的流动资金周转次数就是由一个时期数列和一个时点数列对比形成的相对数动态数列。表内产品销售收入是时期数,流动资金平均占用额是时点数,流动指标周转次数是根据一个时期数列和一个时点数列各项对应观测值计算的。

表6-4　　　　某企业2011年各季度流动资金周转次数

季　度	第一季度	第二季度	第三季度	第四季度
产品销售收入(万元)	100	125	160	198
流动资金平均占用额(万元)	50	50	55	65
流动资金周转次数(次)	2	2.5	2.9	3

(三)平均数动态数列

动态数列中的各项观测值若为平均数,这样的数列称为平均数动态数列。如表6—1所列2001~2010年全国人均消费水平数列就是平均数动态数列。它可以揭示研究对象一般水平的发展趋势和发展规律。注意,平均数动态数列中各项水平数值也不能直接加总。

由于相对数和平均数的计算基数不同,所以,这两种数列中的各个观测值都不能直接加起来说明问题。但为了对社会经济现象发展过程进行全面的分析研究,上述三种动态数列可以结合起来运用。

三、动态数列的编制原则

编制动态数列的目的在于通过数列中各项观测值的对比,说明社会经济现象的发展过程和规律性。因此,为了保证同一动态数列中观测值的可比性,应遵守以下几个基本编制原则。

(一)时期长短应一致

时期数列中的各观测值与时期长短直接相关,在同一个时期数列中每个观测值所属时期长短应该相等,这样才能比较。但这个原则也不能绝对化,有时为了特殊的研究目的,也可以编制时期长短不等的动态数列。

时点数列的各观测值都是表明在一定时点上的数量,与时期长短无关,所以不存在时期长短问题。在动态数列中,不论是时期指标还是时点指标都有"间隔"长短的问题,为了便于分析,最好编制间隔相等的动态数列,但也可视情况和所研究的特定问题,编制间隔不等的动态数列。

(二)总体范围应一致

动态数列中各项观测值的总体范围包括地区范围、隶属关系范围、分组范围等,应保持前后一致。若总体范围有所变动,前后观测值就不能直接比较,须加以调整,再作动态分析,才能正确说明所研究的问题。

(三)经济内容应一致

一般来说,只有同质的观测值才能进行动态对比,才能表明现象发展变化的过程及趋势。在经济分析中,随着时间的推移,其经济内容却发生了很大的变化。例如,个人所得税缴税额的动态数列,名称上没有变化,但经济内容发生变化,因为不同时期所得税的起征点发生调整,现在以个人收入计算个人所得税,未来可能以家庭收入计算个人所得税。

(四)计算口径应一致

数列中各个观测值的计算口径包括计算单位、计算价格和计算方法都要保持前后一致。如果各个观测值的计算口径不一致,如有的用实物单位,有的用价值单位,有的用现价,有的用不变价格计算,则各个观测值就不具有可比性,这样放在一起编制的动态数列就不能正确反映实际情况。

学习任务二 动态数列的水平分析

动态数列分析最基本的目的,就是从时间的角度对事物发展、变化的基本状态进行描述。这种描述包括两个方面的基本内容:一个是回答"多少"的问题,一个是回答"快慢"的问题。在统计学的动态数列分析中,一般将描述前者的动态分析称为"水平分析",将描述后者的动态分析称为"速度分析";动态数列分析的第二个目的,是对事物未来的发展进行预测。本节探讨的是动态数列的水平分析。

动态数列的水平分析共有四个度量值：发展水平、平均发展水平、增减量、平均增减量。

一、发展水平

发展水平是指动态数列中的每个观测值，用它来反映现象发展变化实际达到的规模、相对水平和一般水平。发展水平是进行增量分析、平均分析和速度分析的基础。

按在动态数列中所处的位置不同，将发展水平分为最初水平、中间水平和最末水平。最初水平是动态数列中的第一个观测值，是动态数列中事物发展的起点；最末水平是动态数列中的最后一个观测值；处于最初水平和最末水平中间的各发展水平是中间水平。

按在动态数列中所起的作用不同，将发展水平分为基期水平和报告期水平。报告期水平是所要研究或考察的那个时间的发展水平；基期水平是作为比较基础时间的发展水平。

设动态数列各项为 $a_0, a_1, a_2, \cdots, a_{n-1}, a_n$。

其中，a_0 是最初水平，a_n 是最末水平，$a_1, a_2, \cdots, a_{n-1}$ 是中间水平。若将 a_n 与 a_{n-1} 进行对比，a_n 为报告期水平，a_{n-1} 为基期水平。

如表6—5中的数字，在文字叙述时，常用术语"增加到"或"增加为"、"降低到"或"降低为"表示从基期水平到报告期水平的变化值。

表6—5　　　　　　　　2012年上半年各月末某公司职工人数

月 份	1	2	3	4	5	6
发展水平(a_i)	a_0	a_1	a_2	a_3	a_4	a_5
职工总数	123	156	176	166	189	213
其中：生产工人数	78	89	98	94	102	111
生产工人占职工总数(%)	63	57	56	57	54	52

二、平均发展水平

将动态数列中不同时间的发展水平加以平均而得到的平均数就是平均发展水平，又称序时平均数或动态平均数。它将研究对象在不同时间上的数量差异抽象化，从动态上说明现象在一段时间内发展的一般水平。

序时平均数和一般平均数（静态平均数）的共同点是：两者都是将现象的各个数值之间的差异抽象化，概括地反映现象的一般水平。两者的不同点是：序时平均数所平均的是现象在不同时间上的数量差异，从动态上说明在某一段时间内现象发展的一般水平，它是根据动态数列计算的；而一般平均数平均的是同一时间总体各单位某一数量标志值的差异，从静态上说明其在具体历史条件下的一般水平，它是根据变量分布数列来计算的。

动态平均数可以由绝对数动态数列来计算，也可以由相对数动态数列或平均数动态数列来计算。由于动态数列的种类不同，特性不同，其动态平均数的计算方法也不相同。但根据绝对数动态数列计算序时平均数是最基本的。

（一）绝对数动态数列的序时平均数

1. 由时期数列计算

由于时期数列中各期的观测值相加具有实际经济含义，对时期数列进行平均分析时，计算

动态平均数可采用简单算术平均法,即以各期观测值之和除以时期项数求得。计算公式为:

$$\bar{a} = \frac{a_1 + a_2 + \cdots + a_n}{n} = \frac{\sum_{i=1}^{n} a_i}{n}$$

式中,$\bar{a}$ 为序时平均数;a_i 为各时期发展水平;n 为时期项数。

【实例6-1】 某公司2004~2011年各年的工业总产值资料如表6-6所示,求2004~2011年间的年均工业总产值。

表6-6　　　　　　　　　某公司2004~2011年各年的工业总产值　　　　　　　　单位:万元

年份	2004	2005	2006	2007	2008	2009	2010	2011
工业总产值	172	159	141	138	130	130	129	131

解:

$$\bar{a} = \frac{\sum a}{n} = \frac{172 + 159 + 141 + 138 + 130 + 130 + 129 + 131}{8} = 141.25(万元)$$

2. 由时点数列计算

(1)由连续时点数列计算

所谓连续时点数列是指动态数列中的所有观测值以"天"为单位排列,这样的资料又分间隔相等和间隔不等两种,计算方法也有所区别。若资料为间隔相等的连续时点数列,其平均发展水平的计算公式为:

$$\bar{a} = \frac{a_1 + a_2 + \cdots + a_n}{n} = \frac{\sum_{i=1}^{n} a_i}{n}$$

【实例6-2】 某股票连续5个交易日价格资料如表6-7所示,计算其5日平均价格。

表6-7　　　　　　　　　　某股票5个交易日价格资料

日期	9月1日	9月2日	9月3日	9月4日	9月5日
收盘价格	22.1元	21.8元	22.2元	22.9元	21.8元

解:$\bar{a} = \dfrac{\sum a}{n} = \dfrac{22.1 + 21.8 + 22.2 + 22.9 + 21.8}{5} = 22.16(元)$

若资料为间隔不等的连续时点数列,其平均发展水平的计算公式为:

$$\bar{a} = \frac{\sum af}{\sum f}$$

式中,f 为各观测值所属的时间长度。

【实例6-3】 某商品9月份的库存量记录如表6-8所示,计算该商品9月份平均日库存量。

表6-8　　　　　　　　　某商场2012年9月份某商品库存量资料

日期	1~9	6~15	16~23	24~27	28~30
库存量(台)	52	60	40	32	58

解：$\bar{a} = \dfrac{\sum af}{\sum f} = \dfrac{52 \times 9 + 60 \times 6 + 40 \times 8 + 32 \times 4 + 58 \times 3}{30} = 48.33(台)$

(2) 由间断时点数列计算

所谓间断时点数列是指动态数列中的各项观测值是期末(如月末、季末或年末)数值,这样的资料也分为间隔相等和间隔不等两类,计算方法也有所区别。若资料为间隔相等的间断时点数列,其平均发展水平的计算公式为:

$$\bar{a} = \dfrac{(a_0+a_1)/2 + (a_1+a_2)/2 + \cdots + (a_{n-1}+a_n)/2}{n}$$

整理可得:

$$\bar{a} = \dfrac{\dfrac{a_0}{2} + a_1 + \cdots + a_{n-1} + \dfrac{a_n}{2}}{n}$$

计算间隔相等的时点数列的序时平均数,是假定现象在两个相邻时点之间的变动是均匀的,因而,可将相邻两个时点指标数值之和除以2,作为这两个时点之间所有时点上指标数值的代表值("首尾折半法"),然后再用简单算术平均法将这些数值平均,就可得到该时点数列的序时平均数。

【实例 6—4】 某公司 2012 年上半年职工人数资料如表 6—9 所示。计算该公司上半年平均月职工人数。

表 6—9　　　　　　　　某公司 2012 年上半年职工人数资料　　　　　　　　单位:人

时间	上年末	二月初	二月末	三月末	五月初	五月末	七月初
职工人数	180	173	166	176	186	190	184

解：$\bar{a} = \dfrac{\dfrac{180}{2} + 173 + 166 + 176 + 186 + 190 + \dfrac{184}{2}}{6} = 178.83(人)$

即该公司 2012 年上半年月平均职工人数为 178.83 人。

若资料为间隔不等的间断时点数列,其平均发展水平的计算公式为:

$$\bar{a} = \dfrac{\dfrac{a_0+a_1}{2}f_1 + \dfrac{a_1+a_2}{2}f_2 + \cdots + \dfrac{a_{n-1}+a_n}{2}f_n}{f_1+f_2+\cdots+f_n}$$

式中, f 为相邻两个观测值之间的间隔时间长度。

【实例 6—5】 某商场 2011 年商品库存额资料如表 6—10 所示,计算该商场 2011 年月平均商品库存额。

表 6—10　　　　　　　　某商场 2011 年商品库存额资料　　　　　　　　单位:万元

时间	上年末	三月初	五月末	六月末	九月初	11 月末	12 月末
库存额	2 810	1 880	2 260	1 600	2 100	2 480	3 460

解：

$$\bar{a} = \dfrac{\dfrac{2\,810+1\,880}{2} \times 2 + \dfrac{1\,880+2\,260}{2} \times 3 + \dfrac{2\,260+1\,600}{2} \times 1 + \dfrac{1\,600+2\,100}{2} \times 2 + \dfrac{2\,100+2\,480}{2} \times 3 + \dfrac{2\,480+3\,460}{2} \times 1}{12}$$

$= 2\,197.5(万元)$

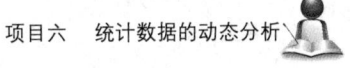

即该商场 2011 年月平均商品库存额为 2 197.5 万元。

(二)相对数动态数列的序时平均数

相对数或平均数动态数列的序时平均数,是由两个绝对数动态数列对比形成的。由于各相对数和平均数的分母不同,不能直接将不同时间的相对数或平均数相加起来计算序时平均数,而应是根据时期数列和时点数列序时平均数的求法,分别求出构成相对数和平均数动态数列的分子项和分母项动态数列的序时平均数,然后将它们对比求出相对数和平均数动态数列的序时平均数。其基本计算公式为:

$$\bar{c}=\frac{\bar{a}}{\bar{b}}$$

式中,$\bar{a}$ 为分子数列的序时平均数;$\bar{b}$ 为分母数列的序时平均数;$\bar{c}$ 为相对数或平均数动态数列的序时平均数。

相对数动态数列可由两个时期数列对比形成,也可由两个时点数列对比形成,或由一个时期数列和一个时点数列对比形成。

1. 由两个时期数列对比形成的相对数动态数列

$$\bar{c}=\frac{\bar{a}}{\bar{b}}=\frac{\sum a/n}{\sum b/n}=\frac{\sum a}{\sum b}$$

由于 $c=a/b, a=bc$,将 $a=bc$ 代入上式得:

$$\bar{c}=\frac{\sum bc}{\sum b}$$

这个公式从表达式上看是一个加权算术平均数公式。

同理,$c=a/b, b=a/c$,将 $b=a/c$ 代入上式得:

$$\bar{c}=\frac{\sum a}{\sum \frac{a}{c}}$$

实际应用时,应视所掌握资料的具体情况来选择相应公式。

【**实例 6—6**】 根据表 6—11 的资料,计算某商店 2012 年第二季度计划完成动态数列的序时平均数。

表 6—11　　　　　　　　某商店 2010 年第二季度计划完成情况

月　份	4	5	6
(a)实际销售额(万元)	480	500	624
(b)计划销售额(万元)	400	500	600
(c)计划完成程度(%)	120	100	104

解:

$$\bar{c}=\frac{\bar{a}}{\bar{b}}=\frac{\sum a/n}{\sum b/n}=\frac{\sum a}{\sum b}=\frac{(480+500+624)}{(400+500+600)}\times 100\%=\frac{1\ 604}{1\ 500}\times 100\% \approx 107\%$$

或

$$\bar{c}=\frac{\sum bc}{\sum b}=\frac{(400\times 120\%+500\times 100\%+600\times 104\%)}{(400+500+600)}\times 100\%$$

$$= \frac{1\,604}{1\,500} \times 100\% \approx 107\%$$

$$\bar{c} = \frac{\sum a}{\sum \frac{a}{c}} = \frac{(480+500+624)}{\left(\frac{480}{120\%}+\frac{500}{100\%}+\frac{600}{104\%}\right)} \times 100\% = \frac{1\,604}{1\,500} \times 100\% \approx 107\%$$

由以上计算可以看出用不同的公式计算的结果完全相同。

2. 分子数列和分母数列都是时点数列的相对数动态数列

如前所述，由时点数列序时平均数，有间隔相等和间隔不等两种情况，实际计算应根据资料所给的情况而定。

【实例6—7】 有下列资料见表6—12，计算某工业企业2012年第二季度生产工人占全部职工的平均比重。

表6—12　　　　　某工业企业2010年第二季度生产工人比重

	3月末	4月末	5月末	6月末
(a)生产工人数(人)	420	540	650	680
(a)全部职工人数(人)	500	600	700	760
(a)生产工人比重(%)	84	90	93	89

解：

$$\bar{c} = \frac{\bar{a}}{\bar{b}} = \frac{\frac{a_1}{2}+a_2+\cdots+\frac{a_n}{2}}{n-1} \Big/ \frac{\frac{b_1}{2}+b_2+\cdots+\frac{b_n}{2}}{n-1} = \frac{\frac{a_1}{2}+a_2+\cdots+\frac{a_n}{2}}{\frac{b_1}{2}+b_2+\cdots+\frac{b_n}{2}} = \frac{\left(\frac{420}{2}+540+650+\frac{680}{2}\right)}{\left(\frac{500}{2}+600+700+\frac{760}{2}\right)} \times 100\%$$

$$= \frac{1\,740}{1\,930} \times 100\% = 90.2\%$$

这个公式也可用 $a=bc$ 和 $b=a/c$ 代入上式得两个变形公式，且三个公式计算的结果也应该完全一样。

3. 由两个不同性质的绝对数数列对比而形成的相对数动态数列

【实例6—8】 计算某商店第三季度各月平均商品流转次数(见表6—13)。

表6—13　　　　　某商店某年第三季度商品流转次数

月　份	7月份	8月份	9月份
(a)商品销售额(万元)	143	200	300
(b)平均商品库存额(万元)	65	100	120
(c=a/b)商品流转次数	2.2	2	2.5

现以表6—13为例加以说明，表中的商品销售额是时期数列，平均商品库存额是时点数列的序时平均数。两者相应项对比得出商品流转次数。它反映的是一个商品流转快慢的程度，是反映商业工作质量的强度相对数。

$$\bar{c} = \frac{\bar{a}}{\bar{b}} = \frac{\sum a}{\sum b} = \frac{(143+200+300)}{(65+100+120)} = \frac{643}{285} \approx 2.3(次)$$

(三)平均数动态数列的序时平均数

平均数动态数列也是由两个绝对数动态数列对比形成的。一般平均数动态数列的分子属时期数列,分母属时点数列。因此要计算这种平均数动态数列的序时平均数,其方法和相对数动态数列计算序时平均数的方法一样,也是先计算分子、分母两数列的序时平均数后再对比求得。用序时平均数动态数列计算序时平均数,在时期相等的情况下,可直接根据各序时平均数采用简单平均数方法来计算。如表6-13中,根据第三季度各月平均水平库存额计算第三季度月平均库存额为(65+100+120)/3=95(万元)。在时期不等情况下,则要以时期为权数,采用加权算术平均数方法来计算。

【**实例 6-9**】 计算某企业全年平均每月产值(见表6-14)。

表6-14　　　　　　某企业某年各段时期平均每月产值　　　　　　单位:万元

时　间	1~2月	3~5月	6~9月	10~12月
平均每月产值	15	17	22	24

$$\text{全年平均每月产值} = \frac{(15 \times 2 + 17 \times 3 + 22 \times 4 + 24 \times 3)}{12} = \frac{241}{12} \approx 20.08(\text{万元})$$

三、增减量

增减量是报告期水平与基期水平之差,用来说明某种现象在一定时期内增加或减少的绝对数量。这个差数若为正值,就是增长量;若为负值,就是减少量或降低量。其计算公式为:

$$\text{增减量} = \text{报告期水平} - \text{基期水平}$$

由于采用基期的不同,增减量可分为逐期增减量和累计增减量。逐期增减量是报告期水平与前一期水平之差,说明现象报告期比前一期增加或减少的绝对数量;累计增减量是报告期水平与某一固定时期水平(通常为最初水平)之差,说明现象报告期比某一固定时期增加或减少的绝对数量,也可以说是现象在某一段较长时期内总的增减量。

逐期增减量:$a_1 - a_0, a_2 - a_1, \cdots, a_n - a_{n-1}$

累计增减量:$a_1 - a_0, a_2 - a_0, \cdots, a_n - a_0$

不难发现:

$$a_n - a_0 = (a_1 - a_0) + (a_2 - a_1) + \cdots + (a_n - a_{n-1})$$

即逐期增减量之和等于对应的累计增减量。

【**实例 6-10**】 计算表6-15中某地区2005~2010年粮食产量的累计增长量和逐期增长量。计算表明各年的逐期增长量之和等于累计增长量。

即　541+408+315+216+476=1 956(千吨)

表6-15　　　　　　某地区2006~2011年粮食产量发展情况　　　　　　单位:千吨

年　份	2006	2007	2008	2009	2010	2011
发展水平	a_0	a_1	a_2	a_3	a_4	a_5
粮食产量	4 679	5 220	5 628	5 943	6 159	6 635
增长量	—	541	408	315	216	476
	—	541	949	1 264	1 480	1 956

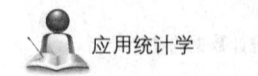

在实际工作中,为了消除季节变动的影响,便于对比分析,常计算"年距增减量"指标,表明本期发展水平比上年同期发展水平的增减数量。其计算公式如下:

$$年距增减量 = 本期发展水平 - 上年同期发展水平$$

四、平均增减量

一般当发展水平增长时,增减量为正值,表明增长的绝对数量;反之,当发展水平下降时,增减量为负值,表示减少的绝对数量。平均增减量是指动态数列中各逐期增减量的序时平均数,说明某社会经济现象在一段时期内平均每期增加或减少的数量,一般用简单算术平均法计算。其计算公式为:

$$平均增减量 = \frac{\sum_{i=1}^{n}(a_i - a_{i-1})}{n} = \frac{a_n - a_0}{n}$$

公式中第一步可以认为是平均增减量的定义公式,而第二步是根据累计增减量和逐期增减量的关系所得到的。因此,所谓平均增减量就是指逐期增减量的序时平均数。

$$平均增减量 = \frac{逐期增减量之和}{逐期增减量个数} = \frac{累计增减量}{时间序列项数 - 1}$$

$$= \frac{541 + 408 + 513 + 216 + 476}{6 - 1} = 391.2(千吨)$$

学习任务三 动态数列的速度分析

速度分析也是对动态数列发展、变化状况进行描述分析的另一种基本方法,主要用来反映社会经济现象速度的变化,有发展速度、增长速度、平均发展速度和平均增长速度四种度量值,它们之间有着密切的联系,其中发展速度是最基本的速度指标。

一、发展速度

发展速度是用相对数形式表示的动态指标,是动态数列中两个不同时期发展水平对比的结果,说明报告期水平已发展到基期水平的多少倍或百分之几。其计算公式为:

$$发展速度 = \frac{报告期水平}{基期水平} \times 100\%$$

由于所选择的基期不同,发展速度可分为定基发展速度和环比发展速度。定基发展速度是报告期水平与某一固定时期水平(一般为最初水平)之比,表明现象在一个较长时期内总的变动程度,因此,有时也叫做总速度。环比发展速度是报告期水平同前一期水平之比,说明现象比前一期发展变化的程度。用字母表示:

定基发展速度: $\frac{a_1}{a_0}, \frac{a_2}{a_0}, \frac{a_3}{a_0}, \cdots, \frac{a_n}{a_0}$

环比发展速度: $\frac{a_1}{a_0}, \frac{a_2}{a_1}, \frac{a_3}{a_2}, \cdots, \frac{a_n}{a_{n-1}}$

不难发现,定基发展速度和环比发展速度之间的关系如下:

1. 各环比发展速度的连乘积等于相应时期的定基发展速度,即:

$$\frac{a_1}{a_0} \times \frac{a_2}{a_1} \times \frac{a_3}{a_2} \times \cdots \times \frac{a_n}{a_{n-1}} = \frac{a_n}{a_0}$$

2.相邻两期的定基发展速度之比,等于相应的环比发展速度,即:

$$\frac{a_n/a_0}{a_{n-1}/a_0}=\frac{a_n}{a_{n-1}}$$

【实例6—11】 计算表6—15动态数列的环比发展速度与定基发展速度的结果,如表6—16所示。

表6—16　　　　　　　某地区2006～2011年粮食产量发展情况　　　　　　　单位:千吨

年　份	2006	2007	2008	2009	2010	2011
发展水平	a_0	a_1	a_2	a_3	a_4	a_5
粮食产量	4 679	5 220	5 628	5 943	6 159	6 635
环比发展速度(%)	—	111.56	107.82	105.6	103.63	107.73
定基发展速度(%)	100.00	111.56	102.28	127.01	131.63	141.80

此处,为了避免季度变动的影响,实际工作中还可以计算年距发展速度,用以说明现象本期发展水平与上年同期发展水平对比达到的相对发展程度。它可以消除季节变动的影响,用公式表示为:

$$年距发展速度=\frac{本期发展水平}{上年同期发展水平}\times100\%$$

二、增长速度

增长速度是各期增减量与基期水平对比的结果,说明报告期水平比基期水平增长了若干倍或百分之几。公式为:

$$增长速度=\frac{增减量}{基期水平}\times100\%$$

由于增减量是报告期水平与基期水平之差,故有:

$$增长速度=\frac{报告期水平-基期水平}{基期水平}\times100\%$$
$$=发展速度-1(或100\%)$$

当发展速度大于1时,增长速度为正值,表明现象的增长程度;当发展速度小于1时,增长速度为负值,表明现象的降低程度。

与发展速度相对应,增长速度也可分为定基增长速度和环比增长速度。

定基增长速度是累计增减量与固定基期水平之比,或是定基发展速度减1,表明社会经济现象在一段较长时期内总的增减程度。环比增长速度是逐期增减量与前一期水平之比,或是环比发展速度减1,表明社会经济现象相邻两期逐期增减的程度。

定基增长速度和环比增长速度都是发展速度的派生值,两者之间不能直接推算。必须借助发展速度才能相互推算。

同样,也可以计算年距增长速度。年距增长速度是年距增减量与上年同期水平对比的结果,即:

$$年距增长速度=\frac{年距增减量}{上年同期水平}=\frac{报告期水平-上年同期水平}{上年同期水平}\times100\%$$
$$=年距发展速度-1$$

【实例 6—12】 根据按可比价格计算得到的 2005～2010 年我国 GDP 如表 6—17 所示,来计算各期我国国内生产总值的发展速度和增长速度,请验算环比发展速度和定基发展速度之间的关系。

表 6—17　　　　　　　　2005～2010 我国 GDP 的发展水平和发展速度

年份	GDP 水平(按 2005 年价格计算)(亿元)	发展速度(%) 环比	发展速度(%) 定基	增长速度 环比	增长速度 定基
2005	184 937.4	—	100.0	—	—
2006	208 381.0	112.7	112.7	12.7	12.7
2007	237 892.8	114.2	128.6	14.2	28.6
2008	260 812.9	109.6	141.0	9.6	41.0
2009	284 844.8	109.2	154.0	9.2	54.0
2010	314 468.7	110.4	170.0	10.4	70.0

资料来源:《中国统计年鉴(2011)》。

如上所述,增减量说明的是某种现象增长或减少的绝对量,增长速度说明的是某种现象增长的相对程度。在应用时应该把相对数与绝对数结合起来,对现象的变化进行分析。因为不同现象每增长 1% 所包含的内容是不同的,如果仅仅根据发展速度和增长速度去认识现象的发展变化情况,往往会得出较为片面的结论,为了全面认识现象的发展变化情况,常常需要计算增长 1% 的绝对值。其计算公式为:

$$\text{增长 1\%的绝对值} = \frac{\text{基期水平}}{100}$$

如根据表 6—17 计算得到我国国内生产总值 2010 年比 2009 年每增长 1% 所增加的绝对值为 2 848.4 亿元。

三、平均发展速度与平均增长速度

平均发展速度,是指动态数列中各期环比发展速度的序时平均数,它表明社会经济现象在一个较长时期内逐渐发展变化的平均速度;而平均增长速度,是指动态数列中各期环比增长速度的序时平均数,它表明社会经济现象在一个较长时期内逐期增长的平均程度。但是,从计算平均速度的方法来看,平均增长速度并不能根据各期环比增长速度直接计算,而是先计算平均发展速度,然后,根据平均发展速度与平均增长速度的关系来计算平均增长速度,即:

$$\text{平均增长速度} = \text{平均发展速度} - 1$$

平均发展速度常用几何平均法进行计算。其计算方式为:

$$\bar{x} = \sqrt[n]{x_1 x_2 x_3 \cdots x_n} = \sqrt[n]{\prod x}$$

式中,$\bar{x}$ 为平均发展速度;x_i 为各期环比发展速度;$\prod$ 为连乘积的符号。

由于 $x_i = \dfrac{a_i}{a_{i-1}}$ ($i=1,2,\cdots n$),所以上式又可表示为:

$$\bar{x} = \sqrt[n]{\frac{a_1}{a_0} \times \frac{a_2}{a_1} \times \cdots \times \frac{a_n}{a_{n-1}}} = \sqrt[n]{\frac{a_n}{a_0}}$$

【实例 6—13】 根据表 6—17,应用几何平均法计算 2005～2010 年间我国国内生产总值的年平均发展速度和平均增长速度。

解：平均发展速度

$$\bar{x} = \sqrt[n]{x_1 x_2 x_3 \cdots x_n}$$
$$= \sqrt[5]{112.7\% \times 114.2\% \times 109.6\% \times 109.2\% \times 110.4\%} = 111.2\%$$

或
$$\bar{x} = \sqrt[n]{\frac{a_n}{a_o}}$$
$$= \sqrt[5]{\frac{314\,468.7}{184\,937.4}} \times 100\% = \sqrt[5]{1.7} \times 100\% = 111.2\%$$

平均增长速度为：$111.2\% - 1 = 11.2\%$

从水平法计算平均发展速度的公式中可以看出，平均发展速度的快慢只与数列的最初观测值和最末观测值有关，而与其他各观测值无关，这一特点表明，水平法旨在考察现象在最后一期所达到的发展水平。因此，如果我们关心的是现象在最后一期应达到的水平，采用水平法计算平均发展速度比较合适。

学习任务四　动态数列的趋势分析

动态数列中各期发展水平的变化是众多因素共同作用的结果。影响因素不同所起的作用就不同，引起变化的形式也不同，其综合结果就是现实的动态数列。通过对动态数列进行深入的分析，研究社会经济现象发展变化的趋势或规律，并以此为依据来预测事物发展的前景，为决策层制订政策与计划、实行科学管理提供有效的咨询服务，就需要将影响动态数列的各种因素的变动形态测定出来。这就是动态数列分析的第二个目的：对事物未来的发展进行预测。

动态数列的变动因素按其性质不同有：长期趋势变动(Secular Trend, T)、季节变动(Seasonal Fluctuation, S)、循环变动(Cyclical Movement, C)、不规则变动(Irregular Variations, I)。动态数列总变动(Y)和上述四种变动因素的结合有两种假定，即乘法模式和加法模式。

当现象变动的因素是相互影响的关系时，动态数列总变动是各因素变动的乘积，即：

$$Y = T \times S \times C \times I$$

这种结构称为乘法模式。

当现象变动的因素是相互独立的关系时，动态数列总变动是各种因素变动的总和，即：

$$Y = T + S + C + I$$

这种结构称为加法模式。

在实际工作中，一般采用乘法模式对现象进行分析和计算。这里先介绍长期趋势及其测定方法。

长期趋势是指客观社会经济现象在一个相当长的时期内，由于受某种基本因素的影响所呈现出来的一种基本走势，如持续增长或不断下降的趋势。例如，各国经济的发展多半具有向上增长的趋势，主要是人口的增加、技术的进步以及财富的积累等因素共同作用的结果。尽管在这个时期内，事物的发展仍有波动，但基本趋势不变。

测定长期趋势就是采用适当的方法对动态数列进行修匀，使修匀后的数列排除季节变动、循环变动和不规则变动的影响，显示出现象变动的基本趋势。测定长期趋势的意义是：第一，研究现象在过去一段时间内的发展方向和趋势，以便认识和掌握现象发展变化的规律性；第二，利用现象发展的长期趋势，可以对未来的情况作出预测；第三，测定长期趋势，还可以将长期趋势从动态数列中分离出来,更好地研究季节变动和循环变动等。

测定现象变动的长期趋势要对原有的动态数列进行修匀。修匀的方法主要有时距扩大法、移动平均法、最小平方法等。

一、时距扩大法

时距扩大法是测定长期趋势最简便的方法,它是将原来的动态数列中较小时距单位的若干个数值加以合并,得出扩大了的较大时距单位的数据。其作用在于消除较小时距单位所受到的非基本因素影响以显示出现象变动的总趋势。

【**实例 6-14**】 某企业某商品销售量资料如表 6-18 所示,用时距扩大法测定其长期趋势。

表 6-18　　　　　　某服饰有限公司某商品销售量的分季资料　　　　　　单位:千件

年份	商品销售量			
	第一季度	第二季度	第三季度	第四季度
2006	2	3	13	18
2007	5	8	14	18
2008	6	10	16	22
2009	8	12	19	25
2010	15	17	21	24

其趋势见图 6-1。

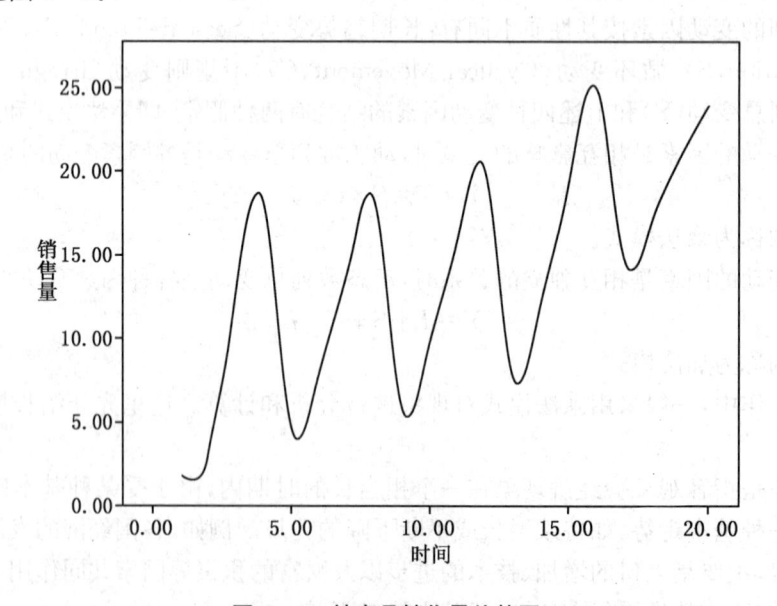

图 6-1　某商品销售量趋势图

从给出的资料看,该商品销售量存在着明显有规则的以四个季度为周期的重复变动,且有逐年持续增长的趋势。为了显示现象发展变化的长期趋势,必须将其他因素对动态数列的影响剔除掉。采用时距扩大法,将以季为单位的商品销售量合并成以年为单位的商品销售量,就可满足上述要求,这可从修匀后形成的新的动态数列(表6—19)和趋势图(图6—2)中反映出来。

表6—19　　　　　　　　　修匀后的销售量的动态数列　　　　　　　　　单位:千件

年份	商品销售量	季平均	年份	商品销售量	季平均
2006	36	9.00	2009	64	16.00
2007	45	11.25	2010	77	19.25
2008	54	13.50			

其趋势见图6—2。

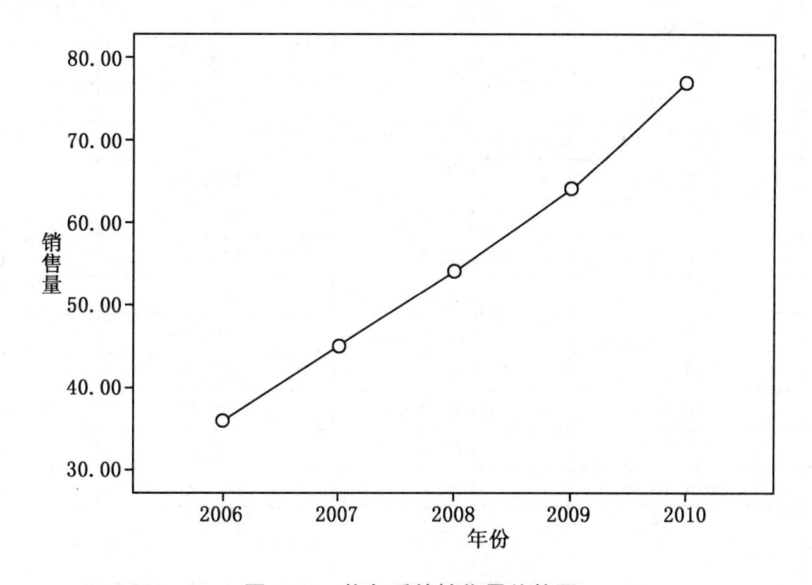

图6—2　修匀后的销售量趋势图

用时距扩大法测定长期趋势简单明了,但缺点非常明显:扩大时距之后形成的新的动态数列数据大量减少,这不便于作进一步的趋势分析,也不能满足季节变动分析的需要。为此,对时距扩大法进行改良,就出现了移动平均法。

二、移动平均法

移动平均法是将原动态数列按一定的时距扩大,采用逐期递推移动的方法计算出一系列扩大了时距的动态平均数(或称移动平均数),并以这一系列动态平均数作为对应时期的趋势值。通过移动平均,消除了偶然因素对动态数列的影响,反映出现象发展的长期趋势。

设动态数列的各期水平依次为 $y_1,y_2,y_3,\cdots,y_n$,若取三项移动平均,则三项移动序时平均数的计算公式为:

$$\bar{y}_{j-1}=\frac{y_{j-2}+y_{j-1}+y_j}{3}\quad (j=3,4,5,\cdots,n)$$

若取五项移动平均,则五项移动序时平均数的计算公式为:

$$\bar{y}_{j-2}=\frac{y_{j-4}+y_{j-3}+y_{j-2}+y_{j-1}+y_j}{5}\quad (j=5,6,7,\cdots,n)$$

【实例 6—15】 根据表 6—20，对 1981～2010 年我国 GDP 环比指数数列进行修匀。

表 6—20　　　　　　　　我国历年 GDP 环比指数移动平均数计算表　　　　　　　　单位：%

年份	GDP 环比指数	三项移动平均	五项移动平均	七项移动平均
1981	105.20			
1982	109.10	108.4		
1983	110.90	111.7	110.8	
1984	115.20	113.2	111.5	110.6
1985	113.50	112.5	112.0	111.5
1986	108.80	111.3	112.1	110.8
1987	111.60	110.6	109.9	109.8
1988	111.30	109.0	107.9	108.9
1989	104.10	106.4	108.0	109.0
1990	103.80	105.7	108.5	109.7
1991	109.20	109.1	109.1	110.0
1992	114.20	112.5	110.9	109.9
1993	114.00	113.8	112.3	110.7
1994	113.10	112.7	112.4	111.5
1995	110.90	111.3	111.5	111.3
1996	110.00	110.1	110.2	110.4
1997	109.30	109.0	109.1	109.6
1998	107.80	108.2	108.6	108.9
1999	107.60	107.9	108.3	108.6
2000	108.40	108.1	108.2	108.6
2001	108.30	108.6	108.7	108.8
2002	109.10	109.1	109.2	109.3
2003	110.00	109.7	109.8	110.0
2004	110.10	110.5	110.6	110.8
2005	111.30	111.4	111.7	111.0
2006	112.70	112.7	111.6	111.0
2007	114.20	112.2	111.4	111.1
2008	109.60	111.0	111.2	
2009	109.20	109.7		
2010	110.40			

资料来源：《中国统计年鉴(2011)》。

由 SPSS 处理得到：

表 6—21　　　　　　　　　　　　个案处理摘要

		国内生产总值环比指数	三项移动平均值	五项移动平均值	七项移动平均值
序列或顺序长度		30	30	30	30
图中的缺失值数	用户缺失	0	0	0	0
	系统缺失	0	2	4	6

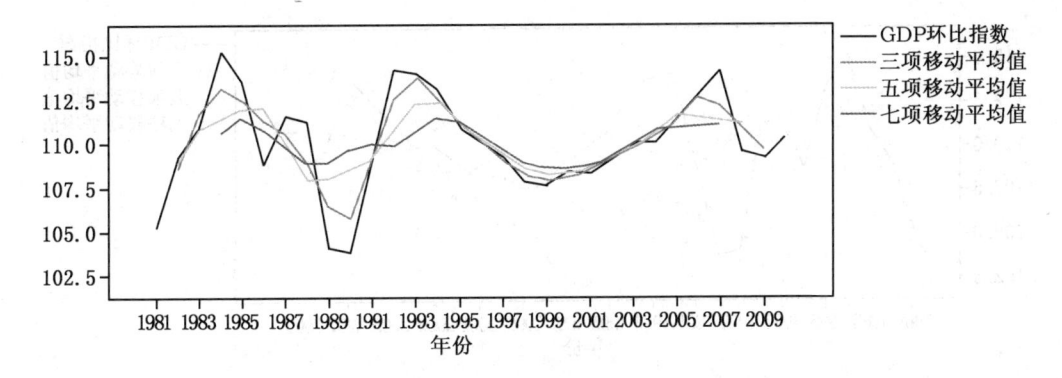

图 6—3 GDP 环比指数及移动平均趋势图

从表 6—20 和图 6—3 可以直观地看出采用移动平均法,移动平均的项数的多少,直接影响对原数列的修匀程度。一般来说,移动平均的项数越多,对原数修匀的作用越大,越能消除个别偶然因素对原数列的影响,长期趋势表现得越明显,但得出的新数列项数就越少;反之,移动平均的项数越少,修匀的作用就越小,所得出的新数列项数就越多,长期趋势不够明显。

采用移动平均法测定长期趋势时应注意:

1. 凡是奇数项移动平均求得的平均值,应对准平均时期的中间时期,一次即得长期趋势值。偶数项移动平均求得的平均值,应置于所平均时期的中间两个时期之间,为了反映移动长期趋势值,还需要再进行一次两项移动平均。

2. 移动平均法中时距扩大的程度应视时距数列的具体情况而定。如果现象的变动有一定的周期,扩大时距时应注意与现象周期变动的时距一致。如在分月(或季)的动态数列中,必须消除季节因素变动的影响,就需要采用 12 项(或 4 项)移动平均;在以年为单位的动态数列中,不存在季节变动因素,需要消除的是循环变动和不规则变动的影响,通过对动态数列中各个数值的观察,循环周期大体几年,就相应采用几年移动平均。

3. 不宜根据修匀后的新动态数列进行直接预测。按移动平均法修匀后的新数列较原数列项数减少,首尾损失了部分信息量,所以利用这一方法可以观察出现象发展变化的总趋势,但不宜据此数列进行直接预测。若要进行预测,需要对修匀后的新数列作进一步的加工,这表明移动平均法并不是测定长期趋势的理想方法。图 6—4 就是经过加工后的趋势图,与图 6—3 相比较有明显的差异。

三、最小平方法

最小平方法是测定长期趋势最常用的方法。它是通过建立数学方程,对原动态数列配合一条较为理想的趋势线,使得原数列中的各实际值与趋势值的离差平方和为最小,即 $\sum (y-\hat{y})^2$ 为最小值,其中,y 为动态数列中各期实际值,$\hat{y}$ 为通过趋势线求出的趋势值。

采用这一方法可以配合趋势直线,也可以配合趋势曲线,这要根据原数列反映出来的线性变动的特点来确定。

(一)直线趋势测定

若动态数列的逐期增长量大体相等,则其趋势线近似一条直线。直线趋势方程的一般形式:

$$\hat{y}=a+bx$$

式中,x 为时间;a 为趋势直线的截距,表示最初发展水平的趋势值;b 为趋势直线的斜率,

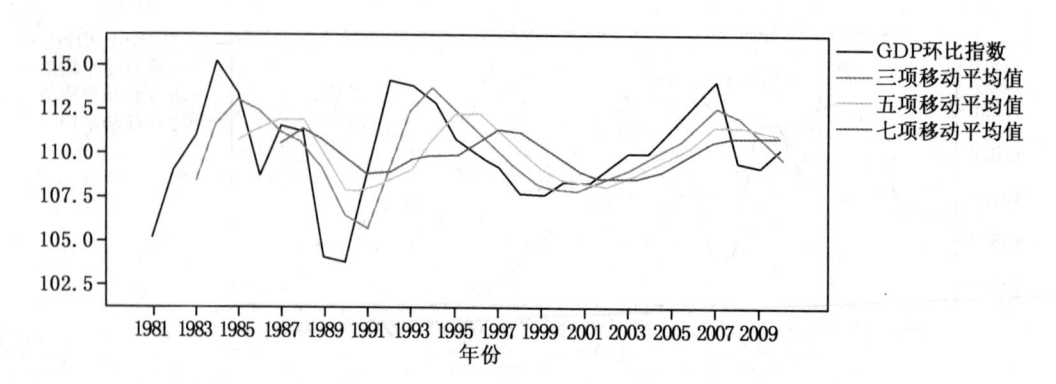

图 6—4　加工后的 GDP 环比指数及移动平均趋势图

表示 x 每变动 1 个单位时，y 平均变动的数量，实际上是动态数列中的平均增长量。

根据最小平方法"$\sum(y-\hat{y})^2$ 为最小值"的要求，通过对参数 a 和 b 求偏导可求出：

$$b=\frac{n\sum xy-\sum x\sum y}{n\sum x^2-(\sum x)^2}$$

$$a=\frac{\sum y}{n}-b\times\frac{\sum x}{n}$$

【**实例 6—16**】　由图 6—2 可以看出，该服饰公司某商品的年销售量呈直线趋势，则可利用最小平方法来确定销售量的直线趋势方程。具体计算步骤如表 6—22。

表 6—22　　　　　　　某商品销售量直线趋势方程计算过程表　　　　　　单位：千件

年份	商品销售量 y	序号 x	x^2	xy	$\hat{y}$ 趋势值
2006	36.00	1	1	36	37.4
2007	45.00	2	4	90	46.3
2008	54.00	3	9	162	55.2
2009	64.00	4	16	254	64.1
2010	77.00	5	25	375	73.0
合计	276	15	55	917	276

由最小平方法得：

$$b=\frac{n\sum xy-\sum x\sum y}{n\sum x^2-(\sum x)^2}=\frac{5\times 917-15\times 276}{5\times 55-15^2}=8.9$$

$$a=\frac{\sum y}{n}-b\times\frac{\sum x}{n}=\frac{276}{5}-8.9\times\frac{15}{5}=28.5$$

直线趋势方程为：

$\hat{y}=28.5+8.9x$

将 $x=1、2、3、4、5$ 分别代入趋势方程，可以得到各年的趋势值，见图 6—5 所示。

(二) 二次曲线趋势测定

若动态数列的二次增长量大体相等（即逐期增长量大体上呈等量递增或递减态势），则其趋势线近似于一条抛物线。二次曲线方程的一般形式为：

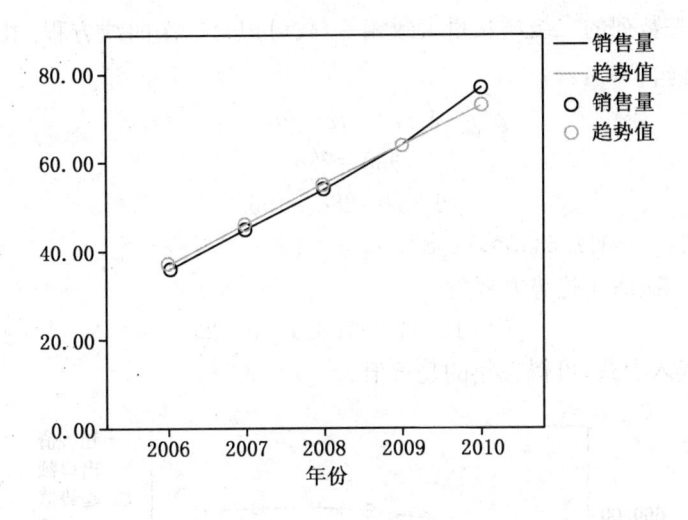

图 6-5 销售量趋势图

$$\hat{y}=a+bx+cx^2$$

方程中有 a、b、c 三个待定参数,根据最小平方法可得出下列三个标准方程式:

$$\sum y = na + b\sum x + c\sum x^2$$

$$\sum xy = a\sum x + b\sum x^2 + c\sum x^3$$

$$\sum x^2 y = a\sum x^2 + c\sum x^4$$

若 $\sum x = 0$,即坐标原点移至 2007 年,则三个标准为:

$$\sum y = na + c\sum x^2$$

$$\sum xy = b\sum x^2$$

$$\sum x^2 y = a\sum x^2 + c\sum x^4$$

【实例 6-17】 2004~2010 年某外贸公司出口额资料如表 6-23 所示,试据此配合一适当的趋势方程。

表 6-23   某外贸公司出口额及计算表   单位:万美元

年份	出口额 y	x	xy	x^2	$x^2 y$	x^4	$\hat{y}$
2004	544	-3	-1 632	9	4 896	81	541.59
2005	571	-2	-1 142	4	2 284	16	573.08
2006	599	-1	-599	1	599	1	596.73
2007	604	0	0	0	0	0	612.54
2008	617	1	617	1	617	1	620.51
2009	640	2	1 280	4	2 560	16	620.64
2010	603	3	1 809	9	5 427	81	612.93
$\sum$	4 178	0	333	28	16 383	196	—

解：由于该动态数列的二级增长量大致相等，故可拟合二次曲线方程。由于$\sum x=0$，所以可得下面的方程组：

$$4\ 178=7a+28c$$
$$333=28b$$
$$16\ 383=28a+196c$$

解该方程组得：$a\approx612.54, b\approx11.89, c\approx-3.92$

于是，得到的二次曲线趋势方程为：

$$\hat{y}=612.54+11.89x-3.92x^2$$

将x的取值代入上式，可得各年的趋势值。

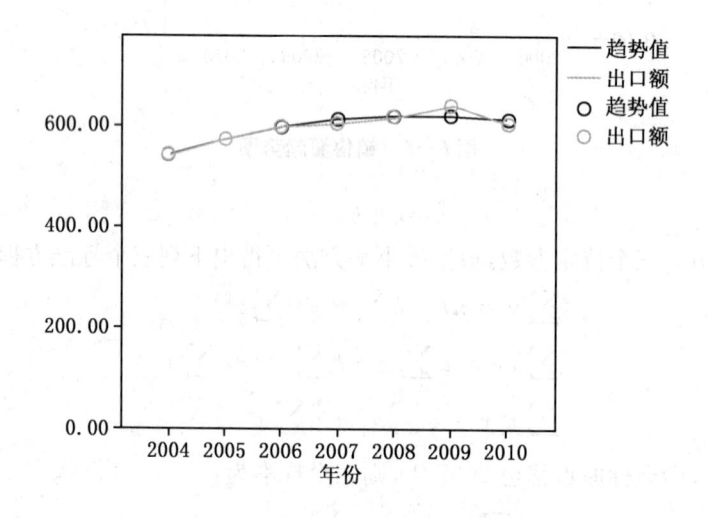

图6—6 出口额趋势图

(三)指数曲线趋势测定

若动态数列的各期环比发展速度大体相等，则其趋势线近似于一条指数曲线。指数曲线的方程式为：

$$\hat{y}=ab^x$$

式中，a为$x=0$时的趋势值；b为现象的平均发展速度。进行指数曲线拟合，可先将方程式转化为直线形式。在上述等式两边去对数，可得：

$$\lg y=\lg a+x\lg b$$

设$Y=\lg y, A=\lg a, B=\lg b$，可得直线形式：

$$Y=A+Bx$$

从而，可按直线拟合的方法确定所需要的指数曲线。用最小平方法先求出A和B，再求出其反对数，得到a和b。

【实例6—18】 我国城镇居民家庭人均可支配收入资料如表6—24所示，试配合适当的趋势线。

表 6－24   1991～2010 年城镇居民家庭人均可支配收入及趋势值计算表

年份	人均可支配收入(元)y	x	x^2	$Y=\lg y$	$x\lg y$	$\hat{y}$
1991	1 700.6	1	1	3.230 6	3.230 6	2 209.1
1992	2 026.6	2	4	3.306 8	6.613 5	2 478.5
1993	2 577.4	3	9	3.411 2	10.233 5	2 780.9
1994	3 496.2	4	16	3.543 6	14.174 4	3 120.1
1995	4 283.0	5	25	3.631 7	18.158 7	3 500.8
1996	4 838.9	6	36	3.684 7	22.108 5	3 927.9
1997	5 160.3	7	49	3.712 7	25.988 7	4 407.1
1998	5 425.1	8	64	3.734 4	29.875 3	4 944.8
1999	5 854.0	9	81	3.767 5	33.907 1	5 548.0
2000	6 280.0	10	100	3.798 0	37.979 6	6 224.9
2001	6 859.6	11	121	3.836 3	42.199 3	6 984.3
2002	7 702.8	12	144	3.886 6	46.649 8	7 836.4
2003	8 472.2	13	169	3.928 0	51.064 5	8 792.4
2004	9 421.6	14	196	3.974 1	55.637 7	9 865.1
2005	10 493.0	15	225	4.020 9	60.313 5	11 068.6
2006	11 759.5	16	256	4.070 4	65.126 2	12 419.0
2007	13 785.8	17	289	4.139 4	70.370 3	13 934.1
2008	15 780.8	18	324	4.198 1	75.566 3	15 634.1
2009	17 174.7	19	361	4.234 9	80.462 9	17 541.5
2010	19 109.4	20	400	4.281 2	85.624 9	19 681.5
Σ	162 201.5	210	2 870	76.384 5	835.284 8	—

资料来源:《中国统计年鉴(2011)》。

解:由最小平方法得:

$$B=\frac{n\sum x\cdot \lg y-\sum x\sum \lg y}{n\sum x^2-(\sum x)^2}=\frac{20\times 835.284\ 8-210\times 76.384\ 5}{20\times 287\ 0-210^2}$$

$$=\frac{664.951}{13\ 300}=0.050\ 0$$

$$A=\frac{\sum \lg y}{n}-B\frac{\sum x}{n}=\frac{76.384\ 5}{20}-0.05\times \frac{210}{20}=3.294\ 2$$

查反对数表得:

$a=1\ 968.8$

$b=1.122\ 0$

因此,指数趋势曲线方程为:

$$\hat{y}=1\ 968.9\times (1.122)^x$$

把 x 的取值代入上式,可得各年的趋势值。如表 6—24 所示,并利用 SPSS 绘制趋势图,见图 6—7。

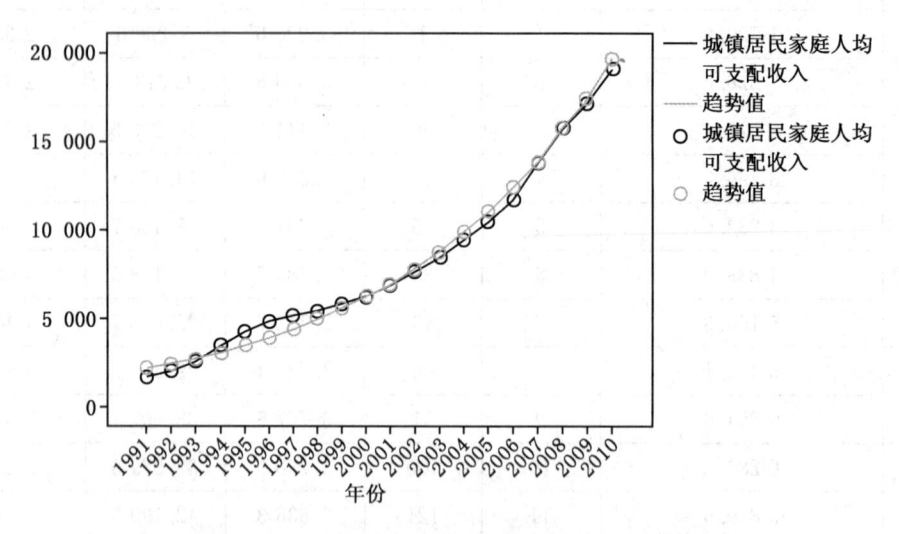

图 6—7 1991~2010 年我国城镇居民家庭人均收入趋势图

学习任务五 动态数列的季节变动趋势

季节变动是指某些社会现象,由于受自然因素和社会条件、人们的消费习惯等因素的影响,在一年之内或更短的时间,随着季节更换而引起的一种有规律的变动。例如,商业经营中时令商品的销售量,农业生产中的蔬菜、水果、禽蛋的生产量,工业生产中的服装、水力发电,物流快递等,都受生产条件和气候变化等因素的影响而形成有规则的周期性重复变动。通常,季节变动最大的周期为一年,所以,以年份为单位的动态数列中不可能有季节变动。季节变动往往会给社会生产和人们生活带来一定的影响,研究现象的季节变动,认识现象在一定周期内的变动规律性,便于制订计划,更好地组织生产、流通、运输,安排好人们的经济生活。

测定季节变动主要是计算季节比率,其方法可以分以下两种情况来选择:(1)在现象不存在长期趋势或长期趋势不明显的情况下,一般直接用平均的方法通过消除循环变动和不规则变动来测定季节变动,在统计学中将这种方法称为"同期平均法"。(2)当现象具有明显的长期趋势时,一般是先消除长期趋势,然后再用平均的方法消除循环变动和不规则变动,统计学中,把这种方法称为"移动平均趋势剔除法"。不管采用哪种方法,都需具备至少连续 5 年分季(或月)的资料,才能比较客观地描述和认识现象的季节变动。

一、同期平均法

它的基本思想和长期趋势测定中的移动平均法的思想是相同的。实际上,"同期平均法"就是一种特殊的"移动平均法",即一方面,它是平均;另一方面,这种平均仅仅局限在不同年份的相同季节中,季节不同,平均数的范围也就随之"移动"。因此所谓同期平均,就是在同季(或月)内"平均",而在不同即(或月)之间"移动"的一种"移动平均"法。"平均"是消除非季节变动的最简便的方法。它是通过季节指数(或称季节比率)来表明季节变动程度的。计算各季(或月)季节比率的步骤为:

1. 计算各年同季（或月）的平均数，
2. 计算总的季（或月）的平均数，
3. 计算季节比率。一般用百分数表示，用公式表示为：

$$季节比率(S) = \frac{同月（或季）平均数}{总月（或季）平均数} \times 100\%$$

【实例 6－19】 某商场某种商品的销售量资料如表 6－25 所示，用同期平均数计算各季的季节比率。

表 6－25　　　　　　某商场某种商品的销售量及季节比率计算表　　　　　　单位：千件

年　份	第一季度	第二季度	第三季度	第四季度	合　计
2006	5	7	13	18	43
2007	5	8	14	18	45
2008	6	10	16	22	54
2009	8	12	19	25	64
2010	15	17	20	28	80
合计	39	54	82	111	286
季平均	7.8	10.8	16.4	22.2	14.3
季节比率(%)	54.55	75.52	114.69	155.24	400.00

季节比率大于100%表明该季是旺季，小于100%则为淡季。在本例中，第三、四季度为该商品销售的旺季，第一、二季度为销售的淡季。该商场可以根据该商品季节变动的规律性，合理安排商品购进、商品库存及商品销售的价格。

计算季节比率需注意：各季（或月）比率之和应正好等于400%（或1 200%），但有时，由于计算过程中对数据的四舍五入，各季（或月）季节比率之和不是400%（或1 200%），这就需要调整，把差数分摊到各季（或月）中去。例如，假定某资料算出的各季度季节比率之和为398.73%，则调整系数为1.003 185（即400/398.73），以此系数依次乘各季节比率，得调整后的季节比率，其和正好是400%。此方法的优点是计算简便，容易理解和掌握。但是，采用这一方法有个重要的前提，即原数列不存在长期趋势变动。若动态数列中上升（或下降）的长期趋势存在时（见图6－8），近期数值比远期数值具有较大的影响，从而不能对客观事实作出正确的反映。此时宜采用移动平均长期趋势剔除法来测定季节变动。

二、移动平均长期趋势剔除法

移动平均长期趋势剔除法是在现象具有明显长期趋势的情况下，测定季节变动的一种基本方法。其基本思路是：先从动态数列中将长期趋势剔除掉，然后再应用同期平均法剔除循环变动和不规则变动，最后通过计算季节比率来测定季节变动的程度。剔除长期趋势的方法一般用移动平均法。因此，它是长期趋势的测定方法——"移动平均法"和季节变动的测定方法——"同期平均法"的结合运用。用移动平均长期趋势剔除法来测定季节变动趋势的基本步骤如下：

1. 根据各年的季（或月）资料进行4项（或12项）移动平均，修匀动态数列，剔除偶然因素对动态数列的影响，以确定动态数列的趋势值(T)。

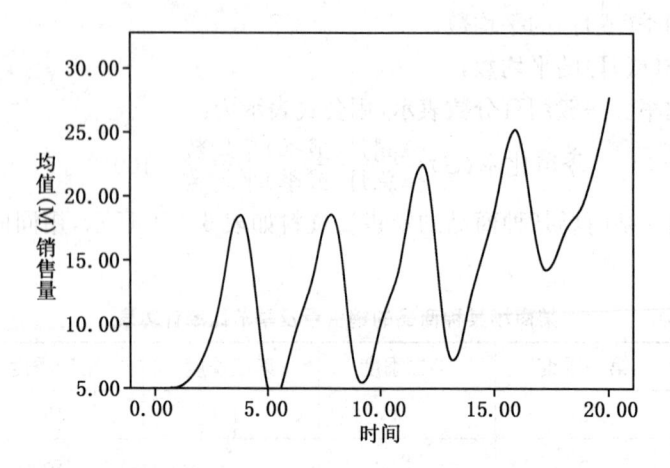

图 6-8 2006~2010年某商场某商品各季销售量的实际趋势

2. 将实际值(Y)和趋势值(T)对比,以剔除动态数列中的长期趋势。

3. 将 Y/T 的数值按季(或月)排列,再按季(或月)求其季节比率。

4. 加总各季(或月)季节比率,其总和应为400%(或1 200%),如果不等于此数,需要用调整系数去乘各季(或月)的季节比率,即为调整后的季节比率。

【实例 6-20】 用表 6-25 的资料说明移动平均长期趋势剔除法的计算过程(见表 6-26)。

表 6-26　　　　　某商场某种商品的销售量及四项移动平均计算表　　　　单位:千件

年份	季别	销售量 Y	四季移动平均	趋势值 T	Y/T(%)
2006	1	5	—	—	—
	2	7	10.75	—	—
	3	13	10.75	10.750	120.93
	4	18	11.00	10.875	165.52
2007	1	5	11.25	11.125	44.94
	2	8	11.25	1.250	71.11
	3	14	11.50	11 375	123.08
	4	18	12.00	11.750	153.19
2008	1	6	12.50	12.250	48.98
	2	10	13.50	13.000	76.92
	3	16	14.00	13.750	116.36
	4	22	14.50	14.250	154.39
2009	1	8	15.25	14.875	53.78
	2	12	16.00	15.625	76.80
	3	19	17.75	16.875	112.59
	4	25	19.00	18.375	136.05

续表

年份	季别	销售量Y	四季移动平均	趋势值T	Y/T(%)
2010	1	15	19.25	19.125	78.43
	2	17	20.00	19.625	86.62
	3	20	—	—	—
	4	28	—	—	—

解：将表中的Y/T重新加以排列得表6-27。将表中每年同季的数值加以平均，所得相对数即是季节比率。各季节比率的合计数为400.01，大于400，因此，需要调整，调整系数为0.999 975(400/400.01)，用这个系数分别乘以各季的季节比率，得调整后的季节比率。测定季节变动的目的是为了将来的工作安排，增强预见性。而计算的季节比率，只能作为参考数据。因此预计未来是对各种因素综合判断的结果，而不是计算的直接结果。

表6-27　　　　　　　　某商场某种商品的销售量季节比率计算表

年份	第一季度(%)	第二季度(%)	第三季度(%)	第四季度(%)	合计(%)
2006	—	—	120.93	165.52	—
2007	44.94	71.11	123.08	153.19	—
2008	48.98	76.92	116.36	154.39	—
2009	53.78	76.80	112.59	136.05	—
2010	78.43	86.62			
合计	226.13	311.45	472.96	609.15	—
季节比率	56.53	77.86	118.24	152.29	400.01
调整后的季节比率	55.85	77.92	116.80	150.44	400

根据计算得到的季节比率，还可以对下一年度进行预测。具体步骤如下：

1. 利用最小平方法，计算五年销售量的趋势方程，并预测2011年销售量。

由图6-9看出，可以配合直线趋势，即：

$$\hat{y} = a + bx$$

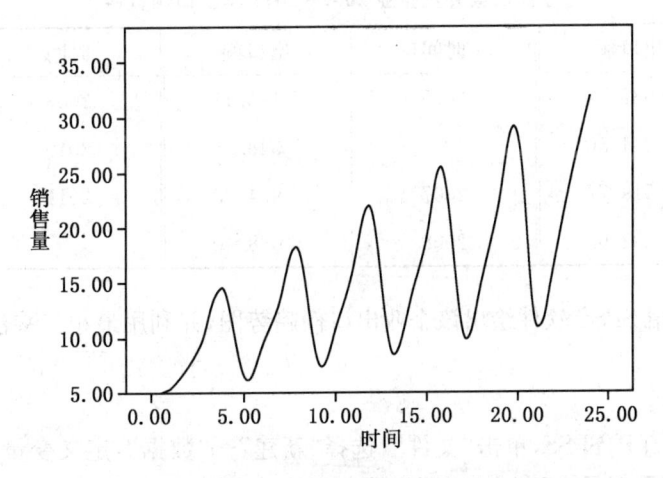

图6-9　2006～2011年某商场某商品各季度销售量理论趋势

表 6—28　　　　　　　　　　　某商品销售量直线趋势计算表

年份	商品销售量 y	序号 x	x^2	xy	$\hat{y}$ 趋势值
2006	42	1	1	42	38
2007	45	2	4	90	47.5
2008	54	3	9	162	57
2009	64	4	16	256	66.5
2010	80	5	25	400	76
合计	285	15	55	950	285

由最小平方法计算得到：$a=28.5, b=9.5$

则趋势方程为：$\hat{y}=28.5+9.5x$

由此方程可以计算出各年趋势值，如表 6—28 所列。

将 $x=6$ 代入趋势方程，可得到 2011 年的预测值为 85.5（千件）。

2. 计算 2011 年各季度的预测值。计算方法如下：

　　　　各季度的预测值＝季平均值×相应的季节比率

即：2011 年第一季度销售量预测＝21.375×55.85％＝12（千件）

　　2011 年第二季度销售量预测＝21.375×77.92％＝17（千件）

　　2011 年第三季度销售量预测＝21.375×116.80％＝25（千件）

　　2011 年第四季度销售量预测＝21.375×150.44％＝32（千件）

技能训练一　用 SPSS 软件进行长期趋势测定

一、用 SPSS 制作趋势图和直线趋势方程的建立

【**实例 6—21**】 以下是宁波市某外贸企业 2001～2011 年出口额资料，如表 6—29 所示。

表 6—29　　　　　宁波市某外贸企业 2001～2011 年出口额资料　　　　　单位：万元

时间	出口额	时间	出口额	时间	出口额
2001	2 987.12	2005	5 123.11	2009	6 212.20
2002	3 844.56	2006	5 348.93	2010	6 687.99
2003	4 519.77	2007	5 964.23	2011	6 730.76
2004	5 282.98	2008	6 088.40		

根据上表，利用 SPSS 软件绘出该企业出口额趋势图，并利用最小二乘法确定出口额的直线趋势方程。

具体步骤如下：

1. 新建文件：打开 SPSS，单击"文件"，选择"新建"—"数据"，定义变量名为"出口额"，然后把出口额的数据手工录入到"出口额"变量名下的内容栏里。

2. 定义时间：单击"数据"，选择"定义日期"，弹出"定义日期"对话框，在"个案为"对话框

中,选择时间序列的时间间隔,本例中选定为"年份",在"第一个个案为"对话框中"年"栏中填入数据初始年份为"2001",如图 6—10 所示,再单击"确定"按钮即可生成动态列,如图 6—11 所示。

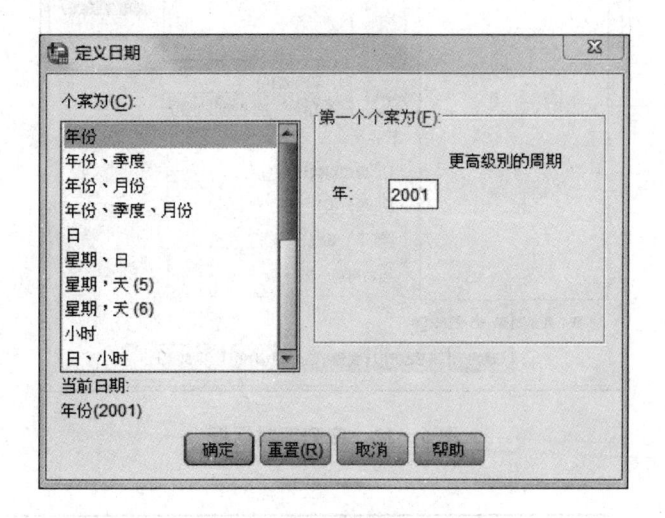

图 6—10　定义日期对话框

图 6—11　生成动态数列图

　　3. 单击"分析",选择"预测"—"序列图"。在弹出的"序列图"对话框中,将"出口额"添加到"变量"框中,将"YEAR"添加到"时间轴标签"框中,如图 6—12 所示。
　　4. 单击"确定",就可以得到趋势图,如图 6—13 所示。
　　在实际工作中经常省去步骤 2、3、4。
　　5. 定义时间序号:单击"变量视图",定义变量名为"时间序号",然后把时间序号的数据(1、2、3、…)手工录入到"时间序号"变量名下的内容栏里。
　　6. 单击"分析",选择"回归"—"曲线估计"。在弹出的"曲线估计"对话框中,将"出口额"添加到"因变量"框中,将"时间序号"添加到"变量"框中,在"在等式中包含常量"、"根据模型绘图"、"线性"和"显示 ANOVA 表格"前打上"√",如图 6—14 所示。

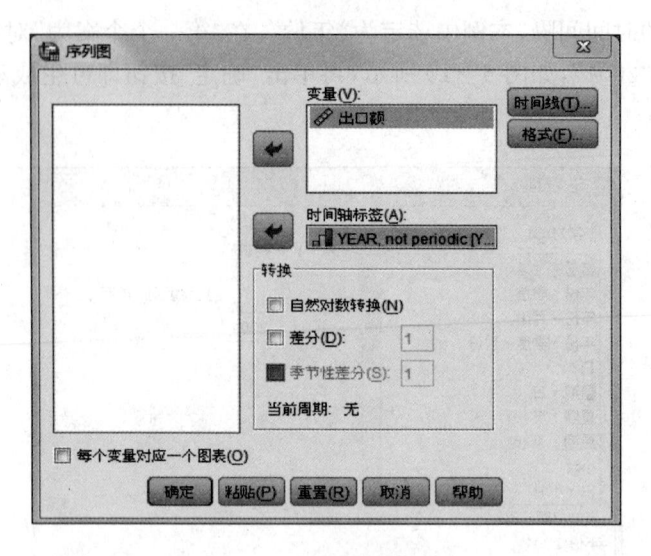

图 6—12　序列图对话框

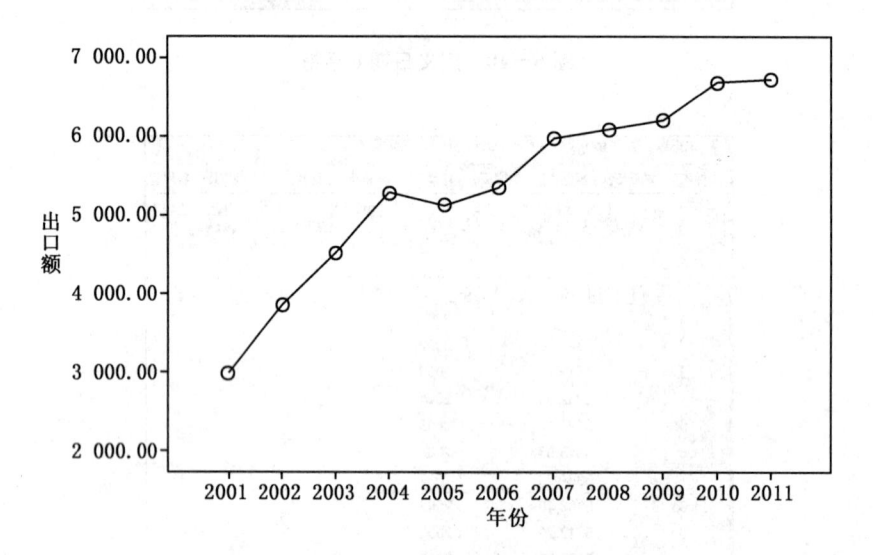

图 6—13　2001～2010 年某外贸企业出口额趋势

7. 单击"确定",即可得到输出结果,如表 6—30 所示。其长期趋势方程为 $\hat{y}_x = 3\,292.486 + 342.011x$。

表 6—30　　　　　　　　　　　　输出系数表

	未标准化系数		标准化系数	t	Sig.
	B	标准误	Beta		
时间序号	342.011	33.185	0.960	10.306	0.000
（常数）	3 292.486	225.074		14.628	0.000

图 6-14　曲线估计对话框

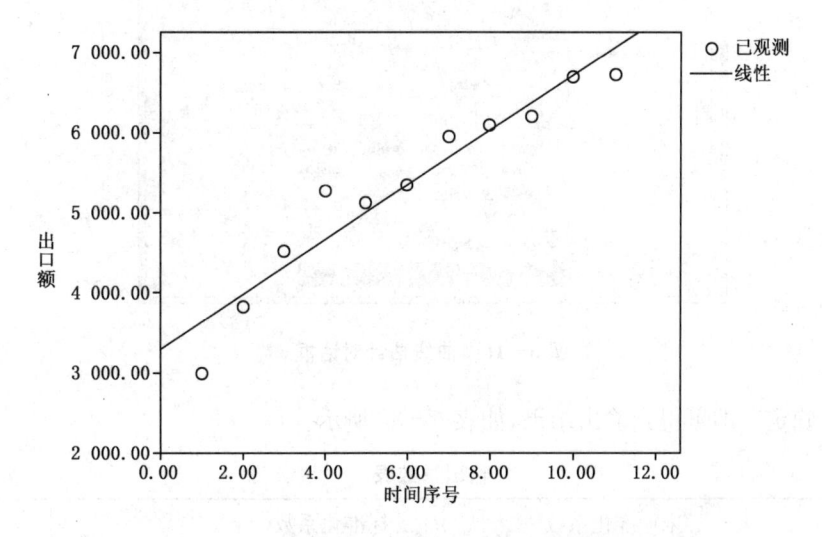

图 6-15　2001～2011 年某外贸企业出口额直线趋势

二、用 SPSS 制作趋势图和二次曲线趋势方程的建立

【实例 6-22】　国内一家品牌服装企业,成立于 20 世纪末期,由于产品适合国内消费者,因此,产品销售总量占居全国 10% 的份额。但是,进入 21 世纪以后,由于大量国际服装品牌进入中国,该企业的产品市场份额逐渐减少。面临严峻的市场形势,企业从 2004 年起与国外服装企业合作生产国际品牌服装,并利用国际先进的管理经验和营销策略,使企业的产品市场份额有显著提高。具体资料如表 6-31 所示。

表 6-31　　　　　　　某服装企业 2000～2011 年服装销售额资料　　　　　　单位:亿元

年份	销售额	年份	销售额	年份	销售额	年份	销售额
2000	8.2	2003	6.5	2006	6.8	2009	9.6
2001	7.8	2004	6.3	2007	7.9	2010	10.8
2002	6.9	2005	6.2	2008	8.2	2011	11.4

根据表 6—31 资料,绘出趋势图建立趋势方程,其基本步骤与上例相同。

1. 新建文件:打开 SPSS,单击"文件",选择"新建"—"数据",定义变量名为"出口额",然后把出口额的数据手工录入到"出口额"变量名下的内容栏里;

2. 定义时间序号:单击"变量视图",定义变量名为"时间序号",然后把时间序号的数据(1、2、3、…)手工录入到"时间序号"变量名下的内容栏里;

3. 单击"分析",选择"回归"—"曲线估计"。在弹出的"曲线估计"对话框中,将"服装销售额"添加到"因变量"框中,将"时间序号"添加到"变量"框中,在"在等式中包含常量"、"根据模型绘图"、"二次项"和"显示 ANOVA 表格"前打上"√",如图 6—17 所示。

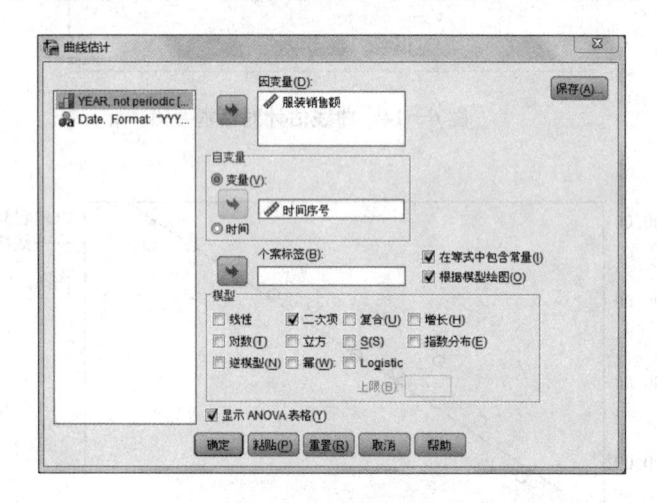

图 6—16　曲线估计对话框

4. 单击"确定",即可得到输出结果,如表 6—32 所示。

表 6—32　　　　　　　　　　　　　输出系数表

	未标准化系数		标准化系数	t	Sig.
	B	标准误	Beta		
时间序号	−1.105	0.121	−2.298	−9.123	0.000
时间序号**2	0.111	0.009	3.070	12.188	0.000
(常数)	9.245	0.343		26.985	0.000

由此可得二次曲线的趋势方程为:
$$\hat{y}_x = 9.245 - 1.105x + 0.111x^2$$
得二次曲线趋势图,见图 6—17。

三、用 SPSS 制作趋势图和指数曲线趋势方程的建立

【实例 6—23】 现以 1991～2010 年我国国内生产总值资料为例,如表 6—33 所示。

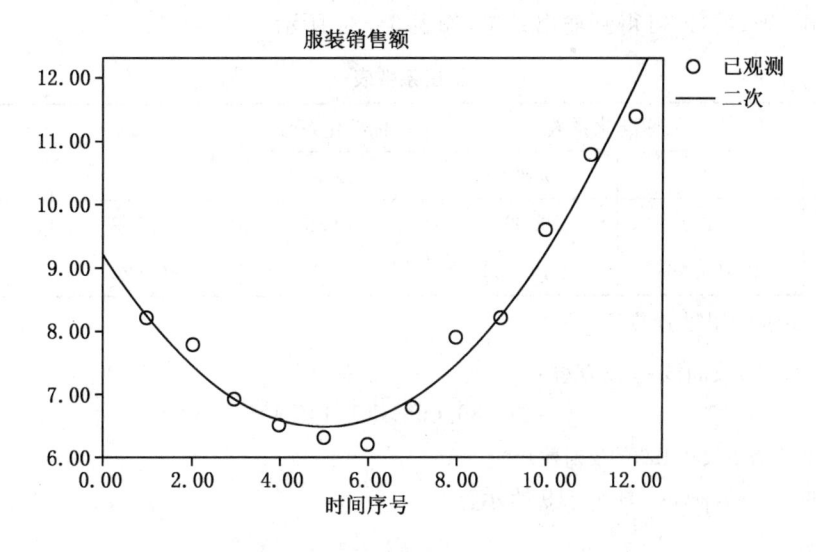

图 6—17　2000～2011 年某外贸企业服装销售额趋势

表 6—33　　　　　　　　1991～2010 年我国国内生产总值资料　　　　　　　　单位:亿元

年份	GDP	年份	GDP	年份	GDP	年份	GDP
1991	21 781.50	1996	71 176.60	2001	109 655.20	2006	216 314.40
1992	26 923.50	1997	78 973.00	2002	120 332.70	2007	265 810.30
1993	35 333.90	1998	84 402.30	2003	135 822.80	2008	314 045.40
1994	48 197.90	1999	89 677.10	2004	159 878.30	2009	340 902.80
1995	60 793.70	2000	99 214.60	2005	184 937.40	2010	401 202.00

资料来源:《中国统计年鉴(2011)》。

根据表 6—33 资料,绘出趋势图建立趋势方程。其基本步骤与上例相同,所不同的就是在"曲线估计"对话框中应选择"指数分布(E)",如图 6—18 所示。

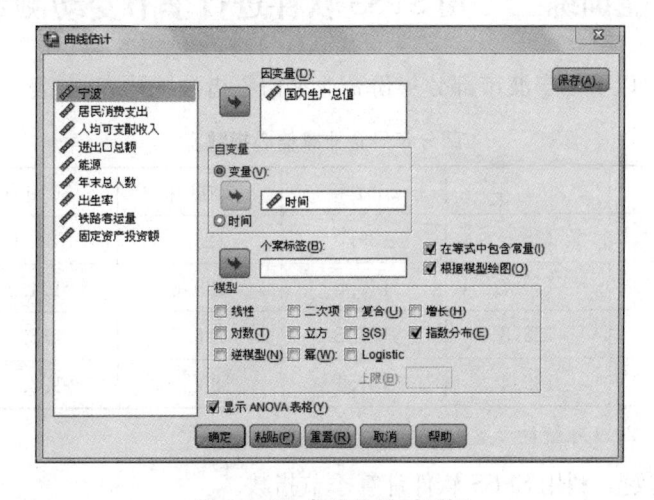

图 6—18　曲线估计对话框

然而单击"确定",即可得到输出结果,如表6—34所示。

表6—34　　　　　　　　　　　　　输出系数表

	未标准化系数		标准化系数	t	Sig.
	B	标准误	Beta		
时间	0.139	0.005	0.988	27.593	0.000
(常数)	24 789.668	1 491.565		16.620	0.000

注:因变量为 ln(国内生产总值)。

从而可得出指数曲线趋势方程:

$$\hat{y}=24\ 789.668\times(1.149\ 1)^x$$

(注:1.149 1为系数0.139的反对数)

得指数曲线趋势图,见图6—19所示。

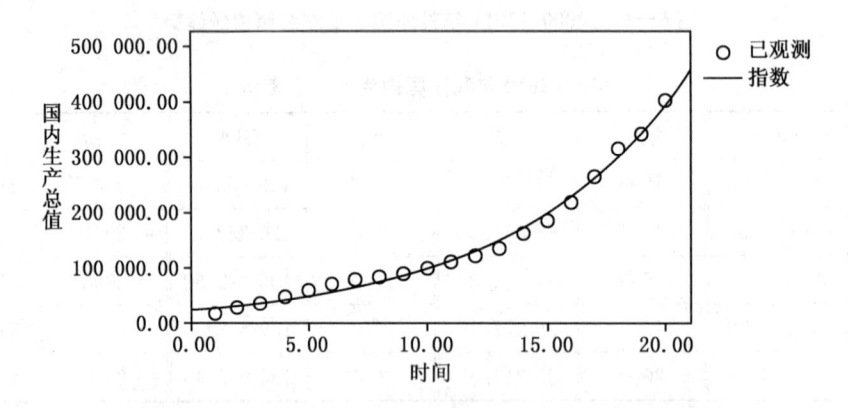

图6—19　1991～2010年我国国内生产总值指数曲线趋势

技能训练二　用SPSS软件进行季节变动测定

【实例6—24】 以下是宁波市部分年份企业家信心指数统计表,如表6—35所示。

表6—35　　　　　　　　　部分年份企业家信心指数　　　　　　　　　单位:点

季度	2005年	2006年	2007年	2008年	2009年	2010年
1	137.1	138.3	139.0	123.4	89.1	137.3
2	132.2	130.7	140.5	109.6	104.6	135.0
3	130.4	132.8	137.8	106.7	115.1	138.2
4	132.0	139.4	137.1	88.8	123.4	140.1

资料来源于宁波市2011年统计年鉴。

根据上表中的数据,利用SPSS软件计算季节指数。

具体步骤:

1.新建文件:单击"文件",选择"新建"—"数据",定义变量名为"信心指数",然后把宁波市部分年份企业家信心指数数据手工录入到"信心指数"变量名下的内容栏里；

2. 定义时间：单击"数据"，选择"定义日期"，弹出"定义日期"对话框，在"个案为"对话框中，选择"年份、季度"，在"第一个个案为"对话框中"年"栏填入"2005"，"季度"栏填"1"，如图6－20所示。

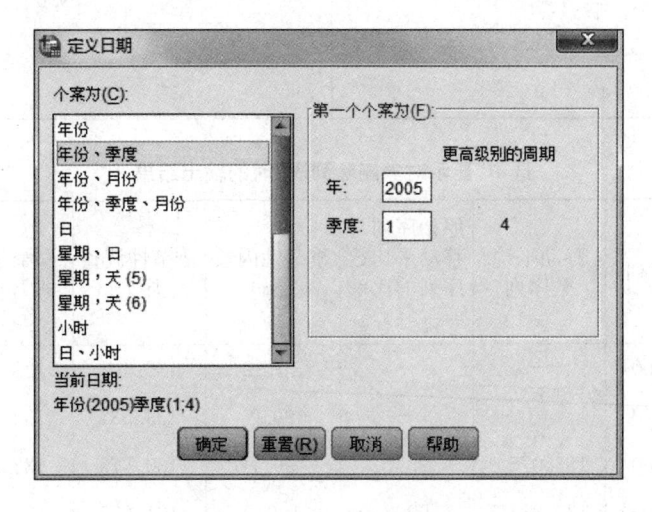

图 6－20 定义日期对话框

3. 单击"分析"，选择"预测"—"季节性分解"，在"季节性分解"对话框中，选择"信心指数"到变量栏，模型类型选择"乘法"，移动平均权重选择"结束点按 0.5 加权"，选中"显示对象删除列表"，如图 6－21 所示（若不选中，输出结果如表 6－36 所示）。

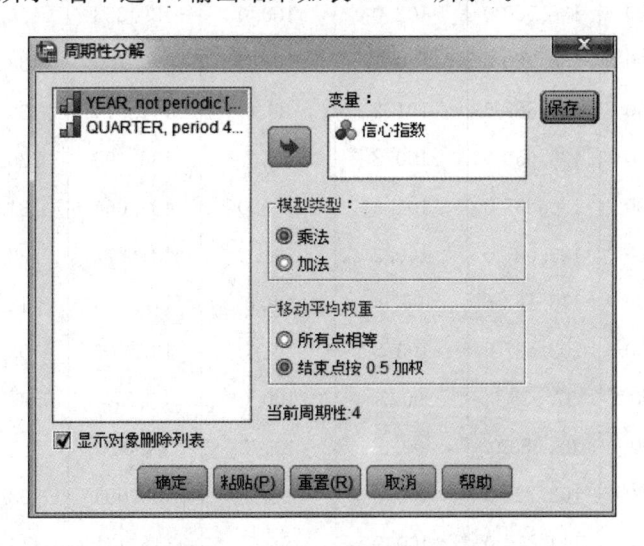

图 6－21 季节性分解对话框

4. 单击"确定"按钮，可得输出结果如表 6－37 所示。

表 6—36　　　　　　　　　不选中"显示对象删除列表"时的输出结果

期　间	季节性因素(%)
1	101.2
2	99.0
3	99.7
4	100.0

表 6—37　　　　　　　　　选中"显示对象删除列表"时的输出结果

DATE_	原始序列	移动平均数序列	原始序列与移动平均数序列的比率(%)	季节性因素(%)	季节性调整序列	平滑的趋势循环序列	不规则(误差)分量
Q1 2005	137.100	—	—	101.2	135.408	133.451	1.015
Q2 2005	132.200	—	—	99.0	133.531	133.238	1.002
Q3 2005	130.400	133.075 0	98.0	99.7	130.775	132.811	0.985
Q4 2005	132.000	133.037 5	99.2	100.0	131.955	132.905	0.993
Q1 2006	138.300	133.150 0	103.9	101.2	136.594	133.520	1.023
Q2 2006	130.700	134.375 0	97.3	99.0	132.016	134.101	0.984
Q3 2006	132.800	135.387 5	98.1	99.7	133.181	135.129	0.986
Q4 2006	139.400	136.700 0	102.0	100.0	139.353	136.991	1.017
Q1 2007	139.000	138.550 0	100.3	101.2	137.285	138.419	0.992
Q2 2007	140.500	138.887 5	101.2	99.0	141.914	139.235	1.019
Q3 2007	137.800	136.650 0	100.8	99.7	138.196	136.854	1.010
Q4 2007	137.100	130.837 5	104.8	100.0	137.054	131.547	1.042
Q1 2008	123.400	123.087 5	100.3	101.2	121.877	122.928	0.991
Q2 2008	109.600	113.162 5	96.9	99.0	110.703	112.856	0.981
Q3 2008	106.700	102.837 5	103.8	99.7	107.007	103.316	1.036
Q4 2008	88.800	97.925 0	90.7	100.0	88.770	96.965	0.915
Q1 2009	89.100	98.350 0	90.6	101.2	88.001	97.254	0.905
Q2 2009	104.600	103.725 0	100.8	99.0	105.653	103.994	1.016
Q3 2009	115.100	114.075 0	100.9	99.7	115.431	114.213	1.011
Q4 2009	123.400	123.900 0	99.6	100.0	123.358	123.796	0.996
Q1 2010	137.300	130.587 5	105.1	101.2	135.606	131.142	1.034
Q2 2010	135.000	135.562 5	99.6	99.0	136.359	135.655	1.005
Q3 2010	138.200	—	—	99.7	138.597	138.336	1.002
Q4 2010	140.100	—	—	100.0	140.053	139.677	1.003

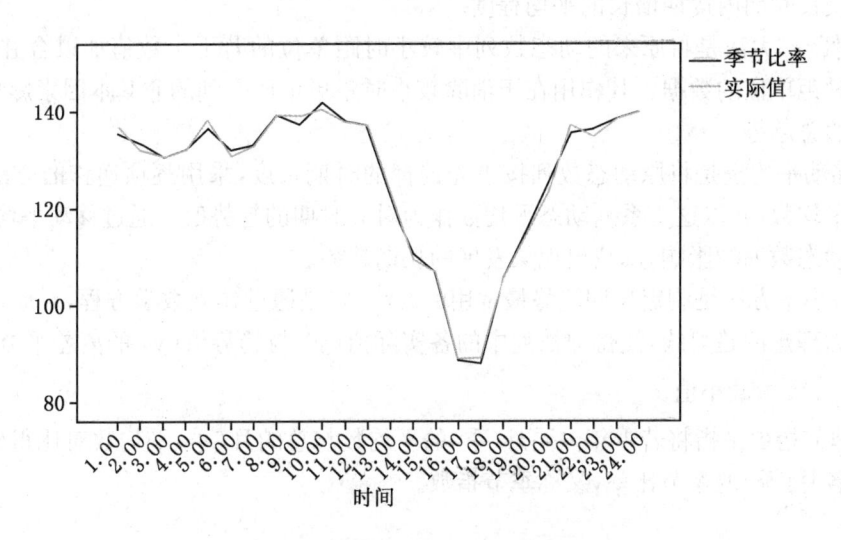

图 6—22 部分年份企业家信心指数趋势

知识回顾

1. 动态数列就是将某一现象在不同时间上的观测值,按时间先后顺序排列而成的数列,又称为动态数列或时间数列。

2. 动态数列可以分为绝对数动态数列、相对数动态数列和平均数动态数列。其中:绝对数动态数列是基本数列,相对数(或平均数)动态数列可看作是绝对数动态数列的派生数列。

3. 编制动态数列的原则:时期长短应一致、总体范围应一致、经济内容应一致、计算口径应一致。

4. 发展水平是指动态数列中的每个观测值,用它来反映现象发展变化实际达到的规模、相对水平和一般水平。发展水平是进行增量分析、平均分析和速度分析的基础。

5. 平均发展水平是指将动态数列中不同时间的发展水平加以平均而得到的平均数,又称序时平均数或动态平均数。它将研究对象在不同时间上的数量差异抽象化,从动态上说明现象在一段时间内发展的一般水平。

6. 增减量是报告期水平与基期水平之差,用来说明某种现象在一定时期内增加或减少的绝对数量。这个差数若为正值,就是增长量;若为负值,就是减少量或降低量。

7. 平均增减量是指动态数列中各逐期增减量的序时平均数,说明某社会经济现象在一段时期内平均每期增加或减少的数量。

8. 发展速度是动态数列中两个不同时期发展水平对比的结果,说明报告期水平已发展到基期水平的多少倍或百分之几。

9. 增长速度是各期增减量与基期水平对比的结果,说明报告期水平比基期水平增长了若干倍或百分之几。

10. 平均发展速度,是指动态数列中各期环比发展速度的序时平均数,它表明社会经济现象在一个较长时期内逐渐发展变化的平均速度。

11. 平均增长速度,是指动态数列中各期环比增长速度的序时平均数,它表明社会经济现象在一个较长时期内逐期增长的平均程度。

12. 时距扩大法是将原来的动态数列中较小时距单位的若干个数值加以合并，得出扩大了的较大时距单位的数据。其作用在于消除较小时距单位所受到的非基本因素影响以显示出现象变动的总趋势。

13. 移动平均法是将原动态数列按事先选择的时期长度，采用逐项递移的方法计算出一系列移动平均数，并以这一系列动态平均数作为对应时期的趋势值。通过移动平均，消除了偶然因素对动态数列的影响，反映出现象发展的长期趋势。

14. 最小平方法是测定长期趋势最常用的方法。它是通过建立数学方程，对原动态数列配合一条较为理想的趋势线，使得原数列中的各实际值(y)与趋势值($\hat{y}$)的离差平方和为最小，即$\sum(y-\hat{y})^2$为最小值。

15. 季节指数是指将若干年内同月(季)的平均数与总的月(季)平均数对比得到的用百分数表示的各月(季)的季节比率，又称季节指数。

主要概念

动态数列　　时期数列　　时点数列　　发展水平　　平均发展水平　　增减量　　平均增减量　　发展速度　　增长速度　　平均发展速度　　平均增长速度　　时距扩大法　　移动平均法　　最小平方法　　季节指数

思考与练习

思考题

1. 什么是动态数列？它有哪几种？
2. 什么是序时平均数？有哪几种？它们分别是怎么计算的？
3. 序时平均数与一般平均数有何区别？
4. 动态数列有哪几种构成因素？这些因素对动态数列的变动起着什么作用？
5. 动态数列的趋势分析方法有哪几种？
6. 如何利用SPSS统计软件进行趋势分析？
7. 如何利用SPSS统计软件进行季节变动分析？

练习题

1. 某企业2012年9月末有职工280人，10月份人数变动情况如下：10月8日新招聘12名大学生上岗，16日有3名老职工退休，20日有4名青年工人应征入伍，同日又有1名职工辞职离岗，29日招聘10名营销人员上岗。试计算该企业10月份的平均在岗人数。

2. 某商场2012年上半年商品库存额资料如下：

时　间	上年12月	1月	3月	6月
月末库存额(万元)	8 900	9 300	6 200	4 300

试计算：①该商场第一季度平均库存额；②该商场上半年平均库存额。

3. 某工厂 2011 年上半年的产量和单位成本资料如下：

月 份	1	2	3	4	5	6
产量(台)	3 800	3 000	4 300	3 000	4 600	4 800
单位成本(元)	800	820	790	815	760	730

试计算该工厂 2011 年上半年的产品平均单位成本。

4. 根据下列资料计算某地区第四季度在业人口数占劳动力资源人口的平均比重。

日 期	9月30日	10月31日	11月30日	12月31日
在业人口(万人)	280	285	280	270
劳动力资源人口(万人)	680	685	684	686

5. 已知某地区 2010 年国内生产总值为 820 亿元，按照"十八大"的经济发展目标，到 2020 年国内生产总值翻一番，则该地区的国内生产总值每年应递增百分之多少才能实现这一目标？若从 2011 年起，该地区的国内生产总值每年以 12.5% 的速度递增，则到 2020 年该地区的国内生产总值将达到多少？能翻多少番？若以相同的速度增长，该地区的国内生产总值要达到在 2010 年的基础上翻三番需要多少年？

项目实训一

实训目标：掌握各种动态分析指标的计算方法，进一步理解每一个动态分析指标的含义及相互关系。

背景资料：以 2001～2010 年我国主要经济数据作为资料(见表 6－1)。

实训内容：

1. 分别计算国内生产总值、城镇居民家庭人均可支配收入、农村居民家庭人均可支配收入、全国人均消费水平、年底总人口数等数据的平均发展水平、逐期增减量、累计增减量、发展速度、增长速度、平均发展速度和平均增长速度；

2. 利用计算所得到的平均增减量、平均发展速度或平均增长速度预测 2013 年和 2014 年我国国内生产总值、城镇居民家庭人均可支配收入、农村居民家庭人均可支配收入、全国人均消费水平和年底总人口数。

项目实训二

实训目标：掌握利用 SPSS 统计软件趋势分析。

实训资料：仍以 2001～2010 年我国部分主要经济数据作为资料(见表 6－1)。

实训内容：

1. 利用 SPSS 统计软件分别对国内生产总值、城镇居民家庭人均可支配收入、农村居民家庭人均可支配收入、全国人均消费水平、年底总人口数等动态数列进行趋势分析，生成趋势图描述其趋势；

2. 选择一条合适的趋势线分别对数据进行拟合；

3. 利用趋势方程分别计算 2013 年和 2014 年的国内生产总值、城镇居民家庭人均可支配收入、农村居民家庭人均可支配收入、全国人均消费水平、年底总人口数的预测值。

项目实训三

实训目标：掌握利用SPSS统计软件,对动态数列的季节变动进行分析的方法。

实训资料：多年以来,我国的啤酒生产企业一直呈群雄割据、各自为战的局面。各地都有自己的生产企业,它们受到地方主义的保护,企业规模小,经营业绩不佳,抵御市场风险的能力差。近几年来,这种格局正在被打破,国内的一些啤酒巨头,如青岛啤酒、哈尔滨啤酒、燕京啤酒等,开始进行跨地区的大规模重组,对市场进行重新整合,逐步扩大企业的生产规模,形成新的市场竞争优势。

啤酒的生产和销售所需的时间相对比较短,库存量比较低。原因是啤酒在短时间内可能会变质,而库存费用和生产费用相对又比较高。要减少库存量,又要保持较强的市场竞争能力,就需要对生产和需求量的变化作出迅速反应。这就要求对需求量作出科学的预测,以作为制定下一年度生产计划的依据。

宁波一家啤酒生产企业现正着手制订2013年的生产计划,这就需要对市场需求量作出预测,作为制订计划的参考依据。经理室要求市场部负责测算工作,并提出预测数据。市场部认为企业最近15年的销售数据对预测有用,于是找来企业历年的销售数据如下表:

宁波某啤酒企业1995~2010年啤酒销售量资料　　　　　　　　　单位:万吨

序号	年份	一	二	三	四	合计
1	1995	6	7	9	8	30
2	1996	9	12	13	10	44
3	1997	13	14	17	13	57
4	1998	15	18	19	14	66
5	1999	18	20	24	19	81
6	2000	22	24	29	23	98
7	2001	23	26	32	24	105
8	2002	25	32	37	26	120
9	2003	30	38	42	30	140
10	2004	29	39	50	35	153
11	2005	30	39	51	37	157
12	2006	29	42	55	38	164
13	2007	31	43	54	41	169
14	2008	33	45	58	42	178
15	2009	34	46	60	45	185
16	2010	36	50	62	47	195
17	2011	40	53	65	48	206

实训内容：

1. 这些年平均每年啤酒销售的增长量是多少？若按此增长量，2013年啤酒销售量将达到多少万吨？

2. 这些年平均每年啤酒销售的增长率是多少？若按此增长速度增长，2013年啤酒销售量将达到多少万吨？

3. 利用SPSS统计软件，判断这些年啤酒销售量的变动趋势，并用适当的方法预测2013年企业啤酒销售量。

4. 充分利用最近四年的资料对企业啤酒销售量作季节变动分析，利用SPSS统计软件计算出各季度的季节指数，并预测2012年和2013年各个季度的销售量。

5. 提出你的建议和意见。

项目七
统计指数分析

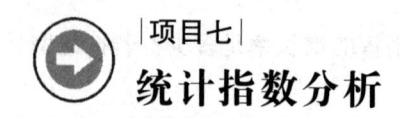

知识目标：

1. 理解指数的含义和种类
2. 掌握综合指数的编制方法
3. 掌握平均指数的编制方法
4. 掌握利用指数体系进行因素分析的方法
5. 了解常用指数的含义

技能目标：

1. 能根据已知资料编制综合指数和平均指数
2. 利用 SPSS 统计软件编制指数并进行因素分析

重点难点：

1. 建立指数体系并进行因素分析
2. SPSS 统计软件在指数分析中的应用

任务导入：

2012 年 10 月 18 日，国家统计局公布前三季度经济数据。数据显示，前三季度，居民消费价格同比上涨 2.8%，涨幅比上半年回落 0.5 个百分点，比上年同期回落 2.9 个百分点。其中，城市上涨 2.9%，农村上涨 2.7%。分类别看，食品价格同比上涨 5.5%，烟酒及用品上涨 3.3%，衣着上涨 3.4%，家庭设备用品及维修服务上涨 2.1%，医疗保健和个人用品上涨 2.1%，娱乐教育文化用品及服务上涨 0.3%，居住上涨 2.0%，交通和通信同比下降 0.2%。9月份，居民消费价格同比上涨 1.9%，环比上涨 0.3%。前三季度，工业生产者出厂价格同比下降 1.5%，降幅比上半年扩大 0.9 个百分点，上年同期为上涨 7.0%；其中 9 月份同比下降 3.6%，环比下降 0.1%。前三季度，工业生产者购进价格同比下降 1.5%；其中 9 月份同比下降 4.1%，环比上涨 0.1%。

生活中我们总会听到有人谈起指数，上至高层领导人，下至家庭主妇，人们总是非常关注这个特殊的数据。指数到底是什么？它是怎样影响着人们的生产和生活的？

学习任务一　统计指数概述

一、指数的概念

指数是社会经济统计中历史最悠久、应用最广泛、同社会经济生活关系最密切的一个组成部分。它产生于 18 世纪欧洲资本主义迅速发展时期，经济学家为了测定物价的变动，开始编制物价指数。此后 200 多年，指数逐步扩展到工业生产、工资、成本、生活费用、股票等各方面。其中消费品价格指数、生活费用价格指数，同人们的日常生活休戚相关；生产资料价格指数、股票价格指数等，则直接影响人们的投资活动，称为社会经济的晴雨表。目前人们对于指数概念的认识，一般有以下两种理解，即广义指数和狭义指数。

广义指数是指一切反映社会经济现象变动的相对数，如动态相对数、比较相对数、计划完成相对数、强度相对数等。

【实例 7－1】 2010 我国棉花产量 636 万吨，2009 年为 640 万吨，2010 年棉花产量为 2009 年的 99.4%；2010 年茶叶产量 140 万吨，2009 年茶叶产量 135 万吨，2010 年的茶叶产量为 2009 年的 103.7%；2010 年我国国内生产总产值 397 983 亿元（按不变价计算），2009 年国内生产总值 335 353 亿元（按不变价计算），2010 年国内生产总值为 2009 年的 118.7%。我们把这些相对数都称为指数。

狭义指数是用来反映不能直接加总和直接对比的复杂社会经济现象数量综合变动的相对数，它是一种特殊形式的相对数。例如，在研究多种产品的产量总变动和单位成本总变动、多种商品的销售量总变动和价格总变动中，由于不同的产品和商品有不同的使用价值和计量单位，因此它们的产量、单位成本、销售量、价格等是不能直接相加的，我们无法直接将它们不同时期的同类数据对比计算指数，在这种情况下，我们就需要利用狭义指数的方法解决复杂现象不能加总和对比的问题。这也正是本项目所讨论的主要内容。

二、统计指数的作用

第一，统计指数可以综合反映社会经济现象总体变动的方向和程度。这是统计指数尤其是狭义指数的主要作用。指数的计算结果一般用百分数表示。这个百分比大于或小于 100%，表示升降变动的方向和程度。例如，2011 年 1 月我国居民消费价格指数为 104.9%，说明 2011 年我国居民消费价格总水平比上年的 1 月上涨了 4.9%。此外，我国公布的我国居民零售价格指数、工业品出厂价格指数、股票价格等指数，都是利用指数的原理和方法编制的。

第二，统计指数可以分析和测定社会经济现象的各个构成因素对经济现象总量变动的影响程度。社会经济现象的数量变化，是许多因素共同影响的结果。例如，工业品产量的变动，取决于工人人数和工人劳动生产率的变动；农产品收获量的变动，取决于播种面积和单位面积产量的变动；旅游总收入的变动取决于游客总人次和平均每一人次消费支出的变动等。统计指数是利用各因素之间的关系编制的。各个因素指数又相互联系构成指数体系。因此可以利用指数体系来分析现象总变动中各个因素变动的影响。

第三，研究现象的长期趋势。利用连续编制的指数数列，可对复杂现象总体长时间发展变化趋势进行分析（见图 7－1）。

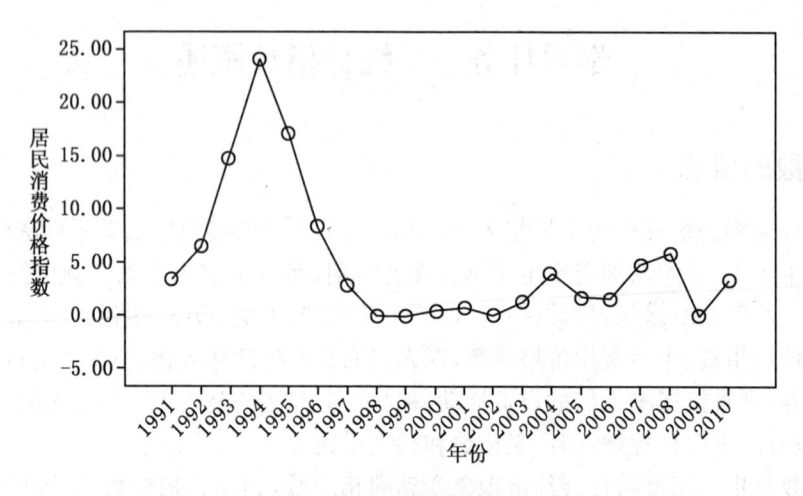

图 7—1 1991～2010 年居民消费价格指数趋势

三、统计指数的种类

(一)按指数反映的对象和范围不同,统计指数可分为个体指数和总指数

个体指数是反映个别事物动态变化的相对数。个体指数是说明单项事物变动或差异程度的相对数。如 2005 年原油产量指数为 102.8%,天然气产量指数为 120.5%,其计算公式为:

$$个体质量指标指数\ k_p = \frac{p_1}{p_0}$$

式中:p_0 为基期质量指标;p_1 为报告期质量指标。

$$个体数量指标指数\ k_q = \frac{q_1}{q_0}$$

式中:q_0 为基期数量指标;q_1 为报告期数量指标。

可见,个体指数就是指同一现象的报告期与基期指标数值对比得到的发展速度指标。

总指数是综合说明不能同度量的许多个别事物构成复杂现象总体综合变动的相对数。如工业产品产量指数、商品零售物价总指数等。在现代统计指数理论中,编制总指数有两种主要形式,即综合指数和平均指数。其中,综合指数是编制总指数的基础,平均指数是综合指数的变形和运用。

介于个体指数和总指数之间,还有一种类(组)指数。实质上,类(组)指数也是总指数,因为它也包含了不能直接加总的多种事物。类(组)指数是统计分组与总指数运用相结合的必然产物。如工业总产量指数分为重工业和轻工业产量指数;零售物价指数分为食品类、衣着类、日用品类等价格指数。

(二)按说明现象的性质不同,统计指数可分为数量指标指数和质量指标指数

数量指标指数是说明现象总规模、总数量变动的相对数。如产品产量指数、商品销售量指数、职工人数指数等都是数量指标指数。

质量指标指数是说明总体内涵数量变动情况的指数。它可以反映事物的质量标准效果和程度。如价格指数、成本指数、劳动生产率指数、平均工资指数。

(三)按采用的基期不同,统计指数可分为定基指数和环比指数

定基指数是在一个指数数列中,每个指数都是以某一固定时期为基期。它说明了社会经

济现象各个时期较固定时期发展变化的趋势和程度。环比指数是在一个指数数列中,各指数都以前一时期为基期。它说明了社会经济现象各个时期较前一时期发展变化的趋势和程度。

例如,根据我国 2006~2011 年国内生产总值(按现价计算)的资料,计算各年的环比指数和定基指数(如表 7—1 所示)。

表 7—1　　　　　　　　　2006~2011 年我国国内生产总值资料

年　份	2006	2007	2008	2009	2010	2011
国内生产总值(亿元)	216 314	265 810	314 045	340 903	401 513	471 564
环比指数(%)	100.00	122.88	118.15	108.55	117.78	117.45
定基指数(%)	—	122.88	145.18	157.60	185.62	218.00

资料来源:《中华人民共和国 2011 年国民经济和社会发展统计公报》,2012 年 2 月 22 日。

学习任务二　综合指数的编制

总指数主要有两种编制形式:综合指数和平均指数。综合指数是编制总指数的基本形式。综合指数是直接以被研究现象总体中的两个总量指标为基础编制的总指数。综合指数的基本原理是首先将所研究现象总体中不能加总对比的个别现象,通过其他因素作媒体,转化为可同度量单位的量,然后加总对比,以综合反映所研究现象总体的变动方向和变动程度。

由于研究社会经济现象有数量指标与质量指标之分,因此,综合指数也就有数量指标综合指数与质量指标综合指数之别。

一、数量指标综合指数的编制

【实例 7—2】　现以表 7—2 某商店三种商品销售数量为例,来说明数量指标综合指数的编制方法。

表 7—2　　　　　　　　　某商店三种商品销售数量和价格资料

商品名称	计量单位	销售量 基期 q_0	销售量 报告期 q_1	价格 基期 p_0	价格 报告期 p_1	销售额(元) 基期 $q_0 p_0$	销售额(元) 报告期 $p_1 q_1$	销售额(元) 假定 $p_0 q_1$
甲	双	1 000	2 000	20	21	20 000	42 000	40 000
乙	件	2 000	3 000	10	10	20 000	30 000	30 000
丙	套	2 000	2 500	4	4.5	8 000	11 250	10 000
合计	—	—	—	—	—	48 000	83 250	80 000

　　　　　　　　　　　　　资料栏　　　　　　　　　　　　　　　　计算栏

表 7—2 中的三种商品销售量,其个体指数分别为:

$$k_甲 = \frac{q_1}{q_0} \times 100\% = \frac{2\ 000}{1\ 000} \times 100\% = 200\%$$

$$k_乙 = \frac{q_1}{q_0} \times 100\% = \frac{3\ 000}{2\ 000} \times 100\% = 150\%$$

$$k_丙 = \frac{q_1}{q_0} \times 100\% = \frac{2\,500}{2\,000} \times 100\% = 125\%$$

但要综合说明这三种商品销售量总的变动方向,则需要编制销售量总指数。编制销售量总指数,要求把各种商品报告期和基期的销售量分别加总,然后将两个时期的销售量总量进行对比。但是由于各种商品的使用价值不同、计量单位不同,因而其销售量不能直接加总,也就无法将两个时期的销售量总量进行对比。因此,在编制销售量总指数时,可运用综合指数的基本原理,合理解决以下三个问题。

1. 确定同度量因素

表7-2中三种商品的使用价值、计量单位不同,销售量加总没有意义。但是,人类劳动所创造的产品,除了有使用价值外,还有价值。我们可通过单位商品价格这个媒介,将具体劳动所创造的反映产品使用价值的实物量,转换为劳动所创造的反映商品价值的价值量,即将各种商品的销售量乘以各自的单价,得出销售额:

商品销售量×单位价格=销售额

商品销售量是研究对象,即要说明变动方向和变动程度的事物,统计中称为指数化因素;单位价格将不能同度量的销售量转化为可以同度量的销售额,起媒介作用,统计中称为同度量因素,这一因素不仅起着媒介作用,还有权数的作用。通过单位价格这个同度量因素,将两个时期各种商品的销售量转化为销售额后,可以就这三种商品在两个时期的销售额分别加总,再将两个时期的销售总额进行对比,于是可得销售额总指数公式:

$$\bar{k}_{pq} = \frac{\sum q_1 p_1}{\sum q_0 p_0}$$

式中:$\bar{k}_{pq}$代表销售额总指数,q_1代表各种商品报告期销售量,q_0代表各种商品基期销售量,p_1代表各种商品报告期单价,p_0代表各种商品基期单价。

则表7-2中三种商品的销售额总指数为:

$$\bar{k}_{pq} = \frac{2\,000 \times 21 + 3\,000 \times 10 + 2\,500 \times 4.5}{1\,000 \times 20 + 2\,000 \times 10 + 2\,000 \times 4} \times 100\% = \frac{83\,250}{48\,000} \times 100\% = 173.43\%$$

计算结果表明,报告期销售总额比基期增长了73.43%,增加的绝对额为35 250元(83 250-48 000)。

至此,通过商品销售价格这个同量度因素,解决了三种商品销售量不能同度量的问题。但是,这里计算的是销售额总指数,而销售额的变动既有销售量变动的影响,同时也有价格变动的影响。因此,要编制单纯反映销售量综合变动情况的总指数,就必须从销售额的变动中排除价格因素变动的影响。

2. 固定同度量因素

要从两个时期的销售额对比中单纯地反映出多种商品销售量的变动方向和程度,就必须把同度量因素固定起来,也就是假定报告期和基期的价格相同,这样才能实现编制销售量总指数的任务。根据这个基期原理建立起来的数量指标综合指数的一般公式为:

$$\bar{k}_q = \frac{\sum q_1 p}{\sum q_0 p}$$

式中:$\bar{k}_q$代表销售量总指数(数量指标指数),p代表各种商品两个时期相同的价格。但是商品价格有基期价格、报告期价格、不变价格等不同价格,将商品价格固定为其中任何一种,都可以计算销售量总指数。现用不同价格作为同度量因素予以分析。

(1)以基期价格 p_0 作为同度量因素,其销售量总指数的公式为:

$$\overline{k}_q = \frac{\sum q_1 p_0}{\sum q_0 p_0}$$

上述称为基期加权综合指数公式,1864 年由德国学者拉斯贝尔(Laspeyres)首次提出,因此也称拉式公式。运用这一公式,以表 7-2 中的数字计算某商店三种商品销售量总指数,得:

$$\overline{k}_q = \frac{2\,000 \times 20 + 3\,000 \times 10 + 2\,500 \times 4}{1\,000 \times 20 + 2\,000 \times 10 + 2\,000 \times 4} \times 100\% = \frac{8\,000}{4\,800} \times 100\% = 166.67\%$$

计算结果表明,报告期三种商品销售量比基期增长了 66.67%;由于销售量的增长,销售额增加了 32 000 元(80 000-48 000)。

(2)以报告期价格 p_1 作为同度量因素,其销售量总指数的公式为:

$$\overline{k}_q = \frac{\sum q_1 p_1}{\sum q_0 p_1}$$

上述称为报告期加权综合指数公式,1874 年由德国学者派许(Paasche)首先提出使用,因而也称派式公式。运用这一公式,以表 7-2 中的资料计算某商店三种商品销售量总指数,得:

$$\overline{k}_q = \frac{2\,000 \times 21 + 3\,000 \times 10 + 2\,500 \times 4.5}{1\,000 \times 21 + 2\,000 \times 10 + 2\,000 \times 4.5} \times 100\% = \frac{83\,250}{50\,000} \times 100\% = 167.04\%$$

计算结果表明,报告期三种商品销售量比基期增长了 67.04%;由于销售量的增长,销售额增加了 33 250 元(83 250-50 000)。

上述的计算分析说明了这样一个道理:同一数量指标指数的同度量因素,固定在不同时期会得出不同的结果。那么,数量指标指数的同度量因素究竟固定在什么时期为宜呢?在实际应用中,不能一概而论,要根据统计研究的目的和研究对象的特点确定。一般来讲,编制数量指标综合指数时,应当采用基期的质量指标作为同度量因素。

二、质量指标综合指数的编制

仍使用表 7-2 中的资料,以某商店三种商品销售价格为例说明质量指标综合指数的编制方法。

表 7-2 中的资料表明,三种商品的销售价格个体指数分别为:

$$k_甲 = \frac{p_1}{p_0} \times 100\% = \frac{21}{20} \times 100\% = 105\%$$

$$k_乙 = \frac{p_1}{p_0} \times 100\% = \frac{10}{10} \times 100\% = 100\%$$

$$k_丙 = \frac{p_1}{p_0} \times 100\% = \frac{4.5}{4} \times 100\% = 112.5\%$$

但要综合说明这三种商品价格总的变动方向和程度,则需要计算价格总指数。

表面看来,商品的价格都以货币表示,计量单位相同,似乎可以相加,加总后进行对比,就可求得价格总指数。其实不然。

首先,各种不同商品的价格代表着不同使用价值的商品价值,简单相加是毫无意义的。

其次,各种商品的销售是不同的,如果不考虑各种商品销售量的大小,不加区别地直接将它们在报告期和基期的价格分别相加进行对比,那么,价格变动幅度大的商品,即使销售量很小,其价格变动对价格总变动的影响仍然很大,这显然是不合理的。

最后,各种商品的价格都是单位价格,而商品数量的计量单位是可大可小的(如论重量的商品可以吨、千克、克等为单位),那么,随着使用单位的不同,其单位价格也会扩大或缩小,随着计量单位的改动,将各种商品的单位价格相加计算的总指数,会得出许多不同的结果,这显然是不科学的。

因此,在编制价格总指数时,仍需运用综合指数的基本原理,合理解决三个问题。

1. 确定同度量因素

如前所述,商品的销售价格是单位商品的价值尺度,某种商品的价格乘以该种商品的销售量,就等于该种商品的销售额,即

$$单位价格 \times 商品销售量 = 销售额$$

此时,单位价格是指数化因素,即要说明变动方向和变动程度所指的事物;商品销售量是同度量因素,它将不能同度量的价格转化为可以同度量的销售额,起着媒介作用。通过销售量这个同量度因素将两个时期各种商品的价格转化为销售额后,就可以将这三种商品在两个时期的销售额分别加总,再进行对比,得出销售额总指数。

2. 固定同度量因素

销售额的变动不仅受价格的变动影响,同时还受销售量变动的影响。因此,要编制单纯反映价格综合变动情况的总指数,就必须将同度量因素固定不变,排除同度量因素变动的影响。

与编制销售量指数一样,在编制价格总指数时,要从两个时期的销售额对比中单纯反映商品价格的变动方向和程度,就必须把与两个时期的商品价格相乘的销售量固定起来,也就是假定报告期和基期的商品销售量相同,这样才能实现编制价格总指数的任务。根据这一原理建立起来的质量指标综合指数的一般公式为:

$$\bar{k}_p = \frac{\sum p_1 q}{\sum p_0 q}$$

式中:$\bar{k}_p$ 代表价格总指数(质量指标数值),q 代表各种商品两个时期的销售量。销售量有基期销售量、报告期销售量、某一特定销售量等,有一个销售量,就确定了一个价格指数。现用不同销售量作为同度量因素予以分析。

(1)以基期销售量 q_0 作为同度量因素,其价格总指数的公式为:

$$\bar{k}_p = \frac{\sum p_1 q_0}{\sum p_0 q_0}$$

上式属于基期加权综合指数公式,即拉式公式。运用上式,以表 7-2 中的资料计算某商店三种商品价格总指数,得

$$\bar{k}_p = \frac{21 \times 1\,000 + 10 \times 2\,000 + 4.5 \times 2\,000}{20 \times 1\,000 + 10 \times 2\,000 + 4 \times 2\,000} \times 100\% = \frac{50\,000}{48\,000} \times 100\% = 104.17\%$$

计算结果表明,报告期三种商品价格总水平上升 4.17%;由于价格总水平的上升,使销售额增加了 2 000 元(50 000-48 000)。

(2)以报告期销售量 q_1 作为同度量因素,其价格总指数的公式为:

$$\bar{k}_p = \frac{\sum p_1 q_1}{\sum p_0 q_1}$$

上式属于报告期加权综合指数公式,即派式公式。运用上式,以表 7-2 中的资料计算某商店三种商品总指数,得

$$\bar{k}_p = \frac{21\times 2\,000 + 10\times 3\,000 + 4.5\times 2\,500}{20\times 2\,000 + 10\times 3\,000 + 4\times 2\,500}\times 100\% = \frac{83\,250}{80\,000}\times 100\% = 104.06\%$$

计算结果表明，报告期三种商品价格总水平上升4.06%；由于价格总水平的上升，使销售额增加了3 250元（83 250－80 000）。

上述的计算分析说明了这样一个道理：同一质量指标综合指数的同度量因素，固定在不同时期会得出不同的结果。那么，质量指标指数的同度量因素究竟固定在什么时期合适呢？这是编制质量指标指数时必须解决的又一个重要问题。

一般来讲，编制质量指标综合指数时，应当采用报告期的数量指标作为同度量因素。

学习任务三　平均指数的编制

平均指数也称平均数指数，是以被研究现象总体中的个体指数为基础，对若干个体指数进行加权平均而编制的总指数。在统计实践中，由于受资料的限制，利用综合指数进行计算，有时有困难。因此，总指数的编制方法除采用综合指数的形式外，还可采用平均指数的形式。它是综合指数的变形，但又具有相对独立的意义，在统计实践中应用非常广泛。

平均指数的计算形式基本分两种：一种是加权算术平均指数；另一种是加权调和平均指数。在具体计算中应用哪一种方法计算平均指数，应根据掌握的资料来确定。

一、加权算术平均指数

加权算术平均指标是对个体指数按加权算术平均方式进行平均，即以个体指数为变量值，以基期的总量为权数，对个体指数进行加权平均，反映现象总体数量方面的变动。主要用来编制数量指标指数，而且资料相对容易取得。

现以商品销售量总指数为例加以说明。若用 $\bar{k}_q$ 代表商品销售量总指数，用 k_q 代表各种商品销售量个体指数，用 $q_0 p_0$ 作权数，则商品销售量总指数的加权算术平均指数公式为：

$$\bar{k}_q = \frac{\sum k_q q_0 p_0}{\sum q_0 p_0}$$

例如，以表7－2资料为例，利用平均指数进行计算，过程如表7－3所示。

表7－3　　　　　　　某商店三种商品销售量指数计算表

商品名称	计量单位	销售量 基期 q_0	销售量 报告期 q_1	基期销售额 $q_0 p_0$	销售量个体指数 $k_q = \frac{q_1}{q_0}$	假定销售额 $k_q q_0 p_0 = q_1 p_0$
甲	双	1 000	2 000	20 000	200	40 000
乙	件	2 000	3 000	20 000	150	30 000
丙	套	2 000	2 500	8 000	125	10 000
合计	—			48 000	—	80 000

$$\bar{k}_q = \frac{\sum k_q q_0 p_0}{\sum q_0 p_0}\times 100\% = \frac{80\,000}{48\,000}\times 100\% = 166.67\%$$

$$\sum k_q q_0 p_0 - \sum q_0 p_0 = 80\,000 - 480\,000 = 32\,000(元)$$

计算结果表明，三种商品销售量的变动平均增长了66.67%；由于销售量的增长，使销售额增加了 32 000 元。这个结果与采用综合指数公式的计算结果完全相同。

二、加权调和平均指数

加权调和平均指数是对个体指数按加权调和平均方式进行平均,即以个体指数为变量值,以报告期的总量为权数,对质量指标个体进行加权平均,反映现象总体质量方面的变动程度。主要用来编制质量指标指数,而且资料相对容易取得。

现以商品价格总指数为例加以说明。若用 $\bar{k}_p$ 代表商品价格总指数,用 k_p 代表各种商品价格个体指数,用 $q_1 p_1$ 作权数,则商品价格总指数的加权调和平均指数公式为:

$$\bar{k}_q = \frac{\sum q_1 p_1}{\sum \frac{p_1 q_1}{k_p}}$$

现仍以表 7-2 资料为例,用加权调和平均指数公式计算,其过程如表 7-4 所示。

表 7-4　　　　　　　　某商店三种商品销售价格指数计算

商品名称	计量单位	销售价格(元) 基期 p_0	销售价格(元) 报告期 p_1	报告期销售额(元) $p_1 q_1$	销售价格个体指数 $k_q = \frac{p_1}{p_0}$	假定销售额(元) $\frac{p_1 q_1}{k_p}$
甲	双	20	21	42 000	105.0	40 000
乙	件	10	10	30 000	100.0	30 000
丙	套	4	4.5	11 250	112.5	10 000
合计	—	—	—	83 250		80 000

根据资料,用加权调和平均指数计算:

$$\bar{k}_p = \frac{\sum q_1 p_1}{\sum \frac{p_1 q_1}{k_p}} = \frac{83\ 250}{80\ 000} \times 100\% = 104.06\%$$

$$\sum p_1 q_1 - \frac{\sum p_1 q_1}{k_p} = 83\ 250 - 80\ 000 = 3\ 250(元)$$

计算结果与前面完全相同,只是使用的资料不同。

从上面的举例中可以看出,平均指数与综合指数虽然形式不同,但结果相同。之所以会如此,主要是由于平均指数公式中所用的权数是根据综合指数的原理和要求,从相应的综合指数公式中的有关综合指标转化而来的,所以人们习惯把平均指数公式称为综合指数的变形公式。但从应用条件来看,平均指数更加宽松与灵活。在商品或产品品种不多的情况下,比较容易取得两个时期各品种的数量指标和质量指标资料,可以应用综合指数公式计算总指数,也可用平均指数公式计算总指数。如果品种很多,像商业部门经营的商品品种成千上万,无法取得两个时期各品种的销售量和价格资料,但能取得个体指数 k_p 或 k_q,又比较容易取得权数资料 $q_0 p_0$ 和 $p_1 q_1$,这时,则不能用综合指数公式,只能用平均指数公式来计算总指数。例如,若取得价格个体指数 k_p 报告期销售额 $p_1 q_1$,就可以用加权调和平均指数公式来计算总指数;若取得个体指数 k_q 和基期销售额 $q_0 p_0$,就可以用加权算术平均指数公式计算销售量总指数;若取得两个时期的实际销售额 $q_0 p_0$ 或 $p_1 q_1$ 和销售量或价格中任何一种个体指数 k_p 或 k_q,则销售量总指数和价格总指数均可以计算。

学习任务四　指数体系和因素分析法

一、指数体系的建立

(一)指数体系的概念

一般把在经济上具有一定联系,并且具有一定数量对等关系的三个或三个以上的指数所构成的整体称为指数体系。例如,

商品销售额指数＝商品价格指数×商品销售量指数

工业总产值指数＝产品产量指数×产品价格指数

产品总成本指数＝产品产量指数×单位成本指数

原材料消耗总额指数＝产品产量指数×单耗指数×原材料价格指数

我们把等式的左边称为总变动指数,把等式的右边称为因素指数。可见,总变动指数等于因素指数的连乘积。

(二)指数体系的基本形态

1. 相对数形式:总变动指数等于各个因素指数的连乘积,即

$$\frac{\sum q_1 p_1}{\sum q_0 p_0} = \frac{\sum q_1 p_0}{\sum q_0 p_0} \times \frac{\sum q_1 p_1}{\sum q_1 p_0}$$

2. 绝对数形式:总变动指数的增减额等于各因素指数的影响的增减额之和,即

$$\sum q_1 p_1 - \sum q_0 p_0 = (\sum q_1 p_0 - \sum q_0 p_0) + (\sum q_1 p_1 - \sum q_1 p_0)$$

(三)指数体系的作用

1. 它是因素分析法的基本依据,即通过指数体系可以分析复杂总体现象变动中各个构成因素变动的影响情况。

2. 利用指数体系,可以对某些未知因素进行推算。例如,由商品销售额指数和价格指数,就可推算出商品销售量指数。

3. 可以用来验证指数计算结果的正确性。

二、指数体系的应用——因素分析

因素分析法是指在统计分析中利用指数体系分析社会经济现象总变动中各个因素变动影响的方向和程度的方法。其特点如下:

1. 分析的对象是受多因素影响的现象,该现象的总量可以被分解为两个或两个以上因素的乘积,每个因素的变动对现象的总变动都有影响。分析的目的是要测定各个因素影响的方向和程度。

2. 因素分析法的基本特点是测定其中一个因素的影响时,要假定其他因素不变。

3. 因素分析法的基本依据是指数体系,其结果可用相对数或绝对数表示。

(一)因素分析的步骤

1. 构成有实际意义的指标体系:分析对象:$S=ab$(因素指标)

2. 将指标体系转化为指数体系:$\dfrac{s_1}{s_0} = \dfrac{a_1}{a_0} \times \dfrac{b_1}{b_2}$

3. 计算研究现象的总变动指数与总变动的绝对值。
4. 计算各因素指标的指数与绝对值。
5. 用指数体系的两种表现形式检验上述结果。
6. 分析结论。

(二)总量指标变动的两因素分析

1. 简单现象总体总量指标指数的两因素分析

【实例 7—3】 某企业职工年工资情况资料如表 7—5 所示,计算工资总额的变动并对其进行因素分析。

表 7—5　　　　　　　　某企业职工年工资情况资料

指　　标	符　号	基　期	报告期
工资总额(万元)	E	500	567
职工人数(人)	f	1 000	1 050
平均工资(元/人)	X	5 000	5 400

【分析】工资总额(E)＝职工人数(f)×平均工资(X)

$$\frac{E_1}{E_0}=\frac{X_0 f_1}{X_0 f_0}\times\frac{X_1 f_1}{X_0 f_1}=\frac{f_1}{f_0}\times\frac{X_1}{X_0}$$

$$E_1-E_0=(X_0 f_1-X_0 f_0)+(X_1 f_1-X_0 f_1)$$
$$=X_0(f_1-f_0)+f_1(X_1-X_0)$$

工资总额的变动：

$$k_E=\frac{E_1}{E_0}\times 100\%=\frac{567}{500}\times 100\%=113.4\%; E_1-E_0=567-500=67(万元)$$

其中：

(1) 受职工人数变动的影响为：$k_f=\frac{f_1}{f_0}\times 100\%=\frac{1\,050}{1\,000}\times 100\%=105\%$

$X_0(f_1-f_0)=5\,000\times(1\,050-1\,000)=25(万元)$

(2) 受平均工资变动的影响为：$k_x=\frac{X_1}{X_0}\times 100\%=\frac{5\,400}{5\,000}\times 100\%=108\%$

$f_1(X_1-X_0)=1\,050\times(5\,400-5\,000)=42(万元)$

(3) 综合影响：$\begin{cases}113.4\%=105\%\times 108\% \\ 67\,万元=25\,万元+42\,万元\end{cases}$

以上计算表明,该企业职工工资总额报告期比基期增长 13.4%,增加 67 万元,是由于职工人数增长 5%,使工资总额增加 25 万元,由于职工平均工资上升 8%,使工资总额增加 42 万,是两因素共同影响的结果。

2. 复杂现象总体总量指标变动的两个因素分析

现以表 7—6 中的资料计算总产值的变动并对其进行因素分析。

表 7—6　　　　　　　　某企业三种产品产量和出厂价格资料

产品名称	计量单位	产量 报告期 q_1	产量 基期 q_0	出厂价格(元) 报告期 p_1	出厂价格(元) 基期 p_0	总产值(百元) 假定 $q_1 p_0$	总产值(百元) 报告期 $q_1 p_1$	总产值(百元) 基期 $q_0 p_0$
甲	套	22	20	35	35	770	770	700
乙	吨	45	40	12	10	450	540	400
丙	台	6	5	65	60	360	390	300
合计	—	—	—	—	—	1 580	1 700	1 400

解：要求分析该企业总产值的变动及影响因素。
根据指数体系：

$$总产值指数＝产量指数×价格指数$$

总产值指数 $\bar{k}_{pq} = \dfrac{\sum q_1 p_1}{\sum q_0 p_0} \times 100\% = \dfrac{1\,700}{1\,400} \times 100\% = 121.43\%$

总产值增加的绝对值：

$\sum q_1 p_1 - \sum q_0 p_0 = 1\,700 - 1\,400 = 300(百元)$

其中：由于产量变动对总产值的影响

产量总产值 $\bar{k}_q = \dfrac{\sum q_1 p_0}{\sum q_0 p_0} \times 100\% = \dfrac{1\,580}{1\,400} \times 100\% = 112.86\%$

产量增长使产值增加的绝对额：

$\sum q_1 p_0 - \sum q_0 p_0 = 1\,580 - 1\,400 = 180(百元)$

由于价格变动对总产值的影响

价格总指数 $\bar{k}_p = \dfrac{\sum q_1 p_1}{\sum q_1 p_0} \times 100\% = \dfrac{1\,700}{1\,580} \times 100\% = 107.59\%$

价格上升使产值增加的绝对值：

$\sum q_1 p_1 - \sum q_1 p_0 = 1\,580 - 1\,400 = 180(百元)$

以上计算结果的指数体系关系为
从相对数分析：121.43%＝112.86%×107.59%
从绝对数分析：30 000元＝18 000元＋12 000元
以上计算表明,该企业生产的三种产品总产值报告期比基期增长21.43%,增加30 000元,由于产量增长12.86%使产值增加18 000元,由于价格上升7.59%使产值增加12 000元,是两因素共同影响的结果。

(三)平均指标指数的两因素分析

平均指标即总体平均数,与某些总量指标可以分解为两个因素指标的乘积一样,总体平均数也可以分解为两个因素指标的乘积。之前讲过加权算术平均数的计算公式为：

$$\bar{x} = \dfrac{\sum xf}{\sum f} = \sum x \cdot \dfrac{f}{\sum f}$$

式中：$\bar{x}$ 表示总体平均指标；x 表示各组水平；$\dfrac{f}{\sum f}$ 表示各组的次数比重。

上述计算公式说明，在分组的情况下，社会经济现象总体水平的变动受到两个因素的影响：一是受各组变量值（x）大小的影响，二是受各组次数（f）多少或频率 $\dfrac{f}{\sum f}$ 大小的影响。

无论是组平均水平的变动，还是总体结构的变动，都会对总体平均水平产生影响。当结构变动影响很大时，往往会出现组平均数和总体平均数不一致的矛盾现象。

如何分别测出组平均数和总体结构这两个因素指标在平均指标的总变动中各起多大作用，同样需要借助于指数来解决。

平均指标指数两因素的分析对象是总体平均水平的变动，分析的目的是测定组平均数与总体结构两个因素的变动对总平均数的影响方向和影响程度；测定时是假定其中一个因素的数量不变，从而测定另一个因素的影响方向和影响程度；分析的基本依据是平均指标指数体系，即两个因素指数的乘积等于总变动指数，两个因素影响差额的总和等于平均指标实际发生的总差额；分析的结果也有两个表示方法，既可以用相对数表示，也可以用绝对数表示。

1. 平均指标指数体系

平均指标指数是将两个时期的总体平均数对比而得到的相对数，又称可变构成指数，简称可变指数。它反映总体平均数的总的变动程度，是总变动指数。

如用 $\bar{x}_1$ 代表报告期的平均指标，$\bar{x}_0$ 代表基期的平均指标，则有

$$可变构成指数\,\bar{k}_{可变}=\dfrac{\bar{x}_1}{\bar{x}_0}=\dfrac{\dfrac{\sum x_1 f_1}{\sum f_1}}{\dfrac{\sum x_0 f_0}{\sum f_0}}$$

在平均指标所包含的两个因素中，总体结构 $\dfrac{f}{\sum f}$ 对于组平均数 x 来讲具有数量指标的性质，而组平均数 x 相对总体结构来讲是质量指标。按照确定同度量因素的一般原则：在测定组平均数变动对总体平均指标总变动的影响时，应把总体结构这个同度量因素固定在报告期水平上；而在测定总体结构变化对总体平均总变动的影响时，应把组平均数这个同度量因素固定在基期水平上。

将总体结构 $\dfrac{f}{\sum f}$ 这个因素固定不变，单纯地测定组平均水平 x 的变动对总体平均数影响程度的指数，称为固定构成指数，用 $\bar{k}_{固定}$ 表示。其计算公式为：

$$固定构成指数=\dfrac{\dfrac{\sum x_1 f_1}{\sum f_1}}{\dfrac{\sum x_0 f_1}{\sum f_1}}=\dfrac{\bar{x}_1}{\bar{x}_0}=\dfrac{报告期平均工资}{假定平均工资}$$

将组平均水平 x 这个因素固定不变，单纯地测定总体结构 $\dfrac{f}{\sum f}$ 的变动对总体平均数影响程度的指数，称为结构影响指数，用 $\bar{k}_{结构}$ 表示。其计算公式为：

$$结构影响指数 = \frac{\frac{\sum x_0 f_1}{\sum f_1}}{\frac{\sum x_0 f_0}{\sum f_0}} = \frac{\overline{x}_n}{\overline{x}_0} = \frac{假定平均工资}{基期平均工资}$$

上述两式中,$\overline{x}_n$表示按基期平均数和报告期的构成计算出的假定平均数。

根据总体平均指标 = $\sum$(组平均数 × 总体结构)这一数量关系,可以建立如下指数体系:

可变构成指数 = 固定构成指数 × 结构影响指数

即 $\overline{k}_{可变} = \overline{k}_{固定} \times \overline{k}_{结构}$

相对数指数体系:$\dfrac{\overline{x}_1}{\overline{x}_0} = \dfrac{\overline{x}_1}{\overline{x}_n} \times \dfrac{\overline{x}_n}{\overline{x}_0}$

绝对差额体系:$\overline{x}_1 - \overline{x}_0 = (\overline{x}_1 - \overline{x}_n) + (\overline{x}_n - \overline{x}_0)$

总体平均指标实际增减额 = 组平均数变化引起的增减额 + 总体结构变化引起的增减额

2. 平均指标指数体系的两因素分析

【实例7-4】 以表7-7所示,试计算平均工资指数,来说明平均指标的两因素分析方法。

表7-7　　　　　　　　　某企业工人平均工资指数计算

工人级别	月平均工资(元) 基期 x_0	月平均工资(元) 报告期 x_1	工人人数(人) 基期 f_0	工人人数(人) 报告期 f_1	工资总额(元) 基期 $x_0 f_0$	工资总额(元) 报告期 $x_1 f_1$	工资总额(元) 假定的 $x_0 f_1$
老工人	350	359	280	180	98 000	64 620	63 000
新工人	205	216	120	420	24 600	90 720	86 100
合计	306.5	258.9	400	600	122 600	155 340	149 100

解:报告期总平均工资:$\overline{x}_1 = \dfrac{\sum x_1 f_1}{\sum f_1} = \dfrac{155\ 340}{600} = 258.9(元)$

基期总平均工资:$\overline{x}_0 = \dfrac{\sum x_0 f_0}{\sum f_0} = \dfrac{122\ 600}{400} = 306.5(元)$

假定总平均工资:$\overline{x}_n = \dfrac{\sum x_0 f_1}{\sum f_1} = \dfrac{149\ 100}{600} = 248.5(元)$

下面分别计算三个指数:

可变构成指数 = $\dfrac{\overline{x}_1}{\overline{x}_0} = \dfrac{\frac{\sum x_1 f_1}{\sum f_1}}{\frac{\sum x_0 f_0}{\sum f_0}} \times 100\% = \dfrac{258.9}{306.5} \times 100\% = 84.47\%$

总平均工资变动额 = $\overline{x}_1 - \overline{x}_0 = 258.9 - 306.5 = -47.6(元)$

计算结果表明,该厂平均工资报告期比基期下降15.53%,平均每人减少47.6元。其中:
(1) 由于新、老工人工资水平的变化对总平均工资的影响

$$固定构成指数 = \frac{\frac{\sum x_1 f_1}{\sum f_1}}{\frac{\sum x_0 f_1}{\sum f_1}} \times 100\% = \frac{\bar{x}_1}{\bar{x}_n} \times 100\% = \frac{258.9}{248.5} \times 100\% = 104.19\%$$

$$\bar{x}_1 - \bar{x}_n = 258.9 - 248.5 = 10.4(元)$$

(2) 由于工人人数结构变动对总平均工资的影响

$$结构影响指数 = \frac{\frac{\sum x_0 f_1}{\sum f_1}}{\frac{\sum x_0 f_0}{\sum f_0}} \times 100\% = \frac{\bar{x}_n}{\bar{x}_0} \times 100\% = \frac{248.5}{306.5} \times 100\% = 81.08\%$$

$$\bar{x}_n - \bar{x}_0 = 248.5 - 306.5 = -58(元)$$

上述三个指数之间的关系为:
84.47% = 104.19% × 81.08%
−47.6元 = 10.4元 + (−58)元

根据以上结果可知:由于各组工人的工资水平提高,使总平均工资提高4.19%,提高的绝对额为平均每人10.4元;由于工人内部结构变化,使总平均工资降低了18.92%,降低的绝对额为平均每人58元;两个因素共同变动所作用的结果,使该厂全部工人的总平均工资实际降低了15.53%,下降的绝对额为平均每人47.6元。

为什么各组平均工资水平提高了4.19%,实际平均每人增加10.4元,而该厂总平均工资水平却下降15.53%,平均每人减少47.6元呢?

进一步分析可知,根据表7-7的资料可以计算出报告期的工人结构情况:

低工资的新工人基期占30%,报告期占70%;高工资的老工人基期占70%,报告期占30%。可见,低工资的新工人由基期的30%提高到报告期的70%;而高工资的老工人却由基期的70%下降为报告期的30%。这才导致了组平均工资与总平均工资不一致的矛盾。

学习任务五　几种常用的价格指数

统计指数在现实经济生活中用途非常广泛,在此介绍最常见的几种价格指数。

我国目前编制的价格指数主要有居民消费价格指数(CPI)、农产品收购价格指数、工业品出厂价格指数、固定资产投资价格指数、房地产价格指数等。其中与人们生活关系最为密切的是居民消费价格指数。

一、居民消费价格指数

居民消费价格指数在国外称之为消费者价格指数(Consumer Price Index,CPI),是度量一组代表性消费品及服务项目价格水平随时间而变动的指数,反映居民家庭所购买的生活消费品和服务价格水平变动的情况。居民消费价格指数的编制方法是在众多的计量对象中选择代表品,就这些代表品采集价格数据、计算平均价格和个体物价指数,而后再运用加权平均方

法逐级计算类价格指数,直至总价格指数。

居民消费价格指数等于100,表明报告期与基期相比综合物价没有变化;居民消费价格指数大于100,说明报告期与基期相比综合物价上升,价格指数越高,物价上升越多;居民消费价格指数小于100,说明报告期与基期相比综合物价下降。

居民消费价格指数可就城乡分别编制城市居民消费价格指数和农村居民消费价格指数,也可就全社会编制全国居民消费价格总指数。表7—8显示了1991~2011年我国居民消费价格指数。

表7—8　　　　　　　　　　1991~2011年我国居民消费价格指数

年份	居民消费价格指数	其中: 城市居民消费价格指数	农村居民消费价格指数
1991	103.4	105.1	102.3
1992	106.4	108.6	104.7
1993	114.7	116.1	113.7
1994	124.1	125.0	123.4
1995	117.1	116.8	117.5
1996	108.3	108.8	107.9
1997	102.8	102.8	102.5
1998	99.2	99.2	99.0
1999	98.6	98.7	98.5
2000	100.4	100.8	99.9
2001	100.7	100.7	100.8
2002	99.2	99.0	99.6
2003	101.2	100.9	101.6
2004	103.9	103.3	104.8
2005	101.8	101.6	102.2
2006	101.5	101.5	101.5
2007	104.8	104.5	105.4
2008	105.9	105.6	106.5
2009	99.3	99.1	99.7
2010	103.3	103.2	103.6
2011	105.4	105.3	105.8

资料来源:《中国统计年鉴(2011)》《中华人民共和国2011年国民经济和社会发展统计公报》。

居民消费价格指数除了能反映城乡居民所购买的生活消费品和服务项目价格的变动趋势和程度外,还具有以下几个方面的作用:

第一,反映通货膨胀状况。通货膨胀的严重程度是用通货膨胀率来反映的,它说明了一定时期内商品价格持续上升的幅度。通货膨胀率一般以居民消费价格指数来表示。计算公式为:

$$通货膨胀率 = \frac{报告期居民消费价格指数 - 基期居民消费价格指数}{基期居民消费价格指数}$$

第二,反映货币购买力变动。货币购买力是指单位货币能够购买到的消费品和服务的数

量。居民消费价格指数上涨,货币购买力则下降,反之则上升,因此,居民消费价格指数的倒数就是货币购买力指数。计算公式为:

$$货币购买力指数 = \frac{1}{居民消费价格指数} \times 100\%$$

第三,反映对职工实际工资的影响。消费价格指数的提高意味着实际工资的减少,消费价格指数下降则意味着实际工资的提高。因此,利用消费价格指数可以将名义工资转化为实际工资。计算公式为:

$$实际工资 = \frac{名义工资(现价工资)}{消费价格指数}$$

二、股票价格指数

股票在最初发行时,通常是按面值出售的。股票面值是指股票票面上所标明的金额。但股票在证券市场上交易时,就出现了与面值不一致的市场价格。股票价格一般是指股票在证券市场上交易时的市场价格。

股票市场上每时每刻都有多种股票进行交易,且价格各异,有涨有跌。用某一只股票的价格显然不能反映整个股票市场的价格变动,这就需要计算股价平均数和股票价格指数。因股票市场上股票交易品种繁多,所以在计算股价平均数和股票价格指数时不是对所有的股票进行计算,而只能就样本股票来计算。但所选择的样本股票必须具有代表性和敏感性。代表性是指在种类繁多的股票中,既要选择不同行业的股票,又要选择能代表该行业股价变动趋势的股票;敏感性是指样本股票价格的变动能敏感地反映出整个股市价格的升降变化趋势。

股票价格指数综合反映股票市场的变动程度,它是影响投资人决策行为的重要因素,而且股票价格的波动和走向也是反映经济景气状况的敏感指标。

(一)运用综合指数编制的股票指数

股票价格指数的编制方法有多种,综合指数公式是其中一种重要方法。我国的上证指数、美国标准普尔指数、中国香港恒生股票指数等,都是采用综合指数公式编制。其计算公式为:

$$\bar{k}_p = \frac{\sum p_1 q_0}{\sum p_0 q_0}$$

上式是以基期的股票发行量(或流通量)为同度量因素的拉式综合指数,式中 q_0 代表基期股票发行量(或流通量)。

不同股价指数的样本范围和基期日期的选定都不同。例如美国标准普尔指数,样本范围包括500种股票(其中工业股票400种、公用事业股票40种、金融业股票40种、运输业股票20种),选择1941~1943年为基期。中国香港恒生指数选择了33种具有代表性的股票(成分股)为指数计算对象(其中金融业4种、公用事业6种、地产业9种、其他行业14种),选择1964年7月31日为基期。而我国的上海证券交易所股票价格指数包括全部上市股票,基期为1990年12月19日。

(二)运用平均指标数编制的股票指数

著名的道琼斯股票价格平均指数就是运用平均的方法来编制的。基本方法就是:对编入指数的各种股票分别计算不同时间的简单平均价格,通过对比得到相应日期的股价指数。计算公式为:

$$\bar{k}_p = \frac{\bar{p}_t}{\bar{p}_0} = \frac{\dfrac{\sum p_{ti}}{n}}{\dfrac{\sum p_{0i}}{n}}$$

道琼斯股票价格平均指数是以 1928 年 10 月 1 日为基期,因为这一天收盘时的道琼斯股票价格指数恰好约为 100 美元,所以就将其定为基准日。而以后股票价格同基期相比计算出的百分数,就成为各期的股票价格指数,所以现在的股票指数普遍用点来作单位,而股票指数每一点的涨跌就是相对于基期日的涨跌百分数。

道琼斯股票价格平均指数最初的计算方法用简单算术平均法求得,当遇到股票的除权除息时,股票指数将发生不连续的现象。1928 年后,道琼斯股票价格平均指数采用了新的计算方法,即在股票除权或除息时采用连接技术,以保证股票指数的连续,从而使股票指数计算方法得到了完善,并逐渐推广到全世界。

目前,道琼斯股票价格平均指数编入股票为 65 种,包括 30 种工业股、20 种运输股、15 种公用事业股。

三、工业生产指数

工业生产指数(IPI)就是用加权算术平均数编制的工业产品实物量指数,是西方国家普遍用来计算和反映工业发展速度的指标,也是景气分析的首选指标。

工业生产指数是以代表产品的生产量为基础,用报告期除以基期取得产品产量的个体指数,以工业增加值计算权数来加权计算总指数的。因此,在工业生产指数的计算中,产品增加值的计算是权数计算的关键。

(一)工业生产指数的编制过程

计算工业生产指数的总体方案主要包括代表产品的确定、权数的计算与指数的计算几个方面。相应分为三个步骤:

1. 确定本级代表产品目录,这是计算工业生产指数的一个重要环节。

代表产品的选取是否科学合理,直接影响生产指数计算结果的准确性。我国月度选择了 500 多种代表产品。其选取的基本原则主要包括:从各个行业品种和规格来选择代表产品,并注重价值量比较大、上升趋势和经济寿命期长、且在一定的时期内相对稳定的产品。

2. 搜集权数基期的有关基础资料,计算并确定权数。

计算权数的基础资料主要包括代表产品的价格、单位产品增加量、分行业总产值和增加量、代表产品基期年产量等。

目前,我国初定权数基期固定在 1995 年,且 5 年不变。可以讲,确立一套权数,是编制工业生产指数难度最大的工作。

3. 根据代表产品的个体指数,并用各自的权数加权平均计算出分类指数(行业指数)和总指数。

(二)工业生产指数的优缺点

工业生产指数有其独特的优势:

1. 符合国际惯例,能直接用于国际上统计资料的对比。
2. 能够较好地满足时效性要求。
3. 有助于提高数据的抗干扰能力,提高工业发展速度的数据质量。

4. 能够提供分行业发展速度,较好地避免行业交叉现象。
　　5. 能够满足新国民经济核算体系的需要。
　　需要指出,工业生产指数是相对指标。仅反映短期经济的景气状况和发展趋势,当研究速度和效益问题时,不能提供绝对量指标;同时也不能提供按企业标志分组的发展速度,这些数据仍需通过其他途径取得。

四、采购经理指数

　　采购经理指数(PMI)是一套月度发布的、综合性的经济监测指标体系,分为制造业 PMI、服务业 PMI,也有一些国家建立了建筑业 PMI。目前,全球已有 20 多个国家建立了 PMI 体系,世界制造业和服务业 PMI 已经建立。PMI 是通过采购经理的月度调查汇总出来的指数,反映了经济的变化趋势。
　　PMI 具有及时性与先导性。由于采取快速、简便的调查方法,在时间上大大早于其他官方数据。
　　PMI 计算出来后,可以与上月进行比较。如果 PMI 大于 50%,表示经济上升,反之则趋于下降。一般来说,汇总后的制造业综合指数高于 50%,表示整个制造业经济增长,低于 50% 表示制造业经济下降。
　　中国物流与采购联合会(CFLP)和中国国家统计局从 2005 年开始共同发布中国 PMI 数据,共有 700 多家企业针对 11 个分类指数接受调查。

技能训练　用 SPSS 软件进行指数的计算与分析

　　【实例 7—5】　现以某外贸公司的资料为例,如表 7—9 所示,来说明用 SPSS 统计软件进行指数的计算方法。

表 7—9　　　　　　　　　　某外贸公司出口三种商品的资料

商品名称	计量单位	出口量 基期	出口量 报告期	单价(万元) 基期	单价(万元) 报告期
甲	台	150	160	7	8
乙	箱	80	100	4	5
丙	吨	300	500	2	2

　　试根据上述资料,采用拉氏综合指数法计算三种商品的销售量总指数,采用帕氏综合指数法计算价格总指数。
　　具体步骤:
　　1. 根据上述资料中所给原始数据创建新的 data 文件"出口商品.sav",其变量情况如图 7—2所示。
　　2. 单击"转换",选择"计算变量",进入"计算变量"对话框;根据已知的 q_0、q_1、p_0 和 p_1,分别求 p_0q_0、p_1q_1 和 p_0q_1,现以求 p_0q_0 为例,在"目标变量"栏输入 p_0q_0,在"数字表达式"框中通过 ➡ 按钮输入 p_0 和 q_0,中间用"*"号相连,如图 7—3 所示。

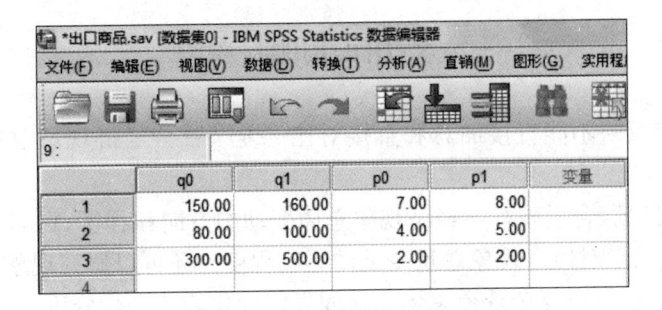

图7—2　出口商品变量示意图

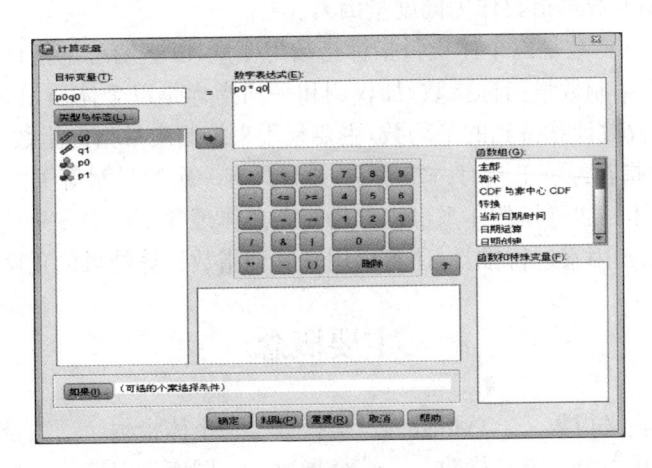

图7—3　计算变量对话框

3. 点击"确定"按钮，即可得输出结果，根据此法依次求得 p_1q_1 和 p_0q_1 的值，如图7—4所示。

图7—4　输出结果

4. 根据拉氏综合指数法和帕氏综合指数法即可求得相关指数如下：

$$\bar{k}_q = \frac{\sum p_0 q_1}{\sum p_0 q_0} \times 100\% = \frac{2\,520}{1\,970} \times 100\% = 1.279\,2 \times 100\% = 127.92\%$$

$$\bar{k}_p = \frac{\sum p_1 q_1}{\sum p_0 q_1} \times 100\% = \frac{2\,780}{2\,520} \times 100\% = 1.103\,2 \times 100\% = 110.32\%$$

知识回顾

1. 指数是用来反映不能直接加总和直接对比的复杂社会经济现象数量综合变动的相对数。

2. 统计指数可以综合反映社会经济现象总体变动的方向和程度；可以分析和测定社会经济现象的各个构成因素对经济现象总量变动的影响程度。还可以研究现象的长期趋势。利用连续编制的指数数列，可对复杂现象总体长时间发展变化趋势进行分析。

3. 在编制数量指标指数时，一般以基期的质量指标作为同度量因素；在编制质量指标指数时，一般以报告期的数量指数作为同度量因素。

4. 加权算术平均指数是以个体质量指标指数为变量，以基期总量指标为权数计算得到的平均数，主要是用来编制数量指标指数；加权调和平均指标是以个体质量指标指数为变量，以报告期数量指标为权数计算得到的平均数，主要是用来编制质量指标指数。

5. 指数体系是指在经济上具有一定联系，并且具有一定数量对等关系的三个或三个以上的指数所构成的整体。通过指数体系可以分析复杂总体现象变动中各个构成因素变动的影响情况；可以对某些未知因素进行推算；还可以用来验证指数计算结果的正确性。

主要概念

广义指数　狭义指数　总指数　类指数　个体指数　数量指标指数　质量指标指数　环比指数　定基指数　综合指数　同度量因素　指数化因素　平均指数　加权算术平均指数　加权调和平均指数　可变构成指数　固定构成指数　结构影响指数　指数体系　因素分析

思考与练习

思考题

1. 什么是指数？它有何作用？
2. 何为同度量因素？它有何作用？
3. 编制综合指数的一般原则是什么？
4. 拉氏指数与帕氏指数各有什么特点？
5. 计算平均指数时，应怎样正确选择权数？
6. 什么是指数体系？它有哪些作用？
7. 怎样进行因素分析？
8. 总平均变动因素分析的意义是什么？

练习题

1. 某企业 2011 年生产总费用为 2 400 万元，比 2010 年节约了 800 万元，而各种产品的产量平均增长了 10%。则该企业的产品单位成本 2011 年与 2010 年相比有何变化？因单位成本变化而影响的绝对额为多少？

2. 某地区今年与去年相比,用同样多的人民币只能购买去年商品的85%,物价变动了多少? 若用比去年少10%的人民币就可购买与去年相同数量的商品,物价变动了多少?

3. 某地区2011年农副产品收购总额为2 900亿元,比2010年多收900亿元,而农产品收购量2011年比2010年平均增长了20%。要求计算:
(1)农副产品收购额指数;
(2)农副产品收购价格指数;
(3)因农副产品收购价格的变动对农民收入的影响绝对额。

4. 某外贸企业出口三种商品的资料如下:

商品名称	计量单位	出口量 2010年	出口量 2011年	出口单价(万元) 2010年	出口单价(万元) 2010年
甲	台	200	230	11	10
乙	箱	500	600	4	5
丙	吨	1 000	1 200	20	19

要求计算:
(1)各种商品出口量和出口单价指数;
(2)从相对数和绝对数两方面简要分析出口量和出口单价变动对出口额变化的影响。

5. 某商场三种商品的销售量和销售价格资料如下:

商品名称	计量单位	销售量 2010年	销售量 2011年	销售价格(元) 2010年	销售价格(元) 2011年
甲	盒	2 020	2 500	64.8	72.2
乙	台	1 500	1 760	688	720
丙	个	8 500	8 300	15.8	20.8

要求:
(1)计算三种商品销售额总指数;
(2)分析因销售量和销售价格变动对销售额相对变动和绝对变动的影响。

6. 某企业三种产品产值和产量变动资料如下:

商品名称	实际产值(万元) 2010年	实际产值(万元) 2011年	2011年比2010年产量增减(%)
甲	360	410	17.2
乙	540	550	11.6
丙	280	320	14.4

试计算三种产品产量总指数,以及由于产量增长使企业所增加的产值。

7. 已知某商店三种商品价格用销售额资料如下:

商品名称	计量单位	价格(元) 2010年	价格(元) 2011年	2011年商品销售额(万元)
甲	件	68.8	76.8	1.12
乙	袋	22.9	24.9	0.28
丙	盒	38.8	44.4	0.62

计算三种商品价格总指数以及由于价格变动导致消费者增加的支出额。

8. 某企业工人人数和劳动生产率资料如下

部门	劳动生产率(元) 2010年	劳动生产率(元) 2011年	工人人数(人) 2010年	工人人数(人) 2011年
部门1	8 620	8 700	67	60
部门2	7 900	8 100	48	53
部门3	8 200	8 300	52	50

计算企业劳动生产率的可变构成指数、结构影响指数和固定构成指数,并对平均劳动生产率进行因素分析。

参考文献

[1]贾俊平,谭英平.应用统计学[M].北京:中国人民大学出版社,2008.
[2]张梅琳.应用统计学[M].第2版,上海:复旦大学出版社,2008.
[3]姜诗章.统计学教程[M].北京:清华大学出版社,2006.
[4]曾五一,肖红叶.统计学导论[M].北京:科学出版社,2006.
[5]徐国祥.统计学[M].上海:上海人民出版社,2007.
[6]倪雪梅.精通SPSS统计分析[M].北京:清华大学出版社,2010.
[7]刘春英.应用统计学[M].北京:中国金融出版社,2007.
[8]朱建平.SPSS在统计分析中的应用[M].北京:清华大学出版社,2007.
[9]高祥宝.数据分析与SPSS应用[M].北京:清华大学出版社,2007.
[10]孙允千.统计学——数据的搜集、整理和分析[M].上海:上海财经大学出版社,2009.
[11]胡晓军,张文喜.应用统计与Excel运用[M].上海:上海财经大学出版社,2011.
[12]周志丹.应用统计学[M].北京:机械工业出版社,2011.